孙二军
李诗萌
杨水娟 著

学科核心素养视域下
中小学英语教师语言能力发展

THE DEVELOPMENT OF
ENGLISH TEACHERS'
LANGUAGE ABILITY

IN SCHOOLS
FROM
THE PERSPECTIVE OF
SUBJECT CORE
COMPETENCIES

社会科学文献出版社
SOCIAL SCIENCES ACADEMIC PRESS (CHINA)

目 录

第一章 绪 论

1.1 核心概念与相关研究述评 / 1

1.2 学术价值和应用价值 / 19

1.3 研究目标与内容 / 22

1.4 研究思路与方法 / 27

第二章 中小学英语教师语言能力的发展框架

2.1 适应与引领:核心素养视域下英语教师语言能力面临的挑战 / 32

2.2 变革与超越:中小学英语教师语言能力发展的路径分析 / 37

2.3 分析与建构:中小学英语教师语言能力发展框架 / 43

2.4 突破与创新:中小学英语教师语言能力发展的策略举措 / 51

第三章 中小学英语教师一般语言能力发展

3.1 中小学英语教师一般语言能力发展的国际参照 / 56

3.2 中小学英语教师一般语言能力发展的本土实践 / 72

3.3 中小学英语教师一般语言能力发展的改革策略 / 93

第四章　言语互动视角下中小学英语教师语言能力发展

4.1　中小学英语教师的课堂言语互动 / 108

4.2　小学优质课堂的言语互动分析 / 122

4.3　小学英语专家型教师和新手教师的言语互动分析 / 136

4.4　主要结论和策略建议 / 158

第五章　中小学英语教师职前阶段的语言能力发展

5.1　中小学英语教师职前阶段语言能力发展的背景分析 / 166

5.2　中小学英语教师职前阶段语言能力发展的现状分析 / 176

5.3　中小学英语教师职前阶段语言能力发展的提升策略 / 199

第六章　中小学英语教师职后阶段的语言能力发展及策略

6.1　中小学英语教师职后阶段语言能力发展的现状分析 / 204

6.2　中小学英语教师职后阶段语言能力发展的改革策略 / 230

附　录 / 236

参考文献 / 269

后　记 / 286

第一章 绪 论

中小学英语教师的语言能力发展,既要顺应英语语言学习与教学的规律,也要顺应基础教育外语课程改革的趋势,这也是中小学英语教师职前培养与职后培训工作的基本内容与现实需求。尤其是我国基础教育英语课程改革全面进入"核心素养"时代,《普通高中英语课程标准(2017年版2020年修订)》《义务教育英语课程标准(2022年版)》相继发布,需要在英语学科核心素养的视域下,重构中小学英语教师语言能力发展的基本框架,探讨语言能力发展现状、问题及对策,从而促进中小学英语教师语言能力发展全面提升,促进英语教育与基础教育课程改革的同步前行。

1.1 核心概念与相关研究述评

1.1.1 外语能力标准及其相关研究

1.1.1.1 语言能力及其相关研究

语言能力到底是知识还是运用、是状态还是过程、是静态的还是动态的、是绝对的还是相对的、是天赋的还是习得的等一系列性质问题让研究者伤透了脑筋,同时它们本身又成为重要的研究课题。[①] 语言能力的概念界定

[①] 戴曼纯,1997,《语言学研究中"语言能力"的界定问题》,《语言教学与研究》第2期,第93~104页。

与内涵阐释，不仅是英语教育的逻辑起点，也规约着英语教育的变革与发展。英语教育的终极目的就是提升学习者的英语语言能力，并将文化意识、思维品质和学习能力融入语言能力发展。

一般而言，作为一个内涵丰富的概念，语言能力有多层面的理解与所指。从对象而言，语言能力包括个体语言能力、社会语言能力和国家语言能力等。其中，个体语言能力表现为听、说、读、写、译，按联合国教科文组织的说法就是母语能力、使用通用语言的能力，以及使用外语的能力，均可归结为多语能力。从社会角度看，以听、说、读、写、译为基础的个体语言能力就表现为与社会关系相适应的各种职业或者专业的语言能力，即社会语言能力。在国家层面，语言能力就是国家语言能力。国家语言能力当然要以个体语言能力和社会语言能力为基础，但是若从更专业、更狭义的角度来说，国家语言能力专指国家在行使行政力量时所使用的、所需要的语言能力。[①]

就知识与能力的关系而言，语言知识与语言能力本质关联、相互促进。语言知识是先天存在于大脑的，具有内隐性；语言运用是外在于大脑的实际言语产出，具有外显性。语言知识一般无法被直接观察到，而是体现为语言运用；语言运用的质量表现为语言水平，语言水平则通过不同的语言技能得以展现，语言技能包括听、说、读、写四个方面。事实上，就"能力"这一术语的指称而言，学界通常将 language competence、ability、proficiency、skills 等英文术语均译为"语言能力"，这体现了语言能力内涵的复杂性和一致性。因此，语言能力研究不仅要关注语言的使用，如语言水平和语言技能，也应包括对语言知识即语言赖以产生的神经机制的研究，前者属于应用语言学范畴，后者偏重于解决理论语言学领域的基本问题。[②]

国外语言学领域对语言能力的研究始于 Chomsky。他试图在剥离语言习得过程中社会文化因素作用的高度纯净的条件下，通过演绎的手段研究最抽

---

① 江苏师范大学语言能力协同创新中心，2016，《"中国母语和外语语言能力高端论坛"综述》，《外语教学与研究》第 6 期，第 943~946 页。
② 蔡冰，2013，《"语言能力"是什么？》，《语言科学》第 6 期。

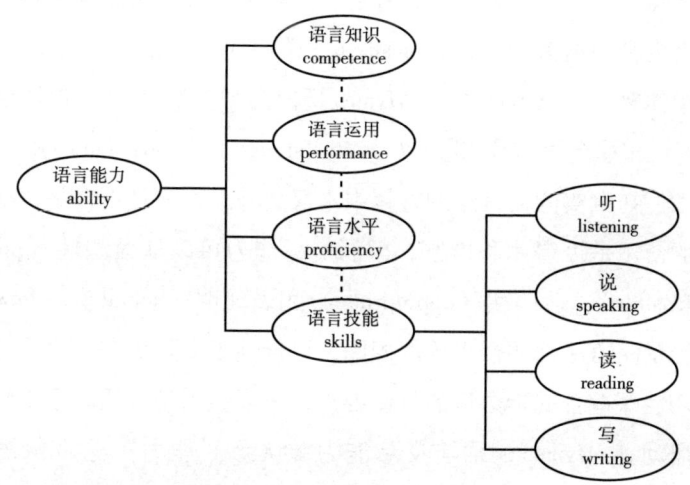

图 1-1 语言能力的基本框架

资料来源：蔡冰，2013，《"语言能力"是什么？》，《语言科学》第 6 期。

象的语言能力。Chomsky 提出必须区分语言能力（ability）和语言运用（performance），语言能力是语言使用者内在化的、理想化的语言概念和知识，因此是独立于情景的；而语言运用是一个人能够使用语言做的事情，在理想化的情境中语言运用能够精确的反映说话者的语言能力。事实上，Chomsky 对语言能力的界定没有脱离其"语言习得机制"范畴，注重通过生物学和计算机科学进行解读。① 他假设儿童生而具有一种适于语言习得的装置，通过这种装置，普遍语法得以内化，并成为理解和产生语言的"语言学能力"基础。这种语言学能力具有不依赖具体的语言环境而存在的普遍性，因此儿童能够在任何语言环境下习得任何语言。②

美国社会语言学家 Hymes 在批判 Chomsky 理论的基础上提出了新的语言能力观——"交际能力"（communicative competence）。他认为语言运用

---

① 马建俊、黄宏，2016，《从动态系统理论看语言能力综合性研究趋势》，《现代外语》第 4 期。
② 陈宏，1996，《第二语言能力结构研究回顾》，《世界汉语教学》第 2 期，第 47~53 页。

受时间、地点、内容、对象、方式等多种人际和社会文化因素影响，进而会影响交际者内在的语言能力，Chomsky 提出的"理想化的语言运用"无法准确地描述个体真实的语言能力。① Hymes 提出的"交际能力"包括语言知识（knowledge）和社会语言学能力（ability for use of knowledge）及其相互作用，认为人们在真实的语言运用过程中不仅会考虑语言是否合乎语法，还会考虑语言的使用是否得体和恰当，因而交际能力可以从语法性（possible）、可行性（feasible）、适切性（appropriate）和表现性（actually performed）四个维度来衡量。语法性即合乎语法规则，可行性指交际语言在文化上是可接受的，适切性即适合交际语境的具体要求，表现性指是否达到了交际目的或完成交际活动。② Hymes 的语言交际能力观认为"能力"这个术语实际上可以容纳更多内容，必须把所有影响交际语言的社会因素都考虑进去。这些因素隐含在语言运用之下，在一般意义上，它们都是能力的不同方面。③"交际能力观"对应用语言学和语言教学产生了重要影响，至今仍是社会语言学和应用语言学的基础理论之一，④但对于语言教学或语言测试而言，也仅仅是有效的语言交际行为的一部分特征和通过这种语言行为观察推断交际能力需要参照的基本范畴。⑤

同一时期，Halliday 提出的语言功能理论，被认为是交际语言能力的另一个理论基础。Halliday 认为语言本质上是一个"意义潜能"（meaning potential）系统，即人可以使用的一系列语义知识（词汇和语法），这些知识将人的社会行为与语言运用联系起来。⑥ 根据语言使用的情境，Halliday 将语言分为三种元功能：概念功能（ideational function），即语言表达主观世

---

① Hymes D. H. 1972. "On Communicative Competence." in J. B. Pride and J. Holmes (eds.), Sociolinguistics, Harmondsworth: Penguin: 269-293.
② Hymes D. H. 1972. "On Communicative Competence." in J. B. Pride and J. Holmes (eds.), Sociolinguistics, Harmondsworth: Penguin: 269-293.
③ 陈开顺，2002，《从认知角度重新探讨语言能力的构成与表征》，《外语研究》第 3 期。
④ 严子寒，2011，《海姆斯语言交际能力模型在外语教学及测试中的应用》，《考试周刊》第 79 期，第 3~4 页。
⑤ 陈宏，1996，《第二语言能力结构研究回顾》，《世界汉语教学》第 2 期，第 47~53 页。
⑥ Halliday M. A. K. 1973. "Explorations in the Function of Language."

界和客观世界的事物、情感等内容的功能；人际功能（interpersonal function），即语言维系人与人、人与社会关系的功能；语篇功能（textual function），即语言帮助构建表达完整思想的语篇的功能。这一理论同样强调语言使用的情境性和目的性，为语言教学尤其是口语能力的教学和测评提供了新的理论视角。①

Canale、Swain、Bachman 和 Palmer 等研究者先后拓展了交际语言能力理论的内涵和构成，在发展过程中，"语言能力"的术语地位发生了变化，降为隶属于"交际能力"。基于 Hymes 的交际能力概念，Canale 和 Swain 提出交际语言能力模型（C-S model），认为交际语言能力由三部分构成，包括语法能力（grammatical competence）、社会语言能力（sociolinguistic competence）和策略能力（strategic competence）。前两种能力延续了 Hymes 交际能力的概念和内涵，策略能力则是指语言使用者在交际活动中用来补偿因语法知识不足或社会文化限制导致的沟通障碍而使用的语言和非语言策略。② Canale 后来对 C-S 模型进行了调整，将原来的社会语言能力进一步划分为社会语言能力和语篇能力（discourse competence），提出了一个由语法能力、社会语言能力、语篇能力和策略能力组成的四维模型，四种能力相互联系却又相对独立，对完成交际活动来说缺一不可。③

在交际能力理论的发展中，Bachman 提出的交际语言能力（Communicative Language Ability，CLA）模型对外语教学尤其是外语测试的影响最为深远。CLA 模型由语言能力（language competence）、策略能力（strategic competence）和心理生理机制（psychophysiological mechanisms）三

---

① 张子宏，2009，《交际语言能力理论分析》，《中国青年政治学院学报》第6期，第139~142页。
② Canale M., Swain M. 1980. "Theoretical Bases of Communicative Approaches to Second Language Teaching and Testing." *Applied Linguistics* (1): 1-47.
③ Canale M. 1983. "From Communicative Competence to Communicative Language Pedagogy." in J. Richards, R. Schmidt (eds.), *Language and Communication*, London: Longman.

部分组成。① 语言能力即交际过程中所用的语言知识,包括组织能力(organizational competence)和语用能力(pragmatic competence)。其中,前者指为了产生语法正确的句子或篇章而使用的语法知识和语篇知识;后者涉及言外能力(illocutionary competence)和社会语言能力(sociolinguistic competence)。策略能力是指在具体的语境中,实施和完成交际活动的能力,由评估策略(assessment)、计划策略(planning)和执行策略(execution)三个要素构成。心理生理机制是指在实施语言行为的过程中所涉及的心理和神经过程,该过程与策略能力中执行策略所涉及的心理生理过程没有区别。CLA模型的显著特点就是将语言能力细分为不同的技巧或能力,较为清楚地解释了交际语言能力各组成部分之间及其内部的关系(见图1-2)。

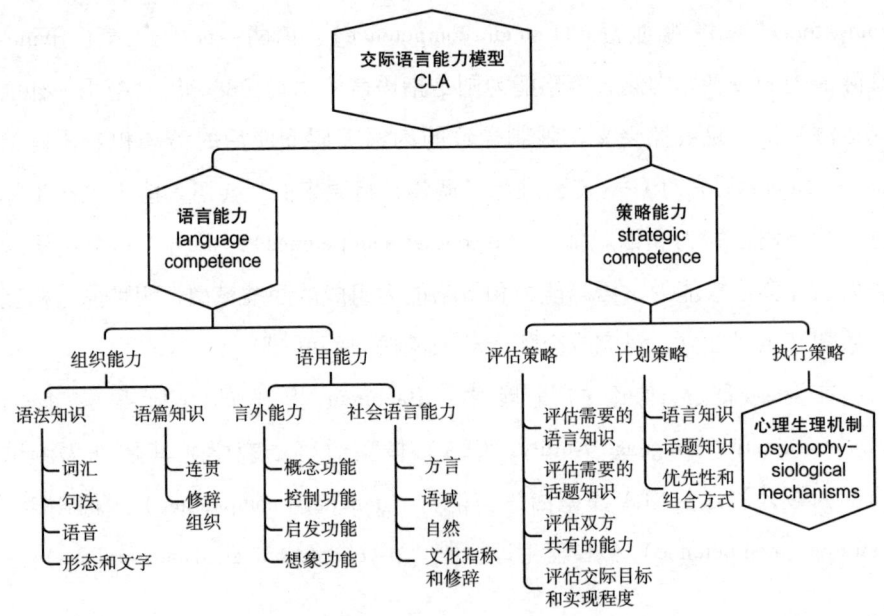

图1-2 Bachman提出的交际语言能力模型

资料来源:Bachman L. 1990. *Fundamental Consideration in Language Testing*. Oxford:Oxford University Press。

---

① Bachman L. 1990. *Fundamental Consideration in Language Testing*. Oxford:Oxford University Press.

Bachman 继承了 Hymes、Canale 和 Swain 等的理论成果，并指出其存在一些不足。首先，CLA 模型忽略了人在交际活动中的主体性作用，过度强调语境的作用和交际功能对交际的影响；其次，虽然 CLA 模型对语言能力的不同方面做了细分，但能力（competence）和知识（knowledge）被视为同义词处于同一层次，没有明确其区别和相互作用关系。① 基于这些不足，Bachman 和 Palmer 对 CLA 模型进行了重构，新模型由以下几个部分构成：语言知识（language knowledge）、情感图示（affect）、个体特点（personal characteristics）、话题知识（topical knowledge）和策略能力（strategic competence）构成。更新后的 CLA 模型增加了语言使用者的个体特点，强调了语言使用过程中这些特征与语言使用或测试情况的特征之间的复杂性，要素间的关系和交互作用也更加清晰和明确。

事实上，语言能力的内涵就体现了语言知识与语言能力的辩证统一、语言知识与语言应用的双向互动，并指向语言的社会功能。因此，语言能力，首先以语言学理论为基础，体现语言本身的知识（形式规则系统和语义系统）及其应用，进而关涉音位、音节、词、短语、句、语篇、语义规则、韵律特征等具体的语言知识及应用；其次以心理语言学理论为基础，使语言技能与程序性知识相契合，重视语言技能的学习而非简单的训练；最后以社会语言学理论为基础，重视语言的社会性功能，突破语言交际能力的边界，指向语用能力的拓展。基于此，《欧洲语言共同参考框架》（以下简称《共参框架》）中将交际语言能力关涉语言能力、社会语言能力、语用能力。其中，语言能力是指词汇、语音、句法方面的知识与技能，以及语言系统的其他内容，具体包括词汇能力、语法能力、语义能力、语音能力、拼写能力、正音能力；社会语言能力指对语言使用中社会文化条件的把握，具体包括表明社会关系的标识性词语、礼仪规则、大众智语、语体差异、方言与口音；语用能力指运用语言资源及互动交流中的语境和语

---

① 张子宏，2009，《交际语言能力理论分析》，《中国青年政治学院学报》第 6 期，第 139~142 页。

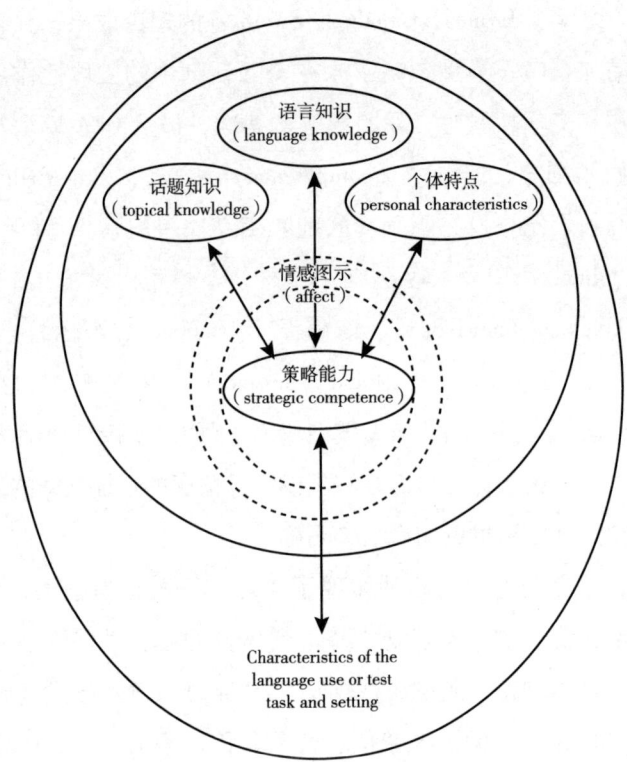

图 1-3 Bachman 和 Palmer 提出的新 CLA 模型

资料来源：Bachman L., Palmer A. 1996. *Language Testing in Practice: Designing and Developing Useful Language Tests*. Oxford: Oxford University Press: 63。

篇产生功能，具体包括话语能力、功能能力。《共参框架》的交际语言能力框架反映了当今对语言能力的基本认识。①

1.1.1.2 外语能力标准及其相关研究

外语能力标准是对外语学习者和使用者外语能力从低到高的一系列描述，贯穿于外语教学诸环节之中，是外语教学目标或评价目标的参照或依据。世界范围内外语能力标准的研究已有近 60 年的历史，主要集中在欧

---

① 刘壮、韩宝成、阎彤，2012，《〈欧洲语言共同参考框架〉的交际语言能力框架和外语教学理念》，《外语教学与研究》第 4 期，第 616~623 页。

洲、北美、澳大利亚等国家和地区。① 20世纪90年代后期世界各国陆续制定和推出了新的外语能力标准，代表性的语言能力标准包括美国外语教学委员会（American Council on the Teaching of Foreign Languages，ACTFL）和美国教育考试服务中心（Educational Testing Service，ETS）的 ACTFL/ETS 量表、加拿大的 CLB 量表（Canadian Language Benchmarks）、澳大利亚的 ISLPR 量表（International Second Language Proficiency Ratings）、欧洲的 ALTE 量表（Association of Language Testers in Europe）和 CEFR 语言量表（Common European Framework of Reference for Languages：Learning，Teaching，Assessment）。② 综观国外语言能力标准的研制，大致经历了基于专家经验、基于实践者认知和基于学习者表现的三个阶段。目前已进入基于"语料库"的学习者区别性语言特征研制阶段，未来将会更多地基于国际通用的语言能力框架完成外语能力标准和语言特征参数描述。③ 在理论探讨、现状调研和国际参照的基础上，2018年我国颁布了《中国英语能力等级量表》，旨在为外语能力测评体系建设提供统一的标准，为英语教学、学习、测评提供参考框架，起到"车同轨、量同衡"的作用，促进各阶段英语教学的衔接，提高英语教学和考试的质量与功用。④ 作为我国第一个覆盖全学段的英语能力测评标准，《中国英语能力等级量表》有助于解决我国各项英语考试标准各异、英语教学与测试目标分离、学习目标不连贯等问题。⑤ 同时，立足大学英语专业人才培养和中小学英语教师的教育教学实践，我们也需要充分参照以下专业标准，并聚焦中小学英语教师语言能力发展，具体包括：《普通高

---

① 韩宝成、常海潮，2011，《中外外语能力标准对比研究》，《中国外语》第4期，第39~46+54页。
② 赵雯、金檀、王勃然，2015，《大学英语语言能力标准的研制——理论、实践及启示》，《现代外语》第1期，第102~111页。
③ 赵雯、金檀、王勃然，2015，《大学英语语言能力标准的研制——理论、实践及启示》，《现代外语》第1期，第102~111页。
④ 刘建达、彭川，2017，《构建科学的中国英语能力等级量表》，《外语界》第2期，第2~9页。
⑤ 蔡基刚，2018，《〈中国英语能力等级量表〉科学性和适切性研究》，《外语研究》第5期，第39~44页。

中英语课程标准（2017年版2020年修订）》《义务教育英语课程标准（2022年版）》《大学英语课程教学要求》《高等学校英语专业英语教学大纲》《英语类专业本科教学质量国家标准》等，这对中小学英语教师语言能力发展能够起到较好的规范与指导作用。基于此，在语言学及外语教育新理论、新观点的视角下，借鉴国外英语能力标准研制经验，基于我国大中小学英语教学实际，探讨英语能力标准的制定及应用，对于我国各个阶段的英语教学与评价，尤其是英语教师教育的改革与发展大有裨益。

1.1.2 英语教师专业能力标准的相关研究

教育大计，教师为先。通过标准驱动教师专业发展、提高教育质量是近年来国际教育界达成的重要共识，其目的是培养、选拔具备专业教学知识和能力的合格教师，以提升教学质量，推动教师职业发展和培训，满足教育和社会发展的需求。

在外语教师的专业能力标准制定方面，国外已经开展了较长时间的研究与探索。美国的外语教师培养和标准制定始终处于国际领先，已经建立起职前、入职、职后"三位一体"的能力标准体系，以保障外语教师的专业发展。2002年，美国外语教学委员会（ACTFL）和美国师资培育认证理事会（CAEP）共同发布了针对职前外语教师培养的《外语教师培养标准》（Program Standards for the Preparation of Foreign Language Teachers），就职前外语教师应具备的知识、能力和解决问题的态度提出了六条核心标准。[①] 2013年，美国师资培育认证理事会发布新版《外语教师培养标准》，细化了外语教师培养的主要内容、对六项核心标准作了详细的说明和解释，更重要的是将外语教师能力标准化、量表化。[②] 针对新手教师和熟练教师，美国州际新教师评估与支持联盟（Interstate New Teacher Assessment and Support

---

① 贾爱武，2006，《美国外语教师教育及专业资格标准政策研究》，《外语界》第2期，第41~46+52页。
② 李永宏，2018，《美国外语教师培养新标准的内容、特点及启示》，《教学与管理》第27期，第122~124页。

Consortium，INTASC）和美国国家教师专业教学标准委员会（National Board for Professional Teaching Standards，NBPTS）分别制定了《初任外语教师示范标准》（Model Standards for Licensing Beginning Foreign Language Teachers）（以下统称"INTASC 标准"）和《面向 3~18 岁及以上学生的世界语言教师专业标准》（World Languages Standards for Teachers of Students Ages 3-18）（以下简称"WLSTS 标准"），① 这一系列标准对美国外语教师的专业发展提供了保障。

20 世纪末，随着移民和留学生人数的增加，美国对以英语作为第二语言（English as a Second Language，ESL）的教育也十分重视，英语教师培养的基本标准和依据一般都由 TESOL 与政府联合制定。2010 年 TESOL 修订并发布的新版《P-12 外语教师职前教育计划标准》（Standards for the Recognition of Initial TESOL Programs in P-12 ESL Teacher Education）涵盖语言、文化、教学、评估和专业化五个部分。其中，在"语言"领域，TESOL 标准要求教师了解、熟悉并应用语言学、语言习得的理论研究成果帮助语言学习者学习语言。教师要了解学习者的母语对其二语学习的影响以及学习者语言学习与知识学习之间的关系。在"文化"领域，教师要了解、熟悉并利用文化研究的理论和原则为二语学习者构建利于学习的环境，充分重视学习者的母语文化和文化身份。② 五个子标准中语言和文化属于理论性基础，教学与评估属于实践性应用，它们彼此交叉，而专业位于核心位置。③

欧盟的外语教师培养以 2004 年由凯利（Kelly）等负责拟定的《欧洲语言教师教育纲要》（European Profile for Language Teacher Education - A Frame of Reference，以下简称《欧洲纲要》）为主，旨在为欧盟各国提供一个指导性的外语教师教育标准。《欧洲纲要》提出外语教师教育应包括

---

① 薛小梅，2021，《外语教师语言能力标准的国际比较研究》，《西北师大学报》（社会科学版）第 5 期，第 103~109 页。
② 李翠英、孙倚娜，2014，《国外英语教师能力标准对我国英语教师发展的启示》，《外语界》第 1 期，第 57~63 页。
③ 贾爱武、张智丰，2011，《美国 P-12 外语教师职前教育计划标准解析》，《外国中小学教育》第 6 期，第 39~43 页。

以下几个方面：教师教育的组织方式、对于教学的理解、教学策略、技能和多种价值观，并基于 40 个要点详细描述了各方面的内容。其中对教学的理解是外语教学的核心部分，也是外语教师培养的核心。《欧洲纲要》不仅强调职前外语教师语言能力的重要性，还倡导职前外语教师终生学习理念。①

同样，澳大利亚作为移民大国，对 ESL 教学和 ESL 教师的需求量大，推动了澳大利亚 ESL 教师教育的发展。自 2002 年起，澳大利亚 TESOL 委员会（Australian Council of TESOL Associations，ACTA）开始研制针对 ESL 教师的"TESOL 教师能力标准"。2011 年 ACTA 公布新版《澳大利亚专业教师标准》（Austrian Professional Standards for Teachers，APST），为全国 ESL 教师的专业发展提出了指导。APST 共有七大标准，构建了教师必备的以专业知识、专业实践及专业参与为要素的素质能力框架，APST 依据教师专业成长及发展规律，划分了师范毕业生、称职教师、娴熟教师及领导型教师四个阶段，并对每一阶段的教师应在三个领域所达到的水平提出了对应的具体要求。②

除了制定教师能力标准之外，一些机构和地区通过开展针对语言教师的专门用途能力测试来评估和规范语言教师专业能力。中国香港的教师语文能力评核考试（Language Proficiency Assessment for Teachers，LPAT）是由香港考试及评核局、香港教育统筹局组织举行的教师语言能力测试，包括英语科和普通话科，旨在提升教师的语言水平。该测试分为笔试、口试和课堂语言运用三种形式，分别考察语言教师的听力、阅读、写作、口语和课堂语言运用能力。作为教师职业测试，考试中的每个部分题目都以教学环境为主要情境，如基于教育话题的口语讨论，以确保教师具备良好的语言能力。③ 剑桥

---

① 施春阳，2015，《欧洲语言教师教育纲要述评与启示》，《宁波大学学报》（教育科学版）第 2 期，第 32~36 页。
② 俞婷婕，2016，《专业取向的抉择：澳大利亚教师专业标准影响下的大学教师教育课程设置》，《清华大学教育研究》第 6 期，第 46~52 页。
③ Elder C., Kim S. H. O. 2013. "Assessing Teachers' Language Proficiency." *The Companion to Language Assessment* (1): 454–470.

大学外语考试部为语言教师提供了一系列得到国际认可的语言教师资格证书，如《成人英语教学证书》（Certificate in English Language Teaching for Adult，CELTA），并制定《剑桥英语教学框架》（Cambridge English Teaching Framework），帮助考生对自己专业发展的现状及未来发展的目标进行评估。该框架从两个维度描述教师的发展进程，横向维度为语言教师的知识能力，由学习及学习者知识，教学、学习与测评知识与技能，语言能力，语言知识和语言意识，职业发展和价值观五个方面构成；纵向维度将教师的职业发展分为四个阶段，分别是基础、发展、熟练和专家阶段。横纵向维度交叉分别描述每个阶段教师应具备的知识能力，也为教师取得不同证书提供能力标准。①

由政府和行业组织通过制订教师专业标准来保证教师的资质和专业水准是国际教师教育发展趋势。制订我国中小学英语教师专业标准是推进教师专业化、提升中小学英语教师素质、提高英语教学质量的现实需要。制订我国中小学英语教师标准，除了作为教师共同遵守的职业道德外，标准的内容应比较全面地描述基础英语教育所涉及的知识与能力，不仅要涉及语言知识、语言教学知识，还要有思维认知和必要的社会文化知识。② 尽管2012年我国就已经颁布了中学、小学和幼儿教师专业标准，但聚焦学科教师专业特性的相关研究与探索仍然较为缺乏，尚未出台国际通用语言能力框架下的英语教师能力标准。事实上，当前我国中小学英语教师无论在数量上还是质量上均难以满足现实要求，职前培养、在职进修和教师评定也存在诸多问题，急需制订专业等级标准。③ 尤其是英语语言能力作为中小学英语教师的基本素养，其能力标准的研制与应用，对于英语教师职前培养与职后培训以及相关资格认证的统筹协调与合理定位都显得愈发重要。

---

① 薛小梅，2021，《外语教师语言能力标准的国际比较研究》，《西北师大学报》（社会科学版）第5期，第103~109页。
② 龚亚夫，2011，《创建我国中小学英语教师知识与能力体系——中小学英语教师专业等级标准的制订》，《中国教育学刊》第7期，第60~65页。
③ 龚亚夫，2011，《创建我国中小学英语教师知识与能力体系——中小学英语教师专业等级标准的制订》，《中国教育学刊》第7期，第60~65页。

1.1.3 英语学科核心素养的相关研究

有关"核心素养"的研究热潮，既是全球化、信息化与知识社会背景下的国际共识，也符合我国教育方针的总体要求，体现了"立德树人"目标的具体化与细化，是全面落实素质教育、深化课程改革的内在需求。教育部印发的《关于全面深化课程改革落实立德树人根本任务的意见》中明确提出了"学生发展核心素养"概念，要求把核心素养和学业质量要求落实到学科教学中。中国学生发展核心素养（以下简称"核心素养"）以培养"全面发展的人"为核心，充分反映新时期经济社会发展对人才培养的新要求，高度重视中华优秀传统文化的传承与发展，系统落实社会主义核心价值观。[①] 应该说，"核心素养"旨在勾画新时代新型人才的形象，规约学校教育活动的方向、内容与方法。所谓"核心素养"指的是，同职业上的实力与人生的成功直接相关的涵盖了社会技能与动机、人格特征的统整的能力。可以说，这不仅牵涉"知晓什么"的问题，而且牵涉在现实的问题情境中"能做什么"的问题。"核心素养"的核心既不是单纯的知识技能，也不是单纯的兴趣、动机、态度，而在于重视运用知识技能解决现实课题所必需的思考力、判断力与表达力及其人格品性。[②] 从学校教育发展的层面而言，"核心素养"具有时代性、综合性、跨领域性与复杂性。它既是人适应信息时代和知识社会的需要，解决复杂问题和适应不可预测情境的高级能力与人性能力，也是对农业和工业时代"基本技能"的发展与超越，其核心是创造性思维能力和复杂交往能力。[③]

与核心素养相对应，学科核心素养是指通过某学科的学习而逐步形成的关键能力、必备品格和价值观念。学科核心素养是学科本质和教育价值的体

---

① 核心素养研究课题组，2016，《中国学生发展核心素养》，《中国教育学刊》第10期，第1~3页。
② 钟启泉，2016，《基于核心素养的课程发展：挑战与课题》，《全球教育展望》第1期，第3~25页。
③ 张华，2016，《论核心素养的内涵》，《全球教育展望》第4期，第10~24页。

现，是具有基础性、生长性、共同性、关键性的核心体现，是学科对实现人的全面而有个性发展的独特贡献。总体而言，核心素养与学科核心素养之间是上位与下位、整体与部分、抽象与具体的关系，目的、方向与手段、途径的关系，相互包含、融合和有机转化、相互促进的关系。① 综观我国基础教育课程改革的发展历程，经历了三个阶段，即"双基"阶段，注重基本知识、基本技能的双重提升；"三维目标"阶段，首先是情感、态度和价值观，其次是过程和方法，最后是知识与技能；核心素养阶段，分为文化基础、自主发展、社会参与三个方面，综合表现为人文底蕴、科学精神、学会学习、健康生活、责任担当、实践创新六大素养，具体细化为国家认同等18个基本要点。各素养之间相互联系、互相补充、相互促进，在不同情境中整体发挥作用。② 事实上，从"双基"到"三维目标"再到核心素养，其变迁基本上体现了从学科本位到以人为本的转变，而学科核心素养视域下重建课程是本次课程改革（修订）的亮点，学科核心素养使课程标准的形态从教学大纲（"双基"）、内容标准（"三维目标"）走向成就标准（核心素养），即以学生应该达到的素养（成就）作为课程标准的纲领。③ 具体而言，"三维目标"较之于"双基"，相对完整地反映和体现了学科的内涵和教育取向，核心素养则在这个基础上进一步凸显和强调学科的本质和育人价值。"三维目标"是教育由学科（知识）转向人的起点，核心素养则使教育真正回到人身上。只有以核心素养（学科核心素养）为导向，学科知识及其教学才能找到真正的归宿。④

核心素养相关研究的文献有不少涉及外语学科核心素养的讨论。世界经合组织、欧盟、美国、芬兰等多个国际组织和国家的核心素养也都关涉外语

---

① 余文森，2018，《论学科核心素养的课程论意义》，《教育研究》第3期，第129~135页。
② 核心素养研究课题组，2016，《中国学生发展核心素养》，《中国教育学刊》第10期，第1~3页。
③ 余文森，2016，《从三维目标走向核心素养》，《华东师范大学学报》（教育科学版）第1期，第11~13页。
④ 余文森，2019，《从"双基"到三维目标再到核心素养——改革开放40年我国课程教学改革的三个阶段》，《课程·教材·教法》第9期，第40~47页。

素养。在核心素养的选取上普遍重视语言、数学、科学等与具体课程密切相关的核心素养。① 欧盟的框架中八大核心素养之一就是使用外语交流，定义为"在适当范围的社会文化情境中理解、表达与解释的能力，跨文化理解、交流与协调能力"，涵盖知识、技能、态度三个层面。② 聚焦我国中小学英语课程改革，英语学科核心素养是从学科本质和国家战略角度对"中国学生为什么要学英语"这一问题的回应，是英语学科"立德树人"价值的提炼，是学生通过英语学科的学习而逐步形成的正确的价值观念、必备品格和关键能力，具有整体性、渗透性、阶段性和终身性等基本特征。③ 程晓堂等学者在充分吸收和借鉴国内外有关核心素养的理论和实践研究成果的基础上，结合中国基础教育英语课程的现实需求，将英语学科核心素养归纳为语言能力、文化意识、思维品质和学习能力四个方面。④《普通高中英语课程标准（2017年版2020年修订）》《义务教育英语课程标准（2022年版）》围绕核心素养确定课程目标，选择课程内容，创新教学方式，改进考试评价，指导教材建设，开展教师培训，切实地发挥核心素养的统领作用。这体现了中小学英语课程改革的出发点和落脚点，即以习近平新时代中国特色社会主义思想为指导，全面贯彻党的教育方针，落实立德树人根本任务，以培养有理想、有本领、有担当的时代新人。

英语学科核心素养超越了综合语言运用能力的局限，将语言、文化和思维有机地融合起来，为实现立德树人和学科育人确定了具体可行的

---

① 辛涛、姜宇、刘霞，2013，《我国义务教育阶段学生核心素养模型的构建》，《北京师范大学学报》（社会科学版）第1期，第5~11页。
② 裴新宁、刘新阳，2013，《为21世纪重建教育——欧盟"核心素养"框架的确立》，《全球教育展望》第12期，第89~102页。
③ 郭宝仙、章兼中，2019，《如何在课堂教学中培养英语学科核心素养》，《课程·教材·教法》第4期，第66~71页。
④ 程晓堂、赵思奇，2016，《英语学科核心素养的实质内涵》，《课程·教材·教法》第5期，第79~86页。

学科目标。①《普通高中英语课程标准（2017年版2020年修订）》旨在发展学生的语言能力、文化意识、思维品质和学习能力等英语学科核心素养，强化英语课程的学科育人价值，落实立德树人的根本任务。② 尤其是随着《义务教育英语课程标准（2022年版）》的颁布与实施，我国基础英语教育课程观念进一步革新，在课程内容上从单一走向综合、从碎片走向整合。③ 对比《普通高中英语课程标准（2017年版2020年修订）》和《义务教育英语课程标准（2022年版）》，在语言能力、文化意识、思维品质和学习能力四个方面具有内在的一致性与衔接性，如表1-1所示。

表1-1 中小学英语学科核心素养的基本内涵

维度	《义务教育英语课程标准（2022年版）》	《普通高中英语课程标准（2017年版2020年修订）》
语言能力	语言能力是指运用语言和非语言知识以及各种策略，参与特定情境下相关主题的语言活动时表现出来的语言理解和表达能力。英语语言能力的提高有助于学生增强文化意识、提升思维品质和学习能力，发展跨文化沟通与交流的能力	语言能力是指在社会情境中，以听、说、读、看、写等方式理解和表达意义的能力，以及在学习和使用语言的过程中形成的语言意识和语感。英语语言能力构成英语学科核心素养的基础要素。英语语言能力的提高蕴含文化意识的增强、思维品质和学习能力的提升，有助于学生拓展国际视野和思维方式，开展跨文化交流
文化意识	文化意识是指对中外文化的理解和对优秀文化的鉴赏，是学生在新时代表现出的跨文化认知、态度和行为选择。文化意识的培育有助于学生增强家国情怀和人类命运共同体意识，涵养品格，提升文明素养和社会责任感	文化意识是指对中外文化的理解和对优秀文化的认同，是学生在全球化背景下表现出的跨文化认知、态度和行为取向。文化意识体现英语学科核心素养的价值取向。文化意识的培育有助于学生增强国家认同和家国情怀，坚定文化自信，树立人类命运共同体意识，学会做人做事，成长为有文明素养和社会责任感的人

---

① 王蔷，2018，《〈普通高中英语课程标准（2017年版）〉六大变化之解析》，《中国外语教育》第2期，第11~19+84页。
② 梅德明，2018，《培养具有中国情怀、国际视野和跨文化沟通能力的时代新人——〈普通高中英语课程标准（2017年版）〉的学科育人观及实现路径》，《人民教育》第11期，第46~49页。
③ 王蔷、周密、孙万磊，2022，《重构英语课程内容观，探析内容深层结构——〈义务教育英语课程标准（2022年版）〉课程内容解读》，《课程·教材·教法》第8期，第39~46页。

续表

维度	《义务教育英语课程标准(2022年版)》	《普通高中英语课程标准(2017年版2020年修订)》
思维品质	思维品质是指人的思维个性特征,反映学生在理解、分析、比较、推断、批判、评价、创造等方面的层次和水平。思维品质的提升有助于学生学会发现问题、分析问题和解决问题,对事物作出正确的价值判断	思维品质是指思维在逻辑性、批判性、创新性等方面所表现的能力和水平。思维品质体现英语学科核心素养的心智特征。思维品质的发展有助于提升学生分析和解决问题的能力,能够从跨文化视角观察和认识世界,对事物作出正确的价值判断
学习能力	学习能力是指积极运用和主动调适英语学习策略、拓展英语学习渠道、努力提升英语学习效率的意识和能力。学习能力的发展有助于学生掌握科学的学习方法,养成良好的终身学习习惯	学习能力是指学生积极运用和主动调适英语学习策略、拓宽英语学习渠道、努力提升英语学习效率的意识和能力。学习能力构成英语学科核心素养的发展条件。学习能力的培养有助于学生做好英语学习的自我管理,养成良好的学习习惯,多渠道获取学习资源,自主、高效地开展学习

英语学科核心素养的以下四个方面辩证统一、相互渗透、融合互动、协同发展。其中,语言能力是核心素养的基础要素,文化意识体现核心素养的价值取向,思维品质反映核心素养的心智特征,学习能力是核心素养发展的关键要素。学生在理解和表达的语言实践活动中,融合知识学习和技能发展;通过感知、预测、获取、分析、概括、比较、评价、创新等思维活动,构建结构化知识,在分析问题和解决问题的过程中发展思维品质,形成文化理解,塑造学生正确的人生观和价值观,促进英语学科核心素养的形成和发展。[①] 事实上,在明确学生发展核心素养的内涵与基本特征的基础上,应该深入探讨语言观、学习观、英语教育观等本质属性问题。这对于英语教师的专业实践与专业发展而言显得尤为迫切,英语教师职前培养与职后培训的改革与创新,内在地需要在核心素养视域下深入探讨英语教师所应具备的专业素养及目标定位。因此,围

[①] 王蔷,2015,《从综合语言运用能力到英语学科核心素养——高中英语课程改革的新挑战》,《英语教师》第16期,第6页。

绕英语核心素养来设计和实施英语课程，进而规约或影响英语教师专业发展，必定会成为我国英语教育改革的一个里程碑。对于英语学科核心素养的实质内涵、英语课程改革的规划与实施、基于语言能力标准的教师培养途径和方法等问题，需要外语界、教育界的理论工作者与实践探索者予以关注。

基于此，本书立足英语学科核心素养与英语教师语言能力标准的关联与契合，集中探讨中小学英语教师专业发展的理论与实践，尤其强调数据分析、经验分享与案例剖析，这不仅能够促进英语教师教育的改革与创新，尤其是促进本科与硕士层面的英语教师培养模式的改革和创新，而且能够为中小学英语教师的入职资格、职级评定及职后培训等工作提供支撑与指导，具有较好的推广应用价值。同时，在充分借鉴国内外成功经验的基础上，聚焦中小学英语教师语言能力及发展现状、问题、提升路径及策略等，不仅符合中小学英语教育改革与英语教师专业发展的潮流与趋势，而且能够促进中小学英语教育事业健康、持续发展。本书所关涉的相关理论探析、比较分析、现状调研和质性研究成果，能够为中小学英语教育与英语教师教育领域的相关学术交流研讨及研究生教育课程教学贡献力量，发挥其应有的学术价值。

1.2　学术价值和应用价值

1.2.1　基于语言能力标准，促进中小学英语教师专业发展

结构性缺失依然是当前我国中小学英语教师队伍建设中面临的现实难题，偏远的广大农村地区英语师资的整体水平仍然不高，尤其缺乏优质的英语师资。中小学英语教师队伍需要具备扎实的语言能力素养，并且需要将自身的语言能力发展与基础教育课程改革紧密相连、内在契合。然而，当前中小学英语教师队伍尚未形成语言能力发展与学科核心素养改革的良性互动，存在一定程度的专业缺失。因此，中小学英语教师的职前培养、入职指导及

职后培训都需要正视这种"缺失",夯实英语教师的专业基本功,尤其是夯实英语教师的语言基本功。基于此,以英语语言能力标准为依据,注重语言能力发展的动态过程,进而创新职前阶段的课程教学与学习评估、革新入职阶段的资格认定与专业指导、完善职后阶段的研修学习与职级评定等,从而能够更好地促进中小学英语教师的语言能力发展,并将语言能力发展融入其专业实践与专业发展的全过程。尤其是随着《中国英语能力等级量表》的发布与落实,需要将中小学英语教师的语言能力标准予以分类或分层,对标性地探讨其语言能力发展框架,这既符合基础教育阶段英语课程教学的变革趋向,同时也顺应了英语教师专业发展的现实需求,具有一定的理论价值与现实意义。

本书的相关内容能够进一步丰富和细化中小学英语教师语言能力发展的理论与实践,理论层面充分借鉴国内外相关语言能力标准的成熟经验,并聚焦英语教师语言能力发展的特殊性;实践层面充分关注职前与职后的一体衔接,重视将语言能力发展融入英语教师人才培养综合改革,谋求中小学英语教师语言能力发展的路径及策略,尤其强调数据分析、经验分享与案例剖析,这不仅能够促进英语教师教育改革与创新,谋求本科与硕士层面英语教师职前培养的改革路径,而且能够为中小学英语教师的入职资格、职级评定及职后培训等工作提供指导,具有一定的推广应用价值。此外,本书所探讨的中小学英语教师语言能力发展的职前与职后培养策略,也能够为中小学英语教育与英语教师教育领域的相关学术交流与研讨及研究生教育课程教学贡献力量,具有一定的学术价值。

1.2.2 基于学科核心素养,促进中小学英语教师与课程改革同步前行

关注"核心素养"的培育是目前各国基础教育理论研究和实践变革的重大趋势。基于核心素养的课程发展意味着,无论是课程开发者抑或一线教师都需要在"核心素养—课程标准(学科素养/跨学科素养)—单元设计—

学习评价"这一连串环环相扣的链环中聚焦核心素养展开运作。① 对英语学科核心素养的关注与探讨，既是中小学英语教育领域全面落实素质教育、深化课程改革的内在需求，也是回应全球化、信息化背景下英语语言发展的国际共识。基于英语学科核心素养的课程改革能否顺畅的关键在于英语教师的专业水平与效能，尤其是教师的专业素养与学生应达到的英语学科核心素养之间能否深度契合。事实上，语言能力标准的初衷即服务于英语教学、评估及相应的资格认定等，语言能力标准的研制自然也需要回应中小学英语课程变革趋向，语言能力标准的实施同样也就需要使中小学英语课程改革与中小学英语教师专业发展相契合。尤其是随着《普通高中英语课程标准（2017年版2020年修订）》和《义务教育英语课程标准（2022年版）》的陆续颁布，中小学英语课程改革进入深水区。与之相应，中小学英语教师的专业发展需要与课程改革同步。中小学英语教师的职前培养与职后培训需要深度契合学科核心素养的课程主旨，并聚焦教师专业核心素养的全面提升。英语语言能力发展与中小学英语教师的教学素养、研究素养以及思维品质等同样具有内在的关联与深度的契合。因此，基于英语学科核心素养，本书着力探讨中小学英语教师语言能力标准，不仅能够促进基础教育领域的课程变革，而且有利于促进中小学英语教师与课程改革的同步前行。

1.2.3　基于上述两点的契合，促进英语教师教育的课程与教学改革

英语学科核心素养是中小学英语课程与教学改革的潮流与趋向，而英语教师语言能力则是中小学英语课程与教学改革的基本保障，二者的契合既符合学理层面的内在逻辑，也顺应英语教育改革的现实需要。基于二者的契合，本书通过理论探讨、比较分析、现状调研以及质性研究，着力开展中小学英语教师语言能力标准及其专业发展的相关理论研究与实践探索，具有一

---

① 钟启泉，2016，《基于核心素养的课程发展：挑战与课题》，《全球教育展望》第1期，第3~25页。

定的理论价值与现实意义。核心素养视域下中小学英语教师语言能力发展框架的构建及策略探讨，不仅能够在理论层面为中小学英语教师语言能力发展提供新的参照，也能够使中小学英语课程与教学改革的核心理念及知识体系融入英语教师的语言能力发展，实现中小学英语教师语言能力、教学能力与思维品质等专业素养的综合提升。同时，基于英语一般语言能力与英语教学语言能力发展，本书全面探讨中小学英语教师职前人才培养模式的综合改革，开展中小学英语教师职后专业学习的经验分享，着力在一体衔接的专业实践中促进中小学英语教师专业素养的全面提升。相关的理论研究与实践探索，不仅能够促进核心素养视域下中小学英语教师职前阶段的课程改革与实践创新，而且能够促进中小学英语教师的专业发展，从而在中小学英语教育领域和外语教师教育领域完成"立德树人"与"协同育人"的教育使命与任务。

1.3　研究目标与内容

1.3.1　研究目标

在理论探析与比较研究的基础上，着力探讨国际通用语言能力框架下的英语能力标准的构建方式及指标体系，尤其重视对欧洲、美国、加拿大和澳大利亚的外语能力标准的分析与比较；基于中小学英语教师群体的专业发展状况，贯穿职前培养与职后培训的全程，开展现状调研、深度访谈、课堂观察及评估分析，以期在整体层面能够对中小学英语教师的语言能力标准及发展进行现状分析、问题诊断及策略探析。同时，充分重视英语特级教师、学科带头人及教研员等专家型英语教师的示范、引领和辐射效应，通过质性研究与案例剖析，关注"核心素养"、分享"专业经验"，着力探讨英语学科核心素养与中小学英语教师语言能力标准研制与实施的契合及策略等。

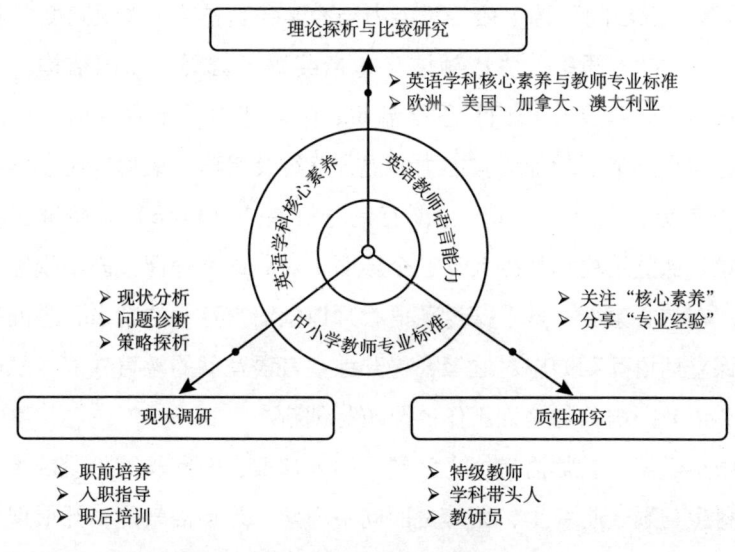

图 1-4　基本研究框架

1.3.2　研究的主要内容

以英语学科核心素养为主基调，在"英语教师人才培养综合改革""中小学英语教师语言能力发展""中小学英语教师课堂语言互动分析"三个层面开展理论探讨与学理分析。首先，职前阶段中小学英语教师与能力发展的路径及策略。立足职前阶段英语教师语言能力发展，在现状调研和质性分析的基础上，集中探讨中小学英语教师职前语言能力提升路径及人才培养综合改革策略。尤其是在英语学科核心素养视域下探讨未来优秀英语教师语言能力发展框架及其能力素养，进而审视传统英语教师职前培养存在的突出问题与困境，在此基础上谋求职前培养阶段中小学英语教师语言能力提升的改革路径及策略。其次，中小学英语教师语言能力发展的框架建构及提升路径分析。以《中国英语能力等级量表》（CSE）、《欧洲语言共同参考框架》（CEFR）等语言能力等级为参照，结合《普通高中英语课程标准（2017年版2020年修订）》和《义务教育英语课程标准（2022年版）》，构建中小学英语教师语言能力发展的基本框架，具体划分为"双层面""四向度"

"八领域"。"双层门"为一般语言能力与教学语言能力,"四向度"包括知识、能力、文化、思维,"八领域"包括英语语言观、知识结构、技能水平、语用能力、跨文化意识、思维品质、学习能力、专业话语。在此基础上,探讨中小学英语教师语言能力的提升路径及策略。最后,中小学英语教师课堂语言互动分析。以弗兰德斯互动分析系统(FIAS)为研究工具,从课堂气氛、课堂结构和师生互动三个层面,对英语教师课堂教学视频进行话语分析。在核心素养视域下探讨英语教师课堂语言互动的特点,进而探讨英语教师课堂话语互动的应对之策,提升课堂言语互动的教育效能,从而促进中小学英语教师培养与培训工作的改革与创新。

以中小学英语教师语言能力发展框架为基准,面向职前阶段的英语师范专业本科生与硕士研究生,尤其是面向中小学一线英语教师,开展现状调研和深度访谈工作,在数据分析的基础上,全面知悉中小学英语教师语言能力发展的现状、问题及需求,深入探析中小学英语教师语言能力发展过程中存在的难题与困惑,进而探讨中小学英语教师职前与职后语言能力发展的改革路径及策略。其中,在高等院校层面,以教师教育者群体为对象,重点进行质性访谈和专家咨询。以本科英语师范生和教育硕士(学科教学·英语)群体为对象,重点开展现状调研和质性访谈;在中小学层面,在问卷调研的基础上,遴选特级教师、学科带头人、教学名师和骨干教师等,进行深度访谈和专家咨询。同时,依托陕西省国际化外语教师教育人才培养模式创新实验区的专业平台,开展中小学英语教师职前与职后的语言能力测评工作。在职前阶段,重点探索本科英语师范生的语言能力评测工作,以期提供可资借鉴、具有建设性的语言能力测评方案;在职后阶段,依据中小学英语教师语言能力发展的适切性,探索中小学英语教师语言能力发展的"区域性提升策略"等。

1.3.3 研究的重点难点

英语学科核心素养与中小学英语教师语言能力标准的内涵、构建方式及维度分析既要确保科学性与合理性,也要充分体现二者之间的内在契合及对教学与评价的现实性与指导性。作为前提与基础,需要在英语学科核心素养与英语教师专业标准相关理论的指导与支撑下,合理确立现状调研的维度及标准;作为研究成果,需要切实把握英语课程改革与英语教师语言能力发展的现状、问题及影响因素,从而谋求有效的提升策略。因此,围绕语言能力标准、英语教师语言能力发展框架进行理论探讨和比较分析,具有较大的专业挑战,且如何高度契合英语学科核心素养的课程改革基调,也是本书理论层面面临的专业挑战及其着力点。同时,建构中小学英语教师语言能力发展框架,需要充分考虑英语教师一般语言能力和教学语言能力的区分,并且使二者共同聚焦英语教师职前与职后的专业发展,这也是本书所呈现的诸多研究的重心所在。

以陕西省中小学英语教师队伍为对象,采取分类(职前与职后)、分层(本科、硕士)抽样的办法,全面开展调查研究,并注重量化研究的信度与效度,进而在数据分析的基础上,立足西部地区中小学英语教育实际状况,依据中小学英语教师语言能力发展的适切性,提出中小学英语教师语言能力发展的改革策略。与此同时,在质性研究中选择有专业引领和示范效应的特级教师、学科带头人及教研员,对其进行深度访谈与案例剖析,力争分享"专业经验"、探讨"专业标准"。这对于课题研究的人财物投入有较高的要求,同时要能够较好地体现不同教育阶段的衔接性与区分度。事实上,对中小学优秀教师和教研员的深度访谈的工作量相当大,并需要做好相应的文本记录、话语分析工作,借助语言分析工具,科学、理性地完成质性研究报告,进而提出具有建设性、指导性的中小学英语教师语言能力发展策略。

英语学科核心素养与英语教师语言能力标准的比较研究需要在国际通用的语言能力框架下完成中小学英语教师能力标准的构建、研制及完善工作,尤其是重视 TESOL 语言标准的参照价值。但是,国外英语教师语言能力标准研制与完善的经验与举措具有较为明显的区域特性,并不能简单的复制或再现。比较分析维度与标准的确立既要具有合理性,也需要回应我国中小学英语教师语言能力发展的实际需求。尤其是伴随着普通高中和义务教育阶段新课程标准的研制与颁布,需要充分体现出英语学科核心素养的课程改革趋向，并将英语语言能力发展融入中小学英语教师职前与职后的专业学习与专业实践，这是本书相关内容的立论之基与改革之源。

1.3.4 特色与创新之处

无论是理论层面的学理探讨还是实践层面的实证研究，都是为了在基础教育课程改革与教师教育人才培养模式创新的视角下更好地促进中小学英语教师语言能力发展和专业素养全面提升。基于此，本书所开展的相关研究与探索，具有以下特色与创新之处。

其一，英语学科核心素养与中小学英语教师语言能力的关联与契合。关注英语学科核心素养，提升教师专业品质与学习品质，既顺应了基础教育课程改革趋向，也是促进英语教师专业发展的内在要求。英语学科核心素养不仅体现了英语学习的本质观，也对中小学英语教师的语言能力有更高的诉求。事实上，对英语语言能力理解的"窄化"，不仅加剧了英语教师语言"技能化"倾向，也往往造成英语教师对文化意识、批判性思维以及言语学习能力的忽视或漠视，这不利于提升中小学英语教育的质量与效能。中小学英语教师的职前培养与职后培训，需要顺应英语学科核心素养改革趋向，需要聚焦专业基本功的夯实与提升。英语语言能力不仅仅是英语教师专业发展的"底色"，更是基础教育英语课程改革的"底色"。将语言与文化、语言与思维、语言与学习真正地融入英语教师的专业学习，融入中小学英语教学改革，才真正是中小学英语教师教育改革与发展的特色与创新之处。基于此，本书重视英语学科核心素养与中小学英语教师语言能力的关联与契合，不仅体现了理论研究的基础性，也体现了实践探索的应用性。

其二，中小学英语教师语言能力标准相关研究的综合性与指向性。中小学英语教师语言能力标准的构建、研制及实施，对于英语教师职前阶段的教学改革与学习评估、入职阶段的资格认定与专业指导以及职后阶段的研修活动及职级评定都会产生重要的推动作用。然而，当前对于中小学英语教师语言能力标准的研究整体力度不够，且理论探讨多、量化分析少。尤其是随着基础教育新课程标准和《中国英语能力等级量表》（CSE）等的颁布与落实，我们需要结合中小学英语教育教学改革趋势,着力探讨中小学英语教师语言能力发展。这既符合高校英语师范专业尤其是师范专业认证工作的改革趋向,也符合英语教育一体化改革趋向。基于此,本书试图将理论探讨、比较分析、现状调查和质性研究相结合,"以理论探讨与比较分析为支撑,现状调查为基础,质性研究为关键",重点开展中小学英语教师语言能力发展框架的建构与中小学专家型教师的专业经验分享,以期促进中小学英语教师语言能力发展,促进中小学英语教育与中小学英语教师队伍建设的可持续发展。本书所开展的相关理论研究、数据分析与实践探索具有一定的创新。从某种意义上说,基于中小学英语教师语言能力标准的理论探讨、数据分析与专业分享,不仅体现了理论研究的综合性,也体现了实践探索的专业指向性。

1.4 研究思路与方法

本书所呈现的研究内容及相关研究成果,重视理论研究与实践探索的有机结合,重视量化分析与质性研究的有机集合,重视职前培养与职后培训的有机结合。本书所呈现的相关研究,主要关涉文献法、比较法、调查法、案例法和视频分析法等。具体而言,基于文献法与比较法在理论与实践层面探析中小学英语教师语言能力标准的构建方式及指标体系,并着力探讨英语学科核心素养与英语教师语言能力标准的内在契合以及运行机制等,为现状调研和质性研究提供理论指导;基于调查法、视频分析法和案例法,在数据分析与课堂观察的基础上探讨职前与职后阶段中小学英语教师语言能力及发展现状、问题、因素及可能采取的路径策略等;在文献法、比较法和调查法的基础上,通过对中小学英语特级教师、学科带头人和教研员等专家型教师的质性分析与专业分享,深入探讨中小学英语教师语言能力发展和英语教师教育改革路径及策略。

1.4.1 文献法

围绕语言能力、语言能力标准、英语教师语言能力标准和英语学科核心

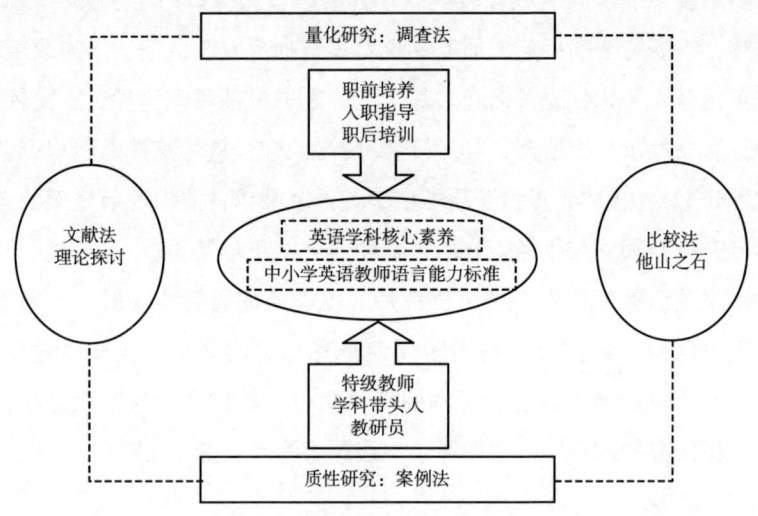

图 1-5　研究思路与方法的基本框架

素养等相关研究主题，进行中外文的文献搜集、整理与分析，重点对英语学科核心素养背景下中小学英语教师语言能力发展框架，以及相关语言能力标准、语言能力提升路径等进行理论探析，为后续的实证研究提供理论支持。

1.4.2　比较法

广泛收集整理各国关于英语教师语言能力标准和教师专业标准构建方式、指标体系及提升策略等相关资料，对文献资料与相关数据进行处理，归纳出具有规律性的假设与结论。重点通过比较法，在充分借鉴和参照中外相关语言能力标准的基础上，促进中小学英语教师语言能力发展框架的构建与探索。

1.4.3　调查法

基于核心素养课程改革背景下的英语教师语言能力实际情况，开展现状调研，探讨中小学英语教师语言能力现状的共性与差异，突出问题导向及影响因素等。充分借鉴《中国英语能力等级量表》（CSE）、《义务教育英语课程标准（2022年版）》、《普通高中英语课程标准（2017年版 2020年修订）》等，面向职前与职后两个阶段，开展较大面积的问卷调研与深度访谈工作，从而更好地把握和集中探讨中小学英语教师语言能力的现状、问题及相关提升策略。

1.4.4 视频分析法

使用弗兰德斯互动分析系统（FIAS）进行观察和编码，组成序对和矩阵，根据矩阵内的编码数值进行相应的师生言语互动分析与深度访谈。弗兰德斯互动分析法具体将课堂上的师生言语互动分为三类，即教师言语、学生言语、沉默或混乱。在教师言语部分，教师言语分为直接影响和间接影响共7类编码。在学生言语部分，学生言语分为作出反应和主动发起两个类别，共2个编码。在使用 FIAS 进行课堂观察时，需要每3秒对于所观测到的课堂行为进行判断，并根据该体系对于所观测的课堂行为赋予相应的编码。在编码完成后，通过对编码的排序，组成序对，最终将这些序对填入 10×10 的矩阵，根据矩阵内的编码数值进行相应的师生言语互动分析。

1.4.5 观察法

根据英语教师语言能力发展尤其是课堂语言能力的相关研究，在英语课堂的真实情境下直接观察被研究对象，从而获得一手研究资料。在观察的过程中，辅之以各种现代化仪器和手段，如照相机、录音机等。通过对所研究的 10 节课堂内容的反复观察，在熟悉课程内容的前提下，运用 EFIAS 作为观察工具，对于课堂中的教师言语、学生言语以及沉默或混乱三大言语类型进行记录编码。在记录编码完成后，对于所得编码进行相关的数据分析处理。

1.4.6 案例法

遴选中小学英语特级教师、学科带头人、教研员，整理其关于语言能力的典型个案及经验，通过质性分析，凝练专业共识、分享专业经验；全国小学英语教师教学基本功大赛暨教学观摩研讨会被公认为全国基础教育教学和英语教师专业发展的品牌赛事。由于参赛教师来自全国各省区市，在一定程度上可以反映出全国较高授课水平的教学样态。本研究在剔除存在故障影响编码的视频后，优选"第十三届全国小学英语教师教学基本功大赛暨教学观摩研讨会"中的14位教师的授课视频进行典型案例视频分析。

第二章 中小学英语教师语言能力的发展框架

中小学英语教师语言能力发展不仅是核心素养视域下英语课程改革的基本诉求，也是其专业发展的基本维度。中小学英语教师语言能力发展需要克服单纯的知识与技能倾向、片面的跨文化倾向以及被动的思维倾向，实现语言与文化、语言与思维的内在契合。事实上，作为党的教育方针在英语学科教育中的具体化和细化，英语学科核心素养包含语言能力、文化意识、思维品质和学习能力这四大要素，它们之间相互渗透、融合互动、协调发展。[①]语言能力居于基础性地位，是文化意识、思维品质和学习能力的根基所在。就中小学英语教师而言，语言能力发展同样是语言知识与技能的综合提升与灵活运用，并内含语言与文化、语言与思维、语言学习与教学的深度契合。中小学英语教师语言能力发展需要顺应英语学科核心素养背景下的基础教育课程改革，在语言学习者和教学者的身份转换中实现知识、能力、文化与思维的内在契合。一般英语学习者、专业英语学习者和英语教学者、中小学英语教师有不同的语言能力等级或参照性标准，但需要始终围绕"教给谁"、"教什么"、在不同身份背景下"怎么教"的语言能力发展主线。中小学英语教师"两层面""四向度""六领域"语言能力标准的发展框架，既反映

---

① 梅德明、王蔷，2018，《普通高中英语课程标准（2017年版）解读》，高等教育出版社，第44页。

了不同身份特征的专业性，也是基础教育英语课程改革的风向标，更是对英语教师职前培养具有现实的指导性。

2.1 适应与引领：核心素养视域下英语教师语言能力面临的挑战

2.1.1 发展语言能力：克服单纯的知识与技能倾向

语言能力发展是英语学科素养提升的基础性要素，而核心素养视域下的语言能力是指在社会情境中，以听、说、读、看、写等方式理解和表达意义的能力，以及在学习和使用语言的过程中形成的语言意识和语感。英语语言能力的提高蕴含着文化意识、思维品质和学习能力的提升，有助于学生拓展国际视野和思维方式，开展跨文化交流。[①] 从语言能力的呈现形式而言，关涉语言知识与语言技能，其中语言知识包括语音、词汇、语法、语篇和语用等，语言技能则包括听、说、读、看、写等；从语言能力的心理特质而言，关涉语言意识和语感，其中语言意识是外显式的语言认知，体现为学习者对语言本身以及语言与文化、语言与思维、语言与学习等内在关联的理解与表达，语感则是一种体验式的语言认知，体现为学习者可意会不可言传的理解、表达及应用等。

就中小学英语教师的语言能力而言，不仅需要具备扎实的语言知识与技能、出众的语言意识与语感，而且能够准确地、灵活地在中小学英语教学实践中驾驭英语语言学习背后的跨文化主题，指向于学生思维品质的持续提升。反观当前中小学英语教师语言能力发展，往往会重视语言知识学习的系统性，却并不能够真正凸显语言知识背后的文化意识与思维品质，知识学习的表层化与碎片化现象仍然较为突出；往往会重视语言技能训练

[①] 中华人民共和国教育部，2018，《普通高中英语课程标准（2017版）》，人民教育出版社，第4页。

的持续性，却并不能够凸显中小学英语教育的情境性，技能训练"费时低效"现象仍然存在；往往会强调语感的培养，却在一定程度上忽视语言意识的全面提升，尤其是缺乏"语言与文化""语言与思维"的深度契合，未将文化意识与思维品质的培养融入语言能力发展。提升未来教师的英语语言知识与技能，尤其是英语语言运用能力是最基本的专业诉求，否则无法给学生提供正确的语言输入；合格的英语教师要有较强的语言意识，语言意识不足或缺乏，不仅会影响其英语教学能力，也会影响其指导学生发展语言能力。[①]

事实上，专业技能学习不仅仅关注技能层面的操作，也强调心智层面的提升。前者偏重专业动作系统的训练与熟练，导向于专业问题的有效解决；后者则强调专业动作系统的老练与专业心智的完善，导向于专业问题的完美解决。教师的专业技能学习需要贯穿职业全程，职前培养阶段需要重视核心技能的学习与训练，并能够保持在相对时间段内的持续练习，通过技能学习逐步提升心智水平。[②] 从中小学英语教师群体的专业特性而言，语言技能和教学技能的学习都需要从单纯的技能操练转变到心智的完善，并且二者统整于中小学英语教育教学改革中，其核心就是实现语言技能学习、教学技能学习和英语学科核心素养的内在契合，实现语言与文化、语言与思维、语言与学习的本质相连，从而在真正意义上促进中小学英语教师语言能力素养的全面提升。

2.1.2 增强文化意识：克服片面的跨文化倾向

文化是语言学习的载体，文化意识是语言学习的基本诉求。对于外语教师的语言学习而言，跨文化是重要的学习领域，跨文化意识则是重要的专业素养。对于中小学英语教师的专业实践而言，跨文化的本质就是对中国传统文化与英语国家或地区文化的传承、交流与创新，并将跨文化的主题学习融

---

① 韩宝成、曲鑫，2017，《中国英语教师专业能力评价探讨》，《外语学刊》第5期，第73页。
② 孙二军，2019，《教师职前阶段技能学习的路径及策略》，《教育导刊》第8期，第88~91页。

入日常的英语教学活动。这就要求中小学英语教师具备跨文化意识,既能够深刻理解与把握中国传统文化的精髓,也能够全面了解和知悉英语国家或地区文化的内涵,并通过日常的英语课堂教学实践,营造跨文化的学习情境。以 TESOL 教师的语言能力标准为例,在"文化"领域,TESOL 标准就要求教师了解、熟悉并利用文化研究的理论和原则为二语学习者构建利于学习的环境,充分重视学习者的母语文化和文化身份。①

然而,在传统的中小学英语教师职前培养与职后培训过程中,跨文化的主题学习存在"母语文化学习的碎片化"与"英语国家或地区文化学习的浅层化"等现象,当前,我国中小学英语教学中文化主题仍然停留在英美国家文化知识的导入方面,但跨文化交际能力框架下的目的语文化和本土文化的教学并不仅仅是靠导入就能实现的,文化教学应该和语言技能的培养有机结合起来,使文化知识成为真正的能力。② 从某种意义上说,中小学英语教师如果缺乏跨文化意识,缺乏对东西方文化精华的理解与把握,也就很难在核心素养的背景下推进和落实英语课程改革,至少会呈现出语言能力发展与文化意识的培养之间的割裂或断层,这与中小学英语课程改革的初衷是不相符的。③

与之相应,《普通高中英语课程标准(2017 年版 2020 年修订)》提出,对中外文化的理解和对优秀文化的认同,是学生在全球化背景下表现出的跨文化认知、态度和行为取向;需要让学生获得文化知识、理解文化内涵,比较文化异同,汲取文化精华,形成正确的价值观,坚定文化自信,形成自尊、自信、自强的良好品格,具备一定的跨文化沟通和传播中华文化的能力。同时,教师要努力把文化知识的教学有机融入语言学习,充分挖掘语篇中的文化和育人价值,与学生共同探讨文化的内涵,丰富学生的文化体验,

---

① 李翠英、孙倚娜,2014,《国外英语教师能力标准对我国英语教师发展的启示》,《外语界》第 1 期,第 58 页。
② 陈素琴、张丽红、王金生,2010,《跨文化交际模式下的英语教师本土文化意识》,《现代教育管理》第 6 期,第 86 页。
③ 吴潜龙,2000,《从语言与思维的关系看第二语言习得中的几个问题》,《外语教学》第 1 期,第 7 页。

提升学生的文化鉴赏力,将文化知识内化为具有正确价值取向的认知、行为和品格。由此可见,基于英语学科核心素养的课程改革,不仅要求教师将文化意识融入日常的英语教学活动,而且要求中小学英语教师具备良好的文化素养,能够通过真实语言情境下的英语语言理解与表达来形塑学生的文化品格,对学生进行价值观教育。

2.1.3 培养思维品质:克服被动的思维倾向

思维品质是智力活动特别是思维活动中个体的智力与能力表现,实质是人的思维的个性特征。① 就英语学习者的语言能力发展而言,个体的语言思维就是其语言符号的运行系统,它在人的大脑中始终处于自主运行状态,使语符的音、形、义三者之间,以及语符与语符之间产生关联,组成词(字)、词语、语段和语篇,使语言的交际功能得以体现。② 就中小学英语教师的语言能力发展而言,个体的语言思维不仅关涉英语学习,"理解语言与思维之间的关系,才能够学会用英语思维说一口流利的英语",也关涉中小学英语教学实践,作为中小学英语教师的基本条件,也是中小学英语教学中最基本的语言输入。事实上,语言教育的功能和任务不仅有教会学生交流,还有培养学生思维能力,特别是用另外一种语言思维的能力。③

然而,长期以来英语教学只尊崇"功能意念",认为学习者需要内化英语国家的文化规范,教学设计主要考虑的是功能、意念、结构,针对人文内容鲜有系统规划,在思维认知和社会文化方面缺乏明确目标,语言能力模型几乎没有考虑英语作为基础教育应承载的核心价值。④ 核心素养视域下的基础教育英语课程改革,即在语言与文化的主题学习中培养学生的

---

① 林崇德,2005,《培养思维品质是发展智能的突破口》,《国家教育行政学院学报》第 9 期,第 21 页。
② 杨敏,2004,《英语语言思维的特性》,《外语研究》第 4 期,第 26 页。
③ 龚亚夫,2012,《论基础英语教育的多元目标——探寻英语教育的核心价值》,《课程·教材·教法》第 11 期,第 28 页。
④ 龚亚夫,2012,《论基础英语教育的多元目标——探寻英语教育的核心价值》,《课程·教材·教法》第 11 期,第 28 页。

思维品质，帮助学生能够在概况、归纳、辨析、判断的基础上，通过语言与文化的具体现象与知识信息，建构新概念、形成新观点，并清晰、准确地借助语言表达自己的所听、所见、所闻、所感、所思、所想等，而非被动的知识接受、枯燥的技能训练、简单的经验分享、浅层的意义表达。这既是当前中小学英语教学改革需要正视的发展趋向，也是英语教师语言能力发展过程中需要予以重视的现实需求。

　　事实上，思维是人脑借助于语言对客观事物的概括和间接的反应过程，是人高阶的认知活动，注重探索与发现事物的本质规律及特点。借助于已有的知识和经验，人类往往通过思维的判断与推理，在理论层面进行判断与预测，进而影响社会实践。[①] 就基础教育课程改革而言，它不是课程与教学领域某一层次或某一个因素的变革，而是整个传统教育思想体系的根本变革。这就意味着传统的教师观、学生观、教学观、课程观、学习观、评价观等一系列影响教学的诸多因素同时转变。其中最重要的是，要求教师转变思维方式，这也是提高教师专业化程度的必要途径。[②] 聚焦中小学英语教育改革，《普通高中英语课程标准（2017年版2020年修订）》明确提出，思维品质体现英语学科核心素养的心智特征。思维品质的发展有助于提升学生分析和解决问题的能力，能够从跨文化视角观察和认识世界，对事物作出正确的价值判断。中小学英语教师需要转变思维方式，一方面在自身英语学习的过程中提升思维品质，另一方面在英语教学的专业实践中磨砺学生的思维品质。前者是指向于教师英语语言能力与思维品质的持续提升，后者则指向于教师语言知识与经验、教学知识与经验的省思与判断，这也是英语学科核心素养背景下中小学英语教师专业发展的内在需要。

---

　　① 孙二军，2021，《大数据时代教师专业发展的思维转向》，西安交通大学出版社，第3页。
　　② 张金伦，2011，《改变教师思维方式：促进教师专业发展的一个重要问题》，《当代教育科学》第20期，第56~57页。

2.2 变革与超越：中小学英语教师语言能力发展的路径分析

2.2.1 语言知识学习中的文化渗透与思维训练

文化与思维不仅是语言知识学习的重要目标与内容，也会对语言知识学习本身产生重大影响。聚焦中小学英语教育层面，《普通高中英语课程标准（2017年版）》明确指出，语言知识包括语音、词汇、语法、语篇和语用知识。中小学英语教师不仅需主动建构相关的语言知识体系，而且需要在语音、词汇、语法、语篇和语用知识的教学实践中发展学生的语言运用能力，并融入文化意识与思维品质。例如，中小学英语教师可以通过英文诗歌朗诵、戏剧表演、影视配音、主题辩论等活动促进学生语言知识的学习，可以根据主题，引导学生使用思维导图梳理词汇、语法、语篇等语言知识，重视在语境中呈现语法知识、促进语篇理解、加强语用实践等。[①]

一般而言，知识具有鲜明的理性认识特征，是人类从实践和认识活动中归纳出来的、被认为真实、有助于解决实际问题的信息。[②] 经由自身学习、建构、反思、外化、储存和加工等认知活动，教师在教育实践活动中往往会形成多维度、多层次的动态知识体系。[③] 中小学英语教师的语言知识同样源于对英语学习经验的凝练，归于教师对英语教学的理性认识，并有助于解决中小学英语教育中的实际问题。中小学英语教师需要具备扎实的本体性专业知识，即英语学科专业知识，并注重中小学英语学科教学的特殊性。

[①] 中华人民共和国教育部，2018，《普通高中英语课程标准（2017年版）》，人民教育出版社，第19~22页。
[②] 贺华，2015，《知识与经验的再认识》，《求索》第11期，第72~76页。
[③] 朱淑华、唐泽静、吴晓威，2012，《教师知识结构的学理分析——基于对西方教师知识研究的回溯》，《外国教育研究》第11期，第118~126页。

第一，突出语言知识的体系性。中小学英语教师需要在搭建英语学科知识框架的前提下，逐步形成相应的知识体系。中小学英语教师的语言知识体系需要能够全面地关涉基础英语教育所涵盖的知识框架，不仅要涉及语言知识、语言教学知识，还要有思维认知和必要的社会文化知识。① 基于语言概念体系的知识结构、基于外语教育命题的专业判断、符合逻辑推理的语言教学观念，有助于持续提升中小学英语教师的语言能力综合素养。具体而言，"知其然，知其所以然"，不断丰富专业知识，并在中小学英语课程标准的专业指引下，进一步细化和完善"教什么"的专业知识体系，从而更好地把握中小学英语教学的重难点。当前需要注重语音、词汇、语法、语篇和语用层面的学习投入与成果产出。此外，还要了解英语国家以及其他语种国家的历史地理、政治经济、民族文化和社会生活习俗等；了解本国文化，要懂得如何通过英语教学提高学生的认知能力和文化素养，尤其是培养学生正确的价值观和批判性、创造性思维等。②

第二，增强文化知识学习的主题性。在中国传统文化与英美国家文化的学习基础上，围绕人文地理、传统节日、习俗习惯、典故传说、文学名作等主题开展研究性学习，从而深刻理解与把握语言学习背后的文化意识。事实上，外语教学中导入外语所内在蕴含的价值观不外乎四个方面，即对待人与自然、人与社会、人与自我、人与文化的价值观。③《普通高中英语课程标准（2017年版2020年修订）》就进一步突现了"主题语境"，涵盖人与自我、人与社会和人与自然，涉及人文社会科学和自然科学等领域的内容，为学科育人提供语境主题，为语言学习提供主题范围。在人与自我、人与社会和人与自然三大主题语境中，人与自我涉及"生活与学习""做人与做事"等两个主题群下的9项子主题；人与社会涉及"社会服务与人际沟通""文

---

① 龚亚夫，2011，《创建我国中小学英语教师知识与能力体系——中小学英语教师专业等级标准的制订》，《中国教育学刊》第7期，第60~65页。
② 龚亚夫，2011，《创建我国中小学英语教师知识与能力体系——中小学英语教师专业等级标准的制订》，《中国教育学刊》第7期，第60~65页。
③ 余娟，2011，《从语言学习到文化理解》，华中师范大学博士学位论文。

学、艺术与体育""历史、社会与文化""科学与技术"等四个主题群下的16项子主题；人与自然涉及"自然生态""环境保护""灾害防范""宇宙探索"等四个主题群下的7项子主题。

第三，突出知识学习的思辨性。在职前阶段的专业学习中，重视对语言知识和文化知识的主动获取、系统梳理与有效整合；在职后阶段的专业培训中，重视对文化主题教学的深度理解与意义阐释，并能够在中小学英语教育的真实情境中自由、灵活地开展主题讲授和互动交流等。知识学习的思辨性一般表现为"辨别力、判断力、洞察力"，这是批判性思维的核心特质，具体表现为对专业知识与经验的学习有辨别力、对专业知识与经验的理解有判断力、对专业知识与经验的应用有洞察力。① 基于语言与文化、语言与思维的本质关联，中小学英语教师的语言知识学习需要充分体现批判性思维的核心特质，并能够充分体现中小学英语课程改革中的专业诉求。在中小学英语教育的真实情境下，对已有语言知识体系进行重构，立足学生的英语学科核心素养，进行知识与经验的辨别、判断与洞察。在促进中小学生英语语言能力发展的过程中，促进其学习品质的全面提升，这也是学科核心素养背景下中小学英语教师专业发展的应然之选。

2.2.2 语言技能提升中的学习指导与思维训练

中小学英语教师语言技能的有效提升在职前阶段的专业学习中往往容易被窄化，在职后阶段的专业培训中又容易被忽视，究其原因，中小学英语教师语言技能的专业训练同样深受技术理性的价值驱动，在实践中往往会导致机械、僵化的操作式训练，从而忽略技术学习的认知系统，忽略技能提升背后的"思维训练"。同时，语言技能学习的主题较为宽泛，需要较长时间的持续性训练，中小学英语教师职前培养中的技能学习"耗时费力"、职后培训中的技能学习"浅尝辄止"，都会造成相当部分英语教师语言技能的弱化，影响其专业实践的效能与专业品质。需要强调的是，中小学英语教师的

---

① 孙二军，2021，《大数据时代教师专业发展的思维转向》，西安交通大学出版社，第26页。

语言技能学习不单纯是程序性知识的识记与再现，也不简单是某项技能性操作的训练与应用，而有其内在的"认知特征"，需要科学的指导、示范与训练。

事实上，技能是由一系列动作所组成的，不是先天就有的，而是后天练习获得的。技能发展的高级阶段称为熟练，它是由自动化的动作系统构成的。技能达到熟练与习惯化程度时便成为技巧。"训练、熟练、老练、升华"是技能发展的几个阶段，训练阶段重在掌握技能操作，熟练阶段需要实现动作系统的自动化，老练阶段则强调灵活运用动作系统解决实际问题，升华阶段则是要具有令人赞叹的高超技艺。[①] 聚焦中小学英语教师群体而言，英语语言技能主要包括理解性技能（听、读、看）和表达性技能（说、写），且都内在地关涉语言学习背后的认知水平及思维品质。尤其是思维品质所关涉的概况归纳能力、比较辨别能力、分析判断能力，以及问题的发现、表征、分析和解决能力等，都会内在地影响着英语学习者或教学者语言技能的持续提升，并表现为语言学习背后的"认知特征"。英语语言技能的提升，一般也经历"训练、熟练、老练"三个发展阶段，训练阶段重在掌握语言技能的一般规则及其操作，并有赖于良好的示范指导与持续的专业训练。例如，语音与语调的科学指导及持续训练、阅读理解的讲解示范与大量训练、口头或书面表达的评估反馈与实操训练等。熟练阶段需要实现理解性与表达性语言技能系统的自动化，即完全掌握或理解英语语言技能的各项基本规则，并能够较为熟练地运用语言知识完成各项语言交际任务等。老练阶段则强调灵活运用语言技能系统解决语言学习或语言应用中出现的现实问题，即通晓英语语言技能的规则、具有丰富的语言知识，并能够表征分析和有效解决英语语言学习或应用中出现的各种问题。

中小学英语教师的语言技能学习同样需要师者的专业示范，目的是在专业示范中对职前的学生或职后的教师予以有效指导，帮助其高质量地掌握相

---

① 孙二军，2021，《大数据时代教师专业发展的思维转向》，西安交通大学出版社，第79页。

关语言技能；中小学英语教师的语言技能学习也需要有相对长的周期性训练，并能够在专业实践情境中运用语言技能完成相关专业目标与任务，甚至能够解决专业实践中的问题。中小学英语教师语言技能的自我训练与应用，既需要外部评价反馈机制，也需要内在的学习动力与效能。具体到中小学英语教师职前培养阶段，在课程学习中需要重视适切性的语言技能训练及其情景化应用，并对学生的语言技能学习进行动态的评估反馈，也可以将部分技能学习的评估反馈与证书认定有机结合，从而提高其语言技能学习的品质及效能。①

2.2.3 跨文化教育中的省思体会与言语表达

跨文化教育不仅致力于向各国儿童传达尊重自身文化的理念，而且也倡导理解不同的文化，强调公正、团结与容忍，引导以开放的心态面对世界的文化差异。跨文化教育鼓励各种文化之间的交流，促进国际的理解与沟通，减少冲突，促进世界和平。跨文化教育已被认为是创建多元化社会、尊重平等人权的有效工具之一。② 同时，跨文化教育是一项庞大、复杂的工程，需要教育界乃至整个社会群策群力、协同努力。学校是跨文化教育的主要实施者，而外语教学则是跨文化教育最有效、最重要的阵地之一。一方面，语言蕴含浓厚的人文性，语言与文化血肉相连、密不可分，语言交际必然以文化为基础，语言教学本身就是文化教学。另一方面，外语教学具有双重目标，即语言文学目标和社会人文目标。前者指的是培养能够用目标语进行阅读和交际的人才，即将外语作为工具进行学习；后者侧重学习者能力和素养的培养，在当今世界这种能力和素养主要指与来自不同文化背景的人和谐相处、有效沟通、平等合作的能力，也包括学习者个人认知情感的发展。在全球化背景下，外语教学服务于社会发展和个人需要的重要表现就在于将跨文化情感、态度、知识和能力培养确定为其最

---

① 孙二军，2021，《大数据时代教师专业发展的思维转向》，西安交通大学出版社，第79页。
② 黄志成、魏晓明，2007，《跨文化教育——国际教育新思潮》，《全球教育展望》第11期，第58~64页。

终目标。①

  顺应国际教育发展趋向，大中小学英语教育改革中跨文化外语教育的重要性日益显现，"跨文化教育不仅是解决现实问题的需要，而且是人文通识教育和思辨能力培养中不可缺少的组成部分"；②《大学英语教学指南》提出，帮助学生了解中外不同的世界观、价值观、思维方式等方面的差异，培养学生的跨文化意识，提高学生的社会语言能力和跨文化交际能力。《义务教育英语课程标准（2022年版）》提出，能够了解不同国家的优秀文明成果，比较中外文化的异同，发展跨文化沟通与交流的能力，形成健康向上的审美情趣和正确的价值观；加深对中华文化的理解和认同，树立国际视野，坚定文化自信。《普通高中英语课程标准（2017年版2020年修订）》提出，获得文化知识，理解文化内涵，比较文化异同，汲取文化精华，形成正确的价值观，坚定文化自信，形成自尊、自信、自强的良好品格，具备一定的跨文化沟通和传播中华文化的能力。基于此，跨文化外语教育首先需要建设多层次、多元化的教学目标体系，深化学生对语言文化与交际的认识和了解，多方位提升学生的人文知识水平和语言综合应用能力，提高学生的跨文化交际能力。除了能够使用所学外语与不同文化背景的人有效地交际外，学生还要增强文化批评意识和创新思维能力，真正了解跨文化语境中言语行为的感知过程，掌握跨文化综合表达能力。③

  聚焦中小学英语教育，跨文化意识的培养既是中小学英语教育的重要目标与任务，也是核心素养视域下中小学生英语学习品质的基本维度。然而，中小学英语教育改革中的跨文化意识培养面临内在的难题与现实的挑战。内在的难题在于跨文化主题的"情境缺失"与"重心偏失"。跨文化教育的目的是通过对英美国家文化与中华文化的了解、体验、理解与比

---

① 张红玲，2012，《以跨文化教育为导向的外语教学：历史、现状与未来》，《外语界》第2期，第2~7页。
② 孙有中、Janet Bennett，2017，《走向跨文化教育：孙有中教授和Janet Bennett博士学术对话》，《外语与外语教学》第2期，第1~8+146页。
③ 束定芳，2013，《关于我国外语教育规划与布局的思考》，《外语教学与研究》第3期，第426~435页。

较，促进学生将文化知识内化为具有正确价值取向的认知、行为和品格，从而增强国家认同与增进国际理解。在英语情境下对中华文化进行萃取、加工、弘扬和传播，对于中小学英语教师而言有一定的挑战，在职前培养与职后培训中都存在一定的缺失，相关专业学习的浅层化、碎片化现象非常突出，对中华文化的英语理解与表达存在先天不足。在非母语情境下让学生对英美国家文化进行感悟和体验，并形成不同程度的认识与理解，对于中小学英语教师而言是相当大的挑战。他们既要萃取英美文化的精华，并以有组织的方式呈现给学生，还要有效克服二语习得的情境性障碍，激发和培养学生的兴趣与热情。

　　基于跨文化教育的结构性缺失与浅层化倾向，在职前培养与职后培训的过程中，中小学英语教师需要全面把握和深刻理解英美文化与中华文化的精髓，具有丰富的跨文化知识或经验，并能够根据中小学不同阶段英语教育的实际状况与现实问题，实现英语课堂文化主题教学中的"由浅入深"与"由此及彼"。同时，在英语课堂教学情境下，围绕中小学英语课程标准所涵盖的跨文化教育主题，将中华文化与英美文化内在地契合起来，引导和促进学生在主题情境学习中进行文化的体验、感知与比较，并借由教师和学生的省思体会与言语表达，不断提升中小学英语课堂教学的文化品位与价值。

2.3　分析与建构：中小学英语教师语言能力发展框架

　　中小学英语教师语言能力发展框架的建构既需要适应基础教育课程改革，也需要参照英语语言能力标准和教师语言能力标准等层面的改革经验。学科核心素养视域下的基础教育英语课程改革，注重语言与文化、语言与思维、语言与学习的深度契合与内在关联，强调将文化意识、思维品质和学习能力融入语言能力发展。中小学英语教师的语言能力发展同样需要在这样一种专业导向下开展语言能力提升与教学实践改革。与此同时，世界各国也都重视英语语言能力标准及发展框架的构建，重视语言能力的科学测评，尤其是近年来我国相继颁布的《中国英语能力等级量表》（CSE）、《高等学校英语专业本科教学质量国家标准》、《普通高等学校师范类专业认证实施办法（暂行）》、《普通高中英语课程标准（2017年版2020年修订）》以及《中小学教师专业标准》等指导性文件等，为中小学英语教师语言能力发展框架构建提供了经验借鉴与专业参照。

2.3.1 中小学英语教师语言能力发展框架的双层面分析

中小学英语教师的语言能力应该包括一般英语语言能力与专业英语语言能力两个层面，一般英语语言能力指向英语学习与教学的"语言输入"，强调英语学科核心素养视域下的语言能力发展；专业英语语言能力指向中小学英语教师的专业英语能力水平以及可持续的教学诉求。英语学习者和英语教学者的双重身份赋予了中小学英语教师语言能力的基本内涵和专业特性，需要在职前培养阶段重塑英语教师的语言能力发展观，着力提升其综合的语言能力素养。作为英语学习者，其语言能力发展影响中小学英语教学活动的"语言输入"，其语言能力发展框架的构建也"有据可依、有章可循"，而《中国英语能力等级量表》（CSE）和《高等学校英语专业本科教学质量国家标准》构成了重要的能力发展参照框架，而英语专业四、八级测试（TEM4/8）则是目前基本的语言能力测评依据；作为英语教学者，其语言能力发展影响中小学英语教学活动的"语言输出"，其语言能力发展框架及指标体系相对缺乏。而《普通高等学校师范类专业认证实施办法（暂行）》《普通高中英语课程标准（2017年版2020年修订）》《中小学教师专业标准》等指导性文件提供了重要的专业参照与方向指引。

事实上，英语学习者和英语教学者的专业身份，具有内在的关联性，共同指向中小学英语教师教育的综合改革实践。在中小学英语教师职前培养阶段，需要在英语学习者，尤其是专业英语学习者的语言能力发展过程中注重英语教学者的专业身份，凸显英语教学语言能力的专业性方向，将相关专业理念、目标、内容及方式方法等纳入语言能力发展指标框架，并进行科学的语言能力测评工作，从而保证中小学英语教学的专业性。一方面，将《中国英语能力等级量表》（CSE）7级作为语言能力发展的基准性参照，同时将1~4级语言能力标准作为方向性参照，并结合学科核心素养视域下的中小学英语课程标准，重视中小学生英语语言能力发展背后的学理分析与专业思考；另一方面，将《高等学校英语专业本科教学质量国家标准》作为语言能力发展的专业性参照，以《普通高中英语课程标准（2017年版2020年修订）》等政策文件为依托，在英语语言学习情境和中小学英语教育的场域下，使"教什么""如何教""如何成长"的专业素养与语言能力素养有机契合，以适应基础教育阶段英语课程改革要求。

2.3.2 中小学英语教师语言能力发展的四向度标准分析

英语学科核心素养背景下基础教育课程改革中的"学与教"，将文化意识、思维品质及学习能力融入学生语言能力发展。文化与思维是当前基础教育英语课程改革的关键领域，也对中小学英语教师的专业素养提出了更高的要求。基于此，中小学英语教师语言能力发展既需要凸显文化与思维的专业诉求，也需要重视英语教师专业知识学习与专业能力提升的发展诉求。可以将中小学英语教师语言能力划分为"知识、能力、文化、思维"四个标准，不仅实现中小学英语教师语言能力发展过程中知识倾向、交际倾向、文化倾向和社会功用倾向的内在契合，也充分体现语言能力、文化意识、思维品质和学习能力四大要素之间的相互渗透、融合互动、协调发展。

第一，中小学英语教师语言能力发展的知识向度，表现为语言知识结构的搭建与完善、语言知识的理解与应用。中小学英语教师语言知识结构的搭建与完善，不仅需要对语言学、英美文化、语言学习心理、二语习得等专业知识的深层学习，而且需要注重对中国传统文化与跨文化知识的理解与阐释、中小学英语教师TPACK知识的理解与应用等。知识向度需要突破传统的"语素、词汇、语法、语篇"等语言符号系统，重视将"学科"体现在中小学英语教师语言知识的自主建构过程之中，促进语言知识与语言能力的辩证统一。

第二，中小学英语教师语言能力发展的能力向度，表现为语言技能的提升、英语教学语言能力的发展以及语言交际与沟通的加强等。语言技能是中小学英语教师语言能力发展的必要条件，需要有更高层级的语言技能水平（听、说、读、写、译、看等）。在英语语言技能持续提升的基础上，中小学英语教师的语言能力发展还适应基础教育英语课程改革，具备开展跨文化情境下语言交际教学所需要的课堂语言能力。能力向度需要突破单纯的语言技能倾向，重视将"言语交际"和"课堂话语"等体现在中小学英语教师能力的自主发展过程之中，更好地回应"学习与教学"的专业需求。

第三，文化向度的语言能力发展，表现为对中外优秀文化的深层理解，进而帮助教师能够在英语教育教学过程中对中外优秀文化予以传承、交流与创新。聚焦中小学英语教师职前培养阶段，需要"增加语言文化学习的比重，加大跨文化意识与能力培养力度，并与基础教育阶段所关涉的文化意识紧密相连"。[①] 文化向度需要转变固有的语言交际与文化传播倾向，重视将"文化自信"和"国际理解"等体现在中小学英语教师的专业实践之中，更好地实现"语言与文化"的深度契合。

第四，思维向度的语言能力发展，表现为中小学英语教师的语言思维品质与思维教学能力等。英语教师个体的语言思维关涉语言能力发展，只有"理解语言与思维之间的关系，才能够学会用英语思维和说一口流利的英语"。[②] 同时，"语言教育不仅有教会学生交流，还有培养其思维能力的功能和任务，特别是使学生会用另外一种语言思维的作用"。[③] 思维向度需要重视中小学英语教师语言能力背后的思维品质，在英语学习与教学的过程中，持续提升其批判性思维、逻辑性思维和发散性思维等，并积极开展中小学英语课堂思维教学的改革与创新，更好地实现"语言与思维"的嵌入融合。

[①] 孙二军，2020，《核心素养视域下中小学英语教师职前培养的综合改革策略》，《西外大学报》第 2 期，第 29~33 页。

[②] 吴潜龙，2000，《从语言与思维的关系看第二语言习得中的几个问题》，《外语教学》第 2 期，第 3~8 页。

[③] 龚亚夫，2013，《论基础英语教育的多元目标——探寻英语教育的核心价值》，《课程·教材·教法》第 11 期，第 26~34 页。

2.3.3 中小学英语教师语言能力发展的六领域分析

"双层面"指向中小学英语教师语言能力发展的专业性场域,"四向度"指向中小学英语教师语言能力发展的方向性特质,"六领域"则指向中小学英语教师语言能力发展的基础性指标,包括英语语言观、语言知识结构、语言技能水平、语用能力、跨文化意识和思维品质。

第一,英语语言观。作为中小学英语教师重要的观念体系,英语语言观是其对"英语学习与教学"总的认识与根本看法,往往支配或影响其英语语言学习与教学活动。在"六领域"的语言能力指标体系中,英语语言观是中小学英语教师语言能力发展的认知前提,一般包括英语学习观与教学观,即作为语言学习者的观念体系和作为语言教学者的观念体系,并高度重视英语学科核心素养背景下的英语学习观与教学观。中小学英语教师的语言学习观是其对英语语言知识经验及其本质、形式、过程、条件、结果等一系列问题的认识;中小学英语教师的语言教学观则是其英语教育教学规律、原则、方法、手段及评测等方面的认知,并最终导向中小学英语教学问题的解决。需要强调的是,中小学英语教师的英语学习观与教学观首先需要契合新的课程标准,其次需要契合高校英语专业人才培养的规范与标准,最后也需要契合外语教育的语言服务战略。

第二,语言知识结构。知识结构包含知识类型及其内在的逻辑关系。语言知识结构是中小学英语教师语言能力发展的专业基础,一般包括英语学科专业知识、学科教学专业知识(PCK)以及其他一般性专业知识等,尤其需要重视英语学科教学知识(PCK)与跨文化知识的学习、理解和应用。事实上,外语学习的难点之一,是将学过的语言知识适配于动态的内容,这是外语教学需要面对的一个语言学习的根本性问题。① 语言知识是培养核心素养的基础,不仅因为我国是"学得"环境,更因为教学的使命是通过传

---

① 王初明,2020,《外语学习的一个根本性问题:静态语言知识如何适配到动态内容?》,《现代外语》第 5 期,第 593~600 页。

递科学文化知识来培养学生，而语言恰恰是知识的载体。新课标提倡"跨学科""大概念""语篇""思维品质"，这正是将英语语言和科学文化知识相融合的举措。①

第三，语言技能水平。语言技能水平是中小学英语教师语言能力发展的根基，既包括听、说、读、写、看的一般性语言技能，也包括英语演讲、沟通与表达的专门性语言技能，还包括对中小学生英语学习进行科学评测与指导反馈的专业技能等，三者之间具有内在的关联性与递进性。其中，《普通高中英语课程标准（2017年版2020年修订）》把"看"列在我们耳熟能详的听、说、读、写四项语言技能之后，将其作为数字时代英语学习者需要掌握的"第五技能"；②演讲、沟通与表达等语言活动，能够突破传统纯语言形式的操练模式，起到引发学生能动思维的效果，并能够增强学生正式讲话的自信心及交流意识，提高学生的思辨能力和综合运用英语的能力。中小学英语教师需要深谙"听、说、读、写、看"的规律及特点，能够高质量地开展五项英语技能的学习指导与科学训练，并能够围绕学科核心素养的主线，创造性地开展演讲、沟通与表达等英语教学活动。同时，围绕上述两个方面的语言技能，开展科学的英语评测工作，并将评价反馈与日常的英语教学活动紧密结合，这是落实英语学科核心素养的基础性工作。

第四，语用能力。语用能力是中小学英语教师语言能力发展的核心内容，包括一般性语言交际、专门性课堂用语和学术性专业话语等，前者应该与中小学生的英语交际能力相关联，后两者则需要与中小学英语教师的专业教学及专业发展相衔接，体现语言能力发展的社会功用。从英语教学的语言功用而言，需要分阶段、分层次地采取相关的语言能力发展策略。具体而言，在初级英语语用能力发展阶段，重视培养学习者的语言意识，注重学习者的语言基本技能训练，将语言知识（语音、词汇、语法等）学习和语言

---

① 王卉、黄颖思，2022，《"强交际"能有效促进学生核心素养的提升吗——兼谈语言知识在素养培养中的基础性作用》，《教育学术月刊》第10期，第73~79页。

② 武和平、李乐释，2021，《"看"——英语课标的新增语言技能》，《课程·教材·教法》第9期，第93~100页。

使用有机结合，而不是脱离语境灌输知识；① 在中等英语语用能力发展阶段，培养学习者的语言语用意识，侧重语言语用知识传授及语言使用的适切性训练，如同义词、近义词及相同句法结构的语用差异辨识，语篇组织、话题呈现尤其是目的语表达方式、语义表达程式运用等的训练；在高级英语语用能力发展阶段，培养学习者的社交语用意识，重视对英汉语言文化差异、思维认知差异的理解以及对适应跨文化交际互动的语用策略的掌握。②

第五，跨文化意识。跨文化意识是中小学英语教师语言能力发展的重要标尺，包括对中外文化的主题理解与意义阐释，对优秀文化的价值认同与言语表达，并能够将家国情怀、文化自信和国际理解等融入语言能力发展及语言教学。事实上，跨文化意识已成为当今时代各国人才应具备的基本素养，跨文化意识的培养更是英语课程改革的重点内容。因此，中小学英语教师需要在日常的英语课堂教学中重视对跨文化意识的培养，不单纯将跨文化意识当作一种单项的能力素养，而是融入语言知识学习与语言技能提升之中。中小学英语教师需要在课堂教学过程中渗透英美文化知识，并引导学生增强对中西传统文化知识的理解、分辨、对比和内化。同时，积极探索跨文化与课程内容的融合方式，创新教学设计，开拓多元化的教学方式，让学生在英语学习中发挥主人翁的作用，从而更好地提升自身的跨文化交际能力。此外，将跨文化评价纳入英语教学评价体系之中。教师只有摒弃传统教学中唯成绩论的评价方式，从跨文化角度去建立新的评价体系，加强对学生的英语交流技能和跨文化水平进行考核，才能为培养出具有跨文化意识的外语应用型人才奠定坚实的基础。③

第六，思维品质。思维品质是中小学英语教师语言能力发展的心智特征，表现为英语学习与教学背后的逻辑性、批判性、创新性等能力与水平。

---

① 戴沅芳，2019，《双语理论下的中国英语学习者语用能力与语用迁移关系研究》，东北师范大学学位论文。
② 戴沅芳，2019，《双语理论下的中国英语学习者语用能力与语用迁移关系研究》，东北师范大学学位论文。
③ 陈铭，2022，《高中英语教学中跨文化意识的培养——评〈中学英语教学设计优化策略〉》，《教育理论与实践》第24期，第2页。

思维的逻辑性主要表现为思维的规则和规律，具体涉及概念、判断和推理等心智活动；思维的批判性在于质疑、求证的态度和行为，通过正确的途径，求证事物的真假；思维的创造性侧重于求异、求新，不墨守成规，敢于想象，善于改变，推陈出新。①《普通高中英语课程标准（2017年版2020年修订）》明确指出，通过英语课程的学习，学生"能辨析语言和文化中的具体现象；梳理、概括信息，建构新概念；分析、推断信息的逻辑关系；正确评判各种思想观点，创造性地表达自己的观点，具备初步用英语进行独立思考、创新思维的能力"。在英语学科中培养和提升学生的思维品质，就是通过引导学生观察语言与文化现象、分析和比较其中的异同、归纳语言及语篇特点、辨识语言形式和语篇结构的功能，分析和评价语篇所承载的观点、态度、情感和意图等英语学习活动和实践运用途径，帮助学生学会观察、比较、分析、推断、归纳、建构、辨识、评价、创新等思维方式，增强思维的逻辑性、批判性和创造性。同时，思维品质的提升有利于增强学生的英语语言能力、提高自主学习效率以及形成跨文化意识。基于此，中小学英语教师要有意识、有系统、有计划地训练学生的思维，提高他们的思维品质，不仅能提升英语能力，而且也能帮助其形成优秀的文化品格。②这对于中小学英语教师提出了较高的专业要求。发展学生思维品质，首先需要教师能够设计英语教育教学活动，其次教师能够将思维品质的提升与自身的语言知识学习、语言技能训练及语用能力发展等紧密结合，从而全面提升中小学英语教师语言学习与教学的专业品质。

事实上，"六领域"的英语语言能力指标之间有机统整，而非简单割裂，并具有内在的关联。中小学英语教师的英语语言观体现其对英语语言学习与英语语言教学的价值认同，知识结构体现其对语言符合系统与英语学科知识的系统把握，技能水平反映其英语语言技能的发展等级与实际水平，语用能力指向其英语语言应用的社会情境性与功用性，跨文化意识表现为语言

---

① 夏谷鸣，2017，《英语学科教学与思维品质培养》，《英语学习》第2期，第9~13页。
② 夏谷鸣，2017，《英语学科教学与思维品质培养》，《英语学习》第2期，第9~13页。

交际的文化互动，思维品质体现其语言发展水平的高阶性。"六领域"之间相关联系、彼此促进，共同指向中小学英语教师语言能力的内在趋势与时代诉求。基于此，在学科核心素养的改革背景下，中小学英语教师的语言能力发展需要有正确的英语语言观、系统完善的知识框架、熟练精深的技能水平、务实高效的语用能力、融通中外的跨文化意识以及高阶内隐的思维品质。需要指出的是，"六领域"的英语语言能力指标如何进一步科学研制与广泛应用，既需要在全球视域与本土实践的基础上，对已有相关政策文本和能力标准等进行系统分析与专业参照；也需要全面知悉当前中小学英语教师职前与职后阶段英语语言能力发展的现状、问题及需求，进而谋划中小学英语教师语言能力发展路径及策略，不断提升其英语学习与教学活动的专业品质，努力造就一大批高素质、专业化、创新型的中小学英语优秀师资。

2.4 突破与创新：
中小学英语教师语言能力发展的策略举措

2.4.1 基于语言能力发展的正式与非正式学习

中小学英语教师的英语语言能力发展是动态变化的过程，由低到高、由浅及深，需要持续贯通正式学习与非正式学习。基于语言能力发展的正式学习具有系统性、专业性与指导性的特征，往往指向于较为系统的专业课程学习，包括普通英语课程（基础英语、高级英语等）、专项语言类课程（视听说、口语、翻译、写作等）和专题文化类课程（英文国家文化、跨文化交际等）；所谓非正式学习是指在正规学校教育或继续教育之外，在工作、生活、社交等非正式学习时间和地点接受新知识的学习方式，占个体所学知识的75%以上，而人们对其的关注和投入却不足20%。[①] 事实上，随着外语教

[①] 余胜泉、毛芳，2005，《非正式学习——e-Learning 研究与实践的新领域》，《电化教育研究》第10期，第19~24页。

师专业发展研究的不断深入，外语学界开始把更多的目光投向教师的非正式学习。当前外语教学研究的重要任务之一是在外语教师专业发展实践中运用非正式学习方式探讨教师成长的有效途径，以提升教学效果和人才培养质量。①

对于中小学英语语言能力发展而言，在正式学习过程中需要充分发挥专业引领的支架作用，实现专业互动的反馈价值，凸显专业评测的导向功能，并且需要着重参照《量表》和《普通高等学校本科专业类教学质量国家标准》等纲领性指标体系对标开展相应的课程教学活动；在非正式学习过程中，则需要持续增强语言学习氛围，进而开展自我发起、自我规划、自我调控的自主学习，在做中学、玩中学、游中学的过程中促进英语语言学习品质的全面提升。需要指出的是，中小学英语教师的非正式学习与正式学习，不是对立而是相互补充、互相促进的，二者共同指向于英语教师语言能力的可持续发展。

2.4.2 凸显文化意识与思维品质的课程教学改革

英语学科核心素养强调英语课程要改变抓语法和词汇的低效教学方式，使课程的核心任务聚焦指导学生学会用英语做事情、用恰当得体的语言表达观点，使语言学习和知识增长、思辨和表达能力发展融为一体。② 随着学科核心素养政策的深入落实，中小学英语教师职前培养与职后培训"脑体倒挂"的倾向将会愈加明显。中小学英语教育发展实践，倒逼英语教师教育改革，高等院校的"教师教育者"需要向"学科核心素养"看齐。从某种意义上说，当前中小学英语教师职前培养与职后培训不能够满足基础教育的专业实践需求，或者说不能够顺应基础教育课程改革趋向。因此，中小学英语教师职前培养与职后培训的课程教学改革，必须将文化意识的培养与思维品质的训练融入日常的专业学习活动，渗透至日常的专业教学之中，在中小

---

① 郭遂红，2014，《基于教学情境的外语教师非正式学习与专业发展研究》，《外语界》第1期，第88页。
② 王蔷、罗少茜，2014，《英语学习与思辨及表达应融为一体》，《中国教育报》6月12日。

学英语教师掌握语言知识、获得语言技能的过程中，丰富其文化知识、砥砺其思维品质，并将文化主题教学和思维能力拓展作为衡量职前培养与职后培训工作的重要标尺。

在文化与思维主题的课程建设、教学改革和专业研修层面，一方面优化文化类课程及培训专题，重视跨文化知识学习背后的文化意识培养，重视英语教师文化主题学习中的意义建构，实现语言与文化的内在契合；另一方面增加思维拓展类课程及专题培训，聚力于语言学习过程中批判性与逻辑性思维的示范与指导，实现语言与思维的内在契合。逐步改变过于重视知识或技能的教学倾向，注重职前培训与职后培训过程中的文化省思、学习体悟及言语表达，并在日常的英语课程教学与学习层面，更新英语教育理念、创新英语教学实践，尝试多元化的教学方式及策略等。

2.4.3 立足语言能力发展的科学评测与有效指导

语言能力发展是一个动态变化的过程，对于学习者而言，需要开展阶段性的、科学的语言能力评测活动，其目的在于诊断语言学习的现状、能力发展的不足或缺失，进而优化语言学习活动，提升语言学习品质。对于中小学英语教师的语言能力发展而言，需要在外语能力测试评估的专业背景下，确定科学的评测维度、细化相关指标体系、丰富评测手段。诸如开展分领域的语言能力专项评测（口语、阅读、翻译、写作等）、分阶段的语言综合能力评测（基础英语、高级英语、专门用途英语等）、分层次的语言等级证书评测［全国高等学校英语专业四、八级（TEM 4/8），全国大学英语四、六级考试（CET 4/6），全国翻译专业资格（水平）考试等］。事实上，过程性的语言能力评测及学习反馈，不仅有利于提升中小学英语教师的语言学习效能，也有利于提升中小学英语教师语言评测的专业素养，从而为其教学生涯提供较为坚实的专业综合素养支撑。

同时，针对中小学英语教育的特殊性，可以参照 TEM 4/8 和全国翻译专业资格（水平）考试等方面的成熟经验，以《量表》《中小学英语课程标准》《中小学教师专业标准》等纲领性文件为指导，积极开展"中小学英语教师语言能力标准"科学研制工作，从而更好地使语言能力发展指向于中小学英语教师的专业实践，提升职前培养与职后培训工作的针对性与实效性，不断提升中小学英语教师语言能力的层级与水平。

2.4.4　关注中小学英语教育改革的趋向性与现实性

作为当今各国基础教育课程改革的风向标，核心素养是一种完整的育人目标体系，规约着学校教育的方向、内容和方法。中小学教师需要在"核心素养—课程标准（学科素养/跨学科素养）—单元设计—学习评价"的链环中落实课程育人的任务。[①] 中小学英语教师需要关注和回应英语学科核心素养视域下的课程改革趋向及语言能力诉求，在专业学习与教学实践中逐步形成自身的英语语言观、学习观、课程观等，并能够依据课程标准开展符合改革趋向的语言教学活动。这就要求在职前阶段，将人才培养理念践行于中小学英语教育的改革中，引导学生重视语言能力发展背后的文化意识与思维品质，重视语言与文化类、语言与思维类相关课程学习活动，并重视语言学习的示范指导、语言能力的实操训练和语言活动的切磋交流，从而提升未来教师的综合语言能力素养；在职后阶段，则需要开展专题式的研修活动，引导教师将语言能力发展与教学专业素养有机结合，尤其是加强文化意识与思维品质层面的专业培训，实现中小学英语教师教育教学实践中语言与文化、语言与思维的内在契合与综合提升。此外，需要真正建立起职前与职后一体化的专业社群，包括高校教师、中小学英语教师以及教研员等专业人员，并依托英语教师专业共同体建设，立足当下、着眼未来，实现中小学英语教师语言能力发展的"层级提升"。

---

① 钟启泉、崔允漷，2018，《核心素养研究》，华东师范大学出版社，第2页。

第三章　中小学英语教师一般语言能力发展

2020年颁布的《普通高等学校本科英语类专业教学指南》明确指出，英语专业旨在培养具有良好的综合素质、扎实的英语语言基本功、较强的跨文化能力、厚实的英语专业知识和必要的相关专业知识，能适应国家与地方经济建设和社会发展需要，熟练使用英语从事涉外行业、英语教育教学、学术研究等相关工作的英语专业人才和复合型英语人才。其中知识要求为"应掌握英语语言、文学和文化基础知识，了解主要英语国家的历史、社会、政治、经济、文化、科技等基本情况；掌握中国语言文化知识、了解我国国情和国际发展动态，掌握本专业基础理论，基本方法和学术规范，掌握相关的人文社会科学和自然科学基础知识"；能力要求为"应具有良好的英语语言运用能力、英语文学赏析能力、英汉口笔译能力和跨文化能力；具有良好的思辨能力、终身学习能力、信息技术应用能力、创新创业能力和一定的研究能力；具有良好的汉语表达能力和一定的第二外语运用能力"。应该说，这为中小学英语教师语言能力发展提供了方向与指南，尤其为中小学英语教师的一般语言能力发展确定了基本的目标与内容。事实上，英语专业的一般语言能力教学旨在培养学生具备全面的、基本的、综合的实际语言运用能力，英语专业的特殊用途能力教学旨在培养既有过硬的英语技能也有丰富的其他社会科学知识的复合型人才。① 处理好一般语言能力与专门用途语言能力的关系对于实现英语专业人才培养目标而言十分重要。对于中小学英语教师的语言能力发展而言，一般语言能力发展不仅具有基础性的特征，是专业能力素养的必要性条件，而且具有专业性的特征，影响专业教学的质量与效能。

3.1 中小学英语教师一般语言能力发展的国际参照

3.1.1 《欧洲语言共同参考框架：学习、教学与评估》

欧洲理事会召集欧洲内外语言教学专家和一线语言教师，历经10年制订欧洲语言共同参考框架，于2001年正式发布《欧洲语言共同参考框架》（A Common European Framework of Reference for Languages，CEFR，以下简称《共参框架》）。CEFR旨在为欧洲语言教学的大纲设计、课程指南、测试评估和教材编写提供共同的基础。CEFR在欧洲的影响日益深远，已成为欧盟各国语言教学最有影响力的指导文件。此外，欧盟以外的国家和地区也开始对CEFR进行研究，并把CEFR作为外语学习、教学及评量的重要参考依据，如美国、澳大利亚、加拿大和日本等国。②

CEFR详细地描述了语言学习者要进行有效交流所必须掌握的技能和达到的标准，体现了"面向行动"的外语教学理念，包括个人的综合能力、语言交际能力、语言活动、领域等。具体而言，第一，个人的综合能力主要包括已经拥有的知识、技能、精神境界以及学习能力等。所谓知识，或者说陈述性知识，应该理解为社会实践经验所得（经验性知识），也有正规习得的知识（学院知识）；技能属于程序性知识，但掌握程序性知识需要在学习

---

① 刘法公，2003，《论基础英语与专门用途英语的教学关系》，《外语与外语教学》第1期，第31~33页。
② 邹申、张文星、孔菊芳，2015，《〈欧洲语言共同参考框架〉在中国：研究现状与应用展望》，《中国外语》第3期，第24~31页。

之前建构相应的知识体系；精神境界包含个人对待自己和他人的性情、个性特点，以及态度等，还包括在社会交往中表现出的内倾和外倾性格；学习能力指的是善于同时调动自己的精神境界、知识和技能，各种能力是学习能力的基础。就外语学习而言，学习能力是随时愿意发现他者的一种能力和状态，这个他者可能是一门外语，也可能是另一种文化，还可能是其他的人群或全新的知识。第二，语言交际能力主要包含语言能力、社会语言能力和语用能力，每一个部分又由知识、能力和技能等要素构成。这里，语言能力是指所有语音、词汇、句法，以及语言系统的其他应知应会知识与技能，也就是独立于社会语言学及其衍变、独立于语用学功能的纯语言能力。社会语言能力即语言使用中的社会文化因素，它对社会规约相当敏感，强有力地影响着代表各种文化背景者之间的语言交际。语用能力即根据互动式交流进程和语境，功能化地使用语言的能力，包括对语篇、语法结构和语义连贯的把握，识别文本的题材与体裁、讽刺与戏谑效果。第三，语言活动主要包含口头或笔头活动，包括输入、输出、互动和中介四大类型。其中，输入和输出型语言活动居第一位，是互动式交际活动必不可少的形式。在互动型语言活动中，至少有两个人参与口头或者笔头的交流，各方都有语言输入和语言输出的时刻，口头交谈时，甚至是相互交错的。此外，口头和笔头的中介语言活动既是语言输入，又是语言输出。它通过笔译或口译、简述或报告向第三者通俗易懂地（重新）表述其无法直接获取的原始文本。第四，与外语学习相关联的领域包括公共领域、职场领域、教育领域和个人领域。其中，公共领域是指所有日常社会交往场合，包括商务和民事关系、公共服务部门、在公共场地进行的文化和娱乐活动、与新闻媒体的联系等；职场领域是指所有与交际者职业相关联的场合；教育领域通常指正规的学校和培训机构，并被认为能传授知识和具体本领的地方；个人领域则是指交际者的家庭关系和个人社会活动范畴。①

---

① 欧洲理事会文化合作教育委员会，2014，《欧洲语言共同参考框架：学习、教学、评估》，刘骏、傅荣主译，外语教学与研究出版社，第11~15页。

聚焦语言交际能力，CEFR 以行动为导向（Action Oriented），把语言交际活动分为"语言理解"、"语言产出"和"互动"，强调通过现实的语言交流来完成交际任务。具体而言，第一，语言能力包括词汇能力、语法能力、语义能力、语音能力、拼写能力、正音能力等，以及语言系统指向的语言知识及其语用功能。第二，社会语言能力包括表明社会关系的标识性词语、礼仪规则、大众智语、语体差异、方言与口音等。社会语言能力是指对语言使用中社会文化条件的把握，它对社会规约相当敏感，影响着来自不同文化背景的人之间的语言交际。第三，语用能力指运用语言资源及互动交流中的语境和语篇产生的功能，包括话语能力、功能能力等。[1]

CEFR 不同于 20 世纪 90 年代以前的语言等级量表，而是借鉴了欧洲语言测试者协会 1994 年的 ALTE 量表，采用"能做某事"（"Can-Do" Descriptors）描述完成任务的语言能力。《共参框架》阐述交际语言能力的特点时强调"动态"：从社会语言学角度强调对社会文化条件的把握影响着语言交际；从语用学角度强调运用语言资源及互动交流中的语境和语篇。并且该框架提出的语言任务既不是已成模式的也不是一成不变的，强调完成交际任务需要运用最适合任务的策略。这意味着交际语言能力是一个动态的概念。在现实生活中，语言交际活动和交际策略都是动态的，体现在一个个具体的语言任务中；同样，交际语言能力体现在动态的语言环境中，即完成的语言任务中。[2] 事实上，CEFR 的语言能力既包括一般能力，也包括美国语言学家所提出的交际语言能力所包含的诸能力，如语言能力、社会语言能力、语用能力和策略能力，是由多维能力构成的能力总汇，体现了以个体为中心的，依附于语境或情境的，在实践共同体内通过主动参与和相互作用来共同建构的语言能力。[3]

---

[1] 刘壮、韩宝成、阎彤，2012，《〈欧洲语言共同参考框架〉的交际语言能力框架和外语教学理念》，《外语教学与研究》第 4 期，第 616~623 页。
[2] 刘壮、韩宝成、阎彤，2012，《〈欧洲语言共同参考框架〉的交际语言能力框架和外语教学理念》，《外语教学与研究》第 4 期，第 616~623 页。
[3] 赵雯、王海啸、余渭深，2014，《大学英语"语言能力"框架的建构》，《外语与外语教学》第 1 期，第 15~21 页。

CEFR 采用了直观判断、质性研究、量化研究等多种研究方法，设计了 50 余个多维度、多范畴、多等级的语言能力量表。语言能力量表的原则是"全面、透明、一致"。具体而言，"全面"即详细描述语言学习进程中的知识、技能、使用、等级、参数及其他因素；"透明"即清晰、明确、易懂；"一致"即是指具有内部一致性。CEFR 在纵向维度将语言能力水平分为三等六级：A 等基础使用者（A1 和 A2）、B 等独立使用者（B1 和 B2）、C 等熟练使用者（C1 和 C2），[①] 并根据三等六级制定了详细的测试与评估标准，具体描述了学习者在语言的听说读写上所应该达到的标准，从而建立起与标准化考试证书一一对应的评估体系。具体而言，A1 级（入门级）是个人语言语用能力最低的一级；A2 级（初级）称为 Waystage 级似乎更为贴切，关乎社交能力的要求大多在这一级；B1 级（中级）相当于《欧洲外语学习基本水平标准》中对在国外进修的学习者提出的要求，包括能进行持续的互动交际、能自如应对日常生活中的种种困难；B2 级（中高级）属于高水准的学习者，或者称为独立使用者，达到这一级的学习者起码能够做到有效论述自己的观点；C1 级（自主级）主要考察点是要求学习者具备较强的言语能力，保证自如流畅的交流；C2 级（精通级）的学习者在言语表达上以精确、得体和流利为主要特征。此外，在 A2 和 B2 之上又设定了 A2+级和 B2+级，A2+级相当于初级中的高等级水平，达到这一级的学习需要更积极地参与交际（尽管仍很有限，而且还需要帮助）；B2+级相当于中高级阶段的佼佼者，或者是独立使用者中的拔尖人物，这一级更加强调论述能力和有效的社交话语能力。

此外，《共参框架》不只是一个外语能力标准，除了建立明晰的语言能力标准之外，还对外语教学的不同目的进行了界定，描述了不同的教学法，并为外语能力的评估提供了有用的工具。它为所有直接关系到外语教学和

[①] 刘壮、韩宝成、阎彤，2012，《〈欧洲语言共同参考框架〉的交际语言能力框架和外语教学理念》，《外语教学与研究》第 4 期，第 616~623 页。

表 3-1　CEFR 语言能力量表总体的内容摘要

维度		内容摘要
精通阶段	C2 精通级	能轻松理解几乎所有读和听的内容。能连贯地概述各类口、笔语信息,不遗漏内容及其论据。表达自如、精确、流畅。能把握复杂主题中细微的含义差别
	C1 自主级	能理解广泛领域的高难度长篇文章,并能抓住文中的隐含之意。表达自如、流畅,几乎无须费心遣词造句。在其社会、职业或学术生活中,能有效、灵活应用语言。对复杂主题能表述清楚,结构合理,表现出对篇章的组织、衔接和逻辑用词方面的驾驭能力
独立阶段	B2 中高级	能理解一篇复杂文章中的具体或抽象主题的基本内容,包括学习者专业领域的技术性讨论课题。能比较自如流利地跟本族语的人进行交际,双方都不感到紧张。能清楚、详细地谈论广泛领域的话题,能就时事发表自己的观点,并能对各种可能性陈述其利弊
	B1 中级	对工作中、学校里和休闲时遇到的熟悉事物,能理解别人用最清楚和标准的语言讲话的要点。在目的语国家和地区旅游时,能用所学语言应对遇到的大部分情况。能就一些熟悉的主题和自己感兴趣的领域发表简单而有逻辑的看法。能叙述一起事件、一次经历或者一个梦。能介绍自己的期待和目的,并能对计划和想法做简单的解释和说明
初学阶段	A2 初级	能理解最切身相关领域的单独句子和常用词语,如简单的个人与家庭信息、购物、四周环境、工作等。能就自己熟悉或惯常的生活话题完成简单而直接的交流。能用简单的词语讲述自己的教育经历、周边环境以及自身的需求
	A1 入门级	能理解并使用熟悉的日常表达和一些非常简单的句子,满足具体的需求。会自我介绍和介绍他人,并能向他人提问,如住在哪里、认识什么人、有些什么东西等,也能就同样的问题作答。在对话人语速慢、口齿清楚并且愿意合作的情况下,能与之进行简单的交流

资料来源:欧洲理事会文化合作教育委员会,2014,《欧洲语言共同参考框架:学习、教学、评估》,刘骏、傅荣主译,外语教学与研究出版社,第25页。

外语测试的人士,包括课程设计者、教材编写者、语言测试工作者、语言教师及教师培训机构,提供了有价值的参考。[①]

3.1.2 《21世纪外语学习标准》

《21世纪外语学习标准》(Standards for Foreign Language Learning in the

[①] 张东辉,2008,《外语能力标准建设研究》,华东师范大学硕士学位论文。

21st Century)是由美国教育部门以及多个外语教学协会共同研制的国家外语课程标准。该标准包含从幼儿园到高中阶段外语学习的总体目标和基本内容及等级标准。其核心内容可以由 5 个 C 来概括：交际（Communication）、文化（Cultures）、连接（Connections）、比较（Comparisons）、社区（Communities）。① 第一，交际——用外语进行交际。它是外语学习的核心，是决定其他目标能否实现的关键，但又不能孤立存在。第二，文化——增进对其他文化的认识和理解。文化大目标包括两个标准，一是强调文化行为，二是强调与文化观念相联系的文化产物。第三，连接——与其他学科衔接并获取更多信息。一方面，学生通过外语来拓展其他学科的知识；另一方面，学生要想获取更多信息和能识别迥异的观点，只有通过对外语与文化的学习才能使之实现。第四，比较——加深对语言与文化本质的洞察力。比较关于语言本质和文化概念两方面的标准。通过比较与对比，学生可以深化对语言本质和文化概念的见地，从而能多维度地审视世界。第五，社区——参与国内外多语言群体的活动。一方面，学生在学校内外的环境中使用外语；另一方面，学生通过使用外语获得了愉悦和丰富的生活，从而成为终身学习者。②

事实上，5C 标准就是要求学生运用外语进行交际并在交际的过程中体会多元文化；将外语学习与其他学科的学习联系起来；在学习中比较各种语言及文化特点并将所掌握的语言和文化运用到多元文化的交际中。这五大目标之间环环相扣，彼此依附、互相作用、不可分割。③ 具体而言，为了能够达到 5C 标准所列出的五大学习目标和 11 项衡量标准，5C 标准的编选者认为外语课堂不能再像过去那样把重点放在单词记忆及对语法规则的掌握上。5C 标准的编选者认为外语学习应该包括以下七个方面的内容，即语言系统（Language System）、交际策略（Communication Strategies）、文化内容

---

① 张东辉，2008，《外语能力标准建设研究》，华东师范大学硕士学位论文。
② 赵中建、贾爱武，2002，《走向沟通和理解——美国 21 世纪外语学习的"5C"共同标准》，《全球教育展望》第 6 期，第 57~62 页。
③ 包延新，2010，《美国〈21 世纪外语学习标准〉研究》，华东师范大学硕士学位论文。

（Cultural Content）、学习策略（Learning Strategies）、其他学科内容（Content from Other Subjects）、审慎的判断思维能力（Critical Thinking Skills）、科学技术（Technology）。①

表 3-2 《21 世纪外语学习标准》的 5C 指标体系

一级指标		二级指标
5C 指标体系	1. 交际：用语言交际而不仅仅是用英语交际	1.1 学生能参与谈话，提供和获得信息，抒发情感和交换意见 1.2 学生理解并能解释各种话题的书面信息和口语信息 1.3 学生能向听者或读者呈现各种话题的信息、概念和观点
	2. 文化：获得知识、体验多元文化	2.1 学生能够表现出一种对所学文化的行为方式和价值观念之间关系的理解力 2.2 学生能够表现出一种对所学文化的文化表现和文化理念之间关系的理解力
	3. 连接：连接其他学科、获取多元信息	3.1 通过学习外语，学生能巩固并加深对其他学科知识的理解 3.2 学生获取信息并能识别那些只有通过学习外语及其文化才能涉及的独特观点
	4. 比较：通过比较，加深对语言文化本质特征的理解	4.1 通过对所学语言和母语的比较，学生能理解语言的本质特征 4.2 通过对所学文化和母语文化的比较，学生能理解文化的概念
	5. 社区：能参与国内外多元社会	5.1 校园内外学生都能使用该语言 5.2 为了让自己愉悦和生活充实而使用该语言，表明学生已成为终身学者

资料来源：包延新，2010，《美国〈21 世纪外语学习标准〉研究》，华东师范大学硕士学位论文。

3.1.3 《美国外语教学委员会量表》

20 世纪 80 年代早期，美国教育部意识到外语教学领域也需要一套外语能力标准，于是对 ILR 量表（跨部门语言圆桌量表）进行修订，开发出一套面向外语教学的语言能力标准，并于 1986 年形成了"ACTFL/ETS"量表（ACTFL Proficiency Guidelines，以下简称"ACTFL 量表"）。ACTFL 量表是由美国外语教学委员会（American Council on the Teaching of Foreign Languages，

---

① 包延新，2010，《美国〈21 世纪外语学习标准〉研究》，华东师范大学硕士学位论文。

ACTFL)和美国教育考试服务中心(Educational Testing Service, ETS)共同制定的面向外语教学的语言能力标准,分别对听、说、读、写各项技能进行能力等级描述,从语言使用者运用目标语言能够做什么的角度来描述语言能力。① ACTFL量表对语言能力进行五个等级划分:优异、优秀、高级、中级、初级(Distinguished, Superior, Advanced, Intermediate, Novice),每个等级都涵盖低于其的等级,其中高级、中级、初级三个等级均细分为高等、中等、初等(High, Mid, Low)三个次级。ACTFL量表分为口语、写作、听力、阅读四部分,包括四个语言技能的11个能力等级。对语言使用者在各个等级所能完成的任务,以及与各等级任务有关的内容、语境、准确程度及语篇类型作出描述。它不单服务于某一门外语,而是作为一个描述语言能力的标准,可以应用到所有外语能力评价中,具体情况如图3-1所示。

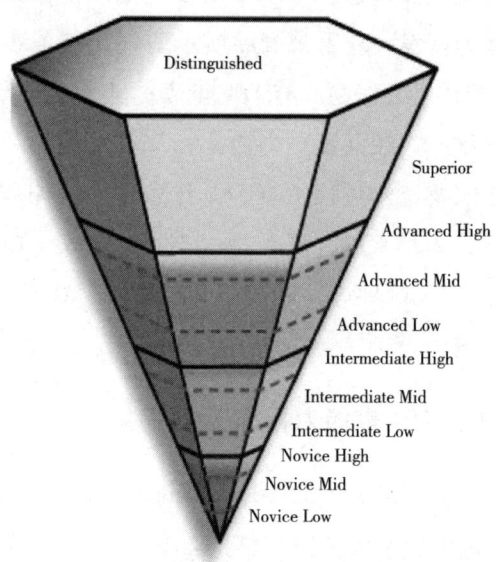

图3-1 ACTFL量表的语言层级指标体系

在划分整体语言标准层级的同时,ACTFL量表从口语、写作、听力和

---

① 韩宝成,2006,《国外语言能力量表述评》,《外语教学与研究》第6期,第443~450+480页。

阅读四个方面来细化语言的标准。也就是说，外语学习的听说读写四个方面都有相应的语言层级。① 围绕口语能力、写作能力、听力能力和阅读能力四个方面，ACTFL 量表有相对细化的参数和描述语以及具体的评测方式和手段等。具体而言，第一，在口语能力层面，ACTFL 量表可以用来测评交互型和单向无交互型口语能力。纸质版和电子版口语能力量表都包含了不同等级的口语样本。第二，在写作能力层面，ACTFL 量表的参数和描述语描述了不同级别的被试者能完成的任务、内容、语境、准确性和话语类型以及完成更高级别的任务时在能力上的局限性，涉及很多具体的能力描写参数。ACTFL 量表可以用来测评展示型（论文、报告、信件等）和交际型（短信、电子邮件等）写作能力，并强调写作成果的产出，被试者需要进行自发型或反思型写作。第三，在听力能力层面，ACTFL 量表并不规定被试者的学习进程、听力方式及认知过程。ACTFL 量表重点测评被试者对外语听力的理解能力。听力能力量表可以用来测评展示型（无其他参与者）或交互型（有其他参与者）等的听力能力。ACTFL 量表提供了不同等级的演讲示例和功能型听力测试。第四，在阅读能力层面，ACTFL 量表并不规定被试者的学习进程、阅读方式及认知过程。ACTFL 量表重点测评被试者对阅读内容的理解能力。阅读量表用来测评展示型（书籍、论文、报告等）或交互型（即时消息、短信、电子邮件等）阅读能力。同样，ACTFL 量表提供了阅读样本和功能型阅读测试。②

3.1.4 《加拿大语言能力标准》

《加拿大语言能力标准》（Canadian Language Benchmarks，CLB）已实施 20 余年。CLB 是由加拿大公民与移民部投资研制而成的全国性语言能

---

① 李黎，2019，《基于 ACTFL 语言标准的高职英语教学评价量规设计》，《海外英语》第 21 期，第 241~242 页。
② 张蔚磊，2021，《美国 ACTFL 外语能力指导方针研究及启示》，《外国语文研究（辑刊）》第 1 期，第 109~120 页。

力标准。① CLB 提供了对英语（第二语言）交流熟练程度的评估尺度、评估基准及评点。它基于真实生活语言来设计任务，评测语言技能，用 12 个等级描述第二语言学习者的英语熟练程度，即英语学习者在语言沟通和运用方面所展现出的知识及技能，为加拿大的成人二语教学、课程制定、语言测试提供参考框架，为多元文化背景下的二语课程设置提供全国统一的标准，也为课程效果提供常用标尺。②

CLB 描述了学习者的说、听、读、写四项技能在交际中应达到的标准，描述角度为社交能力（Social Interaction）、指示能力（Instruction）、说服能力（Suasion）和信息能力（Information）。其中，社交能力包括人际间交际能力、谈话手段和会话管理能力以及电话交流能力等；指示能力指向听者发出一系列完成任务的指令；说服能力指劝说他人或对他人的劝说做出反应的能力；信息能力指相互间信息的交换、陈述和讨论，提出主张，表明观点，表述情感，描述事件，做报告，发表议论等能力。每项技能循序渐进，由易到难分为初级、中级、高级三个阶段。每个阶段对四种交际能力的要求分别由 4 个渐进发展的级别（初始、发展、足够、流利）描述组成，共 12 个级别。③ 通常情况下，7 级及以上可达到加拿大高校的入学水平。对移民来说，达到 6 级就满足工作英语的要求。④ CLB 的目标就是让学习者了解在这一套语言沟通能力评估框架中其语言熟练程度和语言水平，为成人二语教育提供一个全国性框架，描述、衡量学习者的语言交际能力，提供全加拿大认可的语言程度证明，为加拿大的二语习得课程发展提供帮助。⑤

---

① 张蔚磊，2022，《加拿大第二语言测评二十年实践经验及其对我国的启示》，《比较教育学报》第 4 期，第 132~142 页。
② 蒙岚，2014，《CLB 对我国大学英语语言能力评估的启示》，《广西师范大学学报》（哲学社会科学版）第 6 期，第 138~142 页。
③ 鄢家利，2007，《加拿大语言量表与英语口语能力培养》，《西南科技大学学报》（哲学社会科学版）第 6 期，第 50~54+92 页。
④ 张蔚磊，2022，《加拿大第二语言测评二十年实践经验及其对我国的启示》，《比较教育学报》第 4 期，第 132~142 页。
⑤ 蒙岚，2014，《CLB 对我国大学英语语言能力评估的启示》，《广西师范大学学报》（哲学社会科学版）第 6 期，第 138~142 页。

CLB 实际上是人们使用英语完成一系列任务的能力的描述。每一级都体现了特定的语言能力和情景条件。所谓的"描述"具体指的是任务举例,即受试者在完成任务时所要表现的能力。具体来说,CLB 描述的是在下列条件下所要表现的语言能力。第一,能力条件。涉及的能力包括语言学、话语、社会语言学、策略等领域。第二,情景条件。有时间对比、有听众倾听,完成任务有时间限制,但允许适当的提示帮助。第三,文化背景条件。包括物质、文化环境和当地的资源、网络、各种机构、风俗等。背景知识的获得主要依靠的是受试者自身的学习。它虽不能完全从语言能力中表现出来,但语言标准仍然应对其做出要求。① 基于上述的能力指向,CLB 呈现出"以学习者为中心"和"以任务为基础"的典型特征。对于英语学习者而言,其每一项任务是有目的的、相关的、有意义的。同时,CLB 要求受试者完成一系列交际任务,从而测试受试者的语言综合能力,为学习者、教师或评估者提供了一个可衡量的学习成果。CLB 关注的焦点是语言的熟练程度,而不是其他的非语言技能。CLB 强调与社区、学习和工作相关的任务。②

3.1.5 《澳大利亚国际第二语言能力量表》

为评价母语是非英语移民的语言能力,1979 年澳大利亚的 David Ingram 和 Elaine Wylie 两位教授制定了《澳大利亚第二语言能力量表》(Australia Second Language Proficiency Ratings, ASLPR)。随着量表运用范围的扩大,1995 年及以后的版本更名为《澳大利亚国际第二语言能力量表》(International Second Language Proficiency Rating, ISLPR)。ISLPR 量表从 0(无任何基础)到 5(精通)共分 9 个等级,包含听、说、读、写四项语言能力评价,并对其中 8 个级别的等级要求进行了详细描述,包括处于该等级水平的人能完成

---

① 肖云南、张驰,2003,《加拿大英语水平等级测试标准探讨》,《湖南大学学报》(社会科学版)第 3 期,第 71~74 页。
② 蒙岚,2014,《CLB 对我国大学英语语言能力评估的启示》,《广西师范大学学报》(哲学社会科学版)第 6 期,第 138~142 页。

的任务以及完成该任务所使用的语言类型（细化至语言的准确性、范围、流利程度、恰当性等），反映了真实生活中的语言运用。①

表 3-3　ISLPR 量表的语言行为描述

编号	等级	语言行为简述
0	无任何基础	无法用英语进行交流
0+	机械运用语言	能在非常有限的领域、日常生活中机械地使用习惯用语
1-	具备创新潜能的语言水平	能使用典型语句，满足即时语言需要
1	基本日常语言交流水平	能基本满足日常生活中语言交流的需要
1+	顺利完成日常语言交流	能在正常的日常生活及有限的社会生活中使用语言
2	基础社交能力水平	能在基本的社交活动、日常事务及相关的职业领域简单地使用英语
3	职业语言基础水平	能在大部分社交、日常生活及娱乐相关的正式及非正式场合，对语言没有苛刻要求的相关职业领域流利地使用英语
4	熟练运用职业语言	基本能在所有的社会、社交生活、日常生活、娱乐中及与工作相关的大部分职业领域非常流利地使用英语
5	精通	相当于以英语为母语的并且受过教育的人的英语水平

ISLPR 量表有两种版本，一种是专门用途量表，专门为某些特定语言使用场合开发的，是有很强的职业特点；另一种量表称为通用语言能力量表，不专指某种具体的语言使用场合，适合各种场合。ISLPR 量表有以下三大用途：第一，作为评估考生个人外语（第二语言）能力的依据；第二，为外语教育科研或制定语言政策提供参考；第三，为语言课程的开发和设计提供语言能力参考框架。针对第一种用途，设计了以下两种评测手段。第一种是通过考试，考试方式也很独特，无论是听、读还是说，都采用一对一面试的形式，而在写方面与传统考试区别不大。这种考试形式真实、自然，能当即就看出考生语言能力的高低。一旦考生人数上了规模，施考的压力会非常

---

① 韦鸿发，2011，《澳大利亚 ISLPR 框架下职业英语能力测试模式及开发与启示》，《高教论坛》第 11 期，第 126~129 页。

大，随之而来对标准的掌握也是问题。第二种属于非测试手段，开发了一系列语言能力自测表，供考生自评使用。①

3.1.6 《日本外语共同参考框架》

日本于 2003 年 3 月发布了《培养"能使用英语的日本人"行动计划》，制定了"能使用英语的日本人"制度。确立的目标有两个：一是提高全体国民的英语能力，要让国民都具备用英语进行日常简单交流的能力；二是提高专业人士和从事国际社会活动人士的英语能力，要求大学毕业生能在工作中使用英语，掌握相应的专业英语。② 聚焦英语教师，其目标是使绝大部分英语教师具备一定水平的英语语言交流能力（实用英语技能测试准一级或 TOEFL 考试 550 分、TOEIC 考试 730 分）和教学能力；以社区的骨干教师为核心，提高本社区的英语教育水平；保持初、高中每周一次以上的英语教学，并由母语为英语的人担任教师；积极录用社区内精通英语的人士。③

同时期日本开展了 CEFR-J 项目，具体由日本测试委员会（Japan Language Testing Association，JLTA）负责，通过科学研究试图根据 CEFR 制定日本外语水平标准框架，将 CEFR 提供的"能做"（Can-Do）的描述置于日本语境中，以适应外语教育需求和实际情况，特别是日本的英语教育。CEFR-J 项目按时间顺序分为以下六个阶段：第一阶段（2003 年），对 360 名日本大学生（基于"能做"与"不能做"的二分问题）和 727 名日本高中生、大学生（基于"能做"四个量度的问题）进行"能做"项目问卷调查，证明 CEFR 语言能力分级体系的可行性和必要性；第二阶段（2004~2007 年），由 354 所小学、150 所中学以及 7354 名商务人员参与的大规模英语水平测试结果显示，日本超过 80%的英语学习者属于 CEFR 的 A1 和 A2 级别；第三阶段（2008 年），调整 CEFR 语言能力分级体系，描述基于日本

---

① 韩宝成，2006，《国外语言能力量表述评》，《外语教学与研究》第 6 期，第 443~450+480 页。
② 大桥春美，2010，《日本中小学的英语教育现状及其启示》，《外国中小学教育》第 1 期，第 20~22 页。
③ 李天鹰，2003，《日本英语教育改革的行动计划》，《外国教育研究》第 11 期，第 61~63 页。

语境的"能做"项目,补充便于理解的范例;第四阶段(2009年),专家建议和教师评估,确定了CEFR-J最终版本;第五阶段(2010~2011年),由685名初中生、2538名高中生和1245名大学生参与CEFR-J最终版本的效度验证;第六阶段(2012~2013年),2012年CEFR-J最终版本发布,并于2013年出版《日本外语共同参考框架指南》。[①] 不同于CEFR,CEFR-J对语言能力分级体系进行了大幅的调整,在《共参框架》的基础上重新划分了等级体系。具体而言,第一,增加了入门准备阶段(Pre-A1),将入门级A1和初级A2细分为A1.1、A1.2、A1.3、A2.1、A2.2五个等级;第二,将中级B1和中高级B2细分为B1.1、B1.2、B2.1、B2.2四个等级;第三,对每个等级下具体的"能做"语言行为的详细描述进行了修正和增补,使描述更适应日本环境。[②]

3.1.7 语言能力框架与标准的国际经验

世界各国普遍重视语用能力发展的功用价值,重视语言能力发展的科学性、专业性与现实性。我国在英语语言能力标准研制的过程中,也充分借鉴各国关于语言能力框架与标准的成熟经验。通过对不同国家或地区英语语言能力发展框架与语言能力标准的分析能够发现以下共同之处。

第一,语言能力发展框架与标准的意义性得到普遍重视。语言能力发展框架与标准对于外语专业人才培养规格和质量的提升具有重要的现实意义。在全球化的时代背景下,语言教学的价值不再体现为学到某种语言的语法和词汇知识,也不再体现为习得孤立的听说读写语言技能,而是体现为学习者在终身学习理念的引领下,把在多元语言环境下培养"多元语言能力"作

---

① 王玮,2019,《〈日本外语共同参考框架〉的制定、内容及启示》,《河南科技学院学报》第6期,第80~84页。
② 王玮,2020,《全球化背景下日本小学英语教育改革及启示》,《新课程评论》第4期,第120~128页。

为提升现代社会公民素质的手段和目标。① 基于此,多角度地培养除单一外语能力外的素质与能力应成为我国专业外语教育的主要目标。专业外语教育的目标既要涉及听说读写译等具体语言能力,也要涉及超越语言能力的素质与知识,而这些具体的语言能力、素质以及知识可被看作专业外语教育的核心素养。②《共参框架》就是把语言教学与学习的价值提升到培养具有民主、开放意识的欧洲公民的高度,将外语学习提升到终身教育的高度,认为学习一种语言的过程实际上是提升语言学习者学习能力和处世技能、升华学习者思想境界的综合过程。③ 美国《外语学习标准》的颁布大大促进了美国外语教育的发展,是美国各州和地方学区在制订短期和长期外语教育计划时所要遵循的"灯塔"和指导方针。《外语学习标准》强调在真实的生活情境中进行有意义的基于能力的外语教学,是外语工作者所应明确的教学目标;加强交际沟通,接纳多元文化,持以文化宽容,增进国际理解,也是全世界外语教育者所应不懈追求的教育理念。美国《外语学习标准》对于我国正在开展的外语教育改革来说不失为一个具有一定参考价值的重要文献。④

第二,语言能力发展框架与标准的结构性得到了持续优化。尽管不同国家或地区的英语能力发展框架与标准不尽相同,但都非常注重英语能力发展的全面性、基础性和专业性。全面性体现了对语言知识、语言技能及语言功用的综合与统整,更加重视语言与文化、语言与思维的深层关联。基础性体现了语言能力发展的顺序性与阶段性,普遍内化于英语理解能力与表达能力的发展过程,并细化为英语听力、英语阅读、英语写作、英语翻译

---

① 岑海兵,2011,《论〈欧洲语言共同参考框架〉的语言教育观》,《教育评论》第2期,第165~168页。
② 张立伟,2022,《国家语言能力框架下专业外语教育核心素养培养路径研究》,《外语学刊》第6期,第112~118页。
③ 岑海兵,2011,《论〈欧洲语言共同参考框架〉的语言教育观》,《教育评论》第2期,第165~168页。
④ 赵中建、贾爱武,2002,《走向沟通和理解——美国21世纪外语学习的"5C"共同标准》,《全球教育展望》第6期,第57~62页。

（口译和笔译）、英语口语以及英语语言功用能力的持续提升。例如，《共参框架》对语言能力的分级不是单一、平面的，而是多层次、立体的，既有整体的综合语言能力描述，又有针对某项能力或语言活动的具体描述，为语言学习、教学和评估提供了详细参考标准。① 再如，美国 ACTFL 量表体现了从零基础或低能力等级到完全掌握语言能力的连续统一，包括不同语言能力等级，并规定了每个等级中学生需达到的特定水平。各个能力量表共同组成了一个分级系统，其中每个等级都融入较低等级的语言能力。②

第三，语言能力发展框架与标准的专业性得到充分体现。世界各国不同的语言能力框架与标准都根据具体的语言能力类型进行了专业设定与专业描述，这对于我国相应语言能力的科学评测与专业教学都具有很强的参照性与借鉴性。例如美国 ACTFL 量表的特点就是从语言使用者运用目标语言能够做什么的角度来描述语言能力，如对写作（优秀级）的描述：能在有关实用、社会和专业话题的大多数正式和非正式写作中有效表达自己的思想；能写普通和商业信件以及短的研究论文等多种体裁的文章，所掌握的词汇、拼写和句子结构足以准确有效地进行假设、论辩等；掌握时间、逻辑、因果等内在组织结构，但不一定运用得完全贴切；能区分正式和非正式文体，但还不能完全根据写作目的或受众特点选用文体；写作中几乎没有影响理解的错误。③ 再如加拿大 CLB 标准是成人移民英语学习、教学、课程安排、语言能力评估的参考框架。CLB 对连续语言能力进行了一系列描述性陈述，对交际能力和交际任务进行了详细的描述，对完成这些任务过程中学习者所需表现出的语言知识和技能进行了详尽的描述。④

第四，语言能力发展框架与标准的可行性得到了实践检验。语言能力

---

① 岑海兵，2011，《论〈欧洲语言共同参考框架〉的语言教育观》，《教育评论》第 2 期，第 165~168 页。
② 张蔚磊，2021，《美国 ACTFL 外语能力指导方针研究及启示》，《外国语文研究（辑刊）》第 1 期，第 109~120 页。
③ 韩宝成，2006，《国外语言能力量表述评》，《外语教学与研究》第 6 期，第 443~450+480 页。
④ 张蔚磊，2022，《加拿大第二语言测评二十年实践经验及其对我国的启示》，《比较教育学报》第 4 期，第 132~142 页。

发展框架与标准能够对语言学习、语言教学及语言评测起到科学的指导作用。不同类型、不同层级的英语教学与学习活动都需要有一个共同的能力等级,这样才能实现"学—教—评"的内在统一,从而克服英语教育的盲目与断裂,提升英语教育的质量与效能。尤其在听力、口语、阅读、写作、口译、笔译几个方面,不同地区或国家都开展了一系列的语言能力评测工作,达到了较好的诊断、鉴定和反馈效果,较好地促进了英语语言能力的全面提升。同时,语言能力发展框架与标准的检验对象也逐步丰富起来,在不同层面都体现出了一定的合理性与可行性,这对语言能力按照框架与标准的应用起到了较大的助推作用。当然,不同地域、不同领域、不同群体的语言评测反馈工作也存在各自的现实问题,这也为后续的研究与探索提出了新的任务。

3.2 中小学英语教师一般语言能力发展的本土实践

3.2.1 《中国英语能力等级量表》

作为我国首个覆盖教育全学段的英语能力测评标准,《中国英语能力等级量表》(CSE,以下简称《量表》)以语言运用为导向,建立多层级能力指标体系;依据我国学习者和使用者英语能力的实证数据,充分考虑各学段需求,分为"基础、提高、熟练"三个阶段,共设 9 个能力等级,并通过 3000 多条能力描述语清晰翔实地反映了各等级能力的典型特征。量表的研制、颁布及应用,不仅能够有力地提升各级各类英语考试的质量与水平,而且能够较好地促进各学段英语教学的衔接,全面推动英语教育"一条龙"建设。应该说,量表研制与推广工作在借鉴国外先进经验的同时大胆创新,为国际语言教育贡献了"中国智慧"。①

---

① 刘建达,2019,《中国英语能力等级量表与英语教学》,《外语界》第 3 期,第 7~14 页。

3.2.1.1 《量表》的背景分析

(1) 国家语言能力发展战略

在全面建设现代化强国的进程中,需要全面深化教育改革,办人民满意的教育,也需要服务于国家发展战略,不断提升我国参与全球治理的能力,增强我国在国际上的话语权与影响力。随着改革开放的不断深入,我国会更广泛地、更深入地融入世界,并且作为发展中大国,我国将会承担更多的国际义务。尤其是随着我国在世界舞台上的话语权不断提升,更加需要提高跨文化沟通能力,把中国的立场和观点传达给世界,这是国家软实力的基本要素之一。基于此,我国外语教育的改革与发展,需要服务于国家发展战略,需要立足于英语人才培养、加快"教育强国"的步伐。就外语教育人才培养的规格和质量而言,需要培养一大批具有全球视野、通晓国际规则、熟练运用外语的高素质人才。语言能力标准的研制与应用不仅能够促进外语教育层面的系统规划,也能够将外语人才培养目标及规格等问题真正落实到外语教育的基础性工作之中,全面促进我国英语教育事业的发展。

(2) 外语能力评测体系建设

建设新的外语能力测评体系是我国近年来最重要的语言教育改革方向,而《量表》的制定与颁布是里程碑事件。国家外语能力测评体系针对外语测评现状,以覆盖大中小学各阶段外语教育、覆盖听说读写译综合能力、覆盖外语学习及教学与测评为定位,主要任务包括制定国家外语能力量表、制定符合国情的外语考试质量标准、推动高考外语科目内容与形式改革、完善和开发其他外语考试项目、逐步建立形成性评估和终结性评估相结合的测评体系等。[①] 事实上,促进学生英语语言素养的全面提升,既是我国外语教育改革的主线,也是外语语言能力评测工作的基本出发点。外语能力评测工作既需要理论指导,也需要实践依托。《量表》的研制、颁布与应用,在理论与实践两个层面都切实地促进了我国外语能力评测体系建设,这对于基础外

[①] 何莲珍、张慧玉,2017,《"中国英语能力等级量表"的语言经济学分析》,《外语教学与研究》第5期,第743~753+801页。

语教育改革和外语教师专业发展具有非常强的现实意义。2014年国务院发布《关于深化考试招生制度改革的实施意见》，明确提出加强外语能力测评体系建设。外语能力测评体系建设的目标是以问题为导向，立足国情，对接国际，以建立统一、规范的测评标准为基础，构建面向各级各类学习者的外语能力综合评价体系，更好地服务于科学选才，服务于外语教育教学发展，促进学习者外语综合能力提升。①《量表》的研制、颁布及应用，较为充分地体现了上述改革的趋向与要求，且具有较强的专业性与较大的影响力。《量表》的研制团队成员来自国内外高校和研究机构200多人，促使《量表》经过了精心设计、严格论证。同时，《量表》覆盖了我国所有学段，涉及多个行业，在我国28个省区市的1500多所大中小学开展实证研究，收集了16万余名师生的数据，进行了两次全国范围的效度验证，定性与定量研究相结合，保证了《量表》具有良好的信效度。②

(3) 外语教学的一体衔接

大中小学外语教学一体衔接的重要性与现实性不言而喻，但操作层面的难点在于缺乏相对统一的语言能力标准，且存在层级间不相适应的问题。我国外语教育改革就是要实现不同类别、不同层级外语教学的衔接与贯通，并共同指向于外语语言能力的全面提升。具体而言，各级各类的英语教学活动需要有清晰准确的目标，需要有科学合理的课程组织，需要有积极明确的评价体系。统一的语言能力等级量表不仅能为某一阶段的英语教学提供标准支撑，还能为各阶段的英语教学提供有序衔接的基础。制定统一的语言能力等级量表，可以在语言教学中起到"量同衡"的作用，提升我国英语教学的系统性和可行性，提高英语教学的整体成效。③

因此，《量表》的研制、颁布与应用能够真正意义上实现外语教学的一体衔接，不仅仅是学段间英语教学的衔接，而且能够实现不同类型语言评测

---

① 刘建达，2019，《中国英语能力等级量表与英语教学》，《外语界》第3期，第7~14页。
② 周艳琼、张颖，2019，《也论〈中国英语能力等级量表〉的科学性和适切性——兼与蔡基刚教授商榷》，《当代外语研究》第3期，第52~60+90页。
③ 刘建达、吴莎，2019，《中国英语能力等级量表研究》，高等教育出版社，第3~4页。

工作的有机衔接。尤其是随着《普通高中英语课程标准（2017年版2020年修订）》和《义务教育英语课程标准（2022年版）》的发布，《量表》所涉及的语言能力评测指标与中小学英语语言能力层级指标，具有很强的对应性与衔接性，从而能够在英语教学与评测等多个方面切实地促进基础教育阶段的外语教学改革与发展。

3.2.1.2 《量表》的内容分析

《量表》以面向运用的语言能力为理论基础，分别描述听、说、读、写、译、语用、组构能力，用明确、直观的描述语对语言能力进行"能做"描述，根据社会实际需要对语言能力等级做出详略描述。[①]

（1）语言能力的框架及维度划分

语言能力量表的研制首先需要建立语言能力发展的基本框架，其核心是要确定全部量表"目标语言能力"的名称和定义，以构成相对完整的目标英语能力指标体系，即全面而细致的"描述参数体系"。[②]《量表》从多维度描述了英语能力，全面界定了我国英语学习者使用英语进行交际必须要达到的标准，详细列出了学习者应掌握的各种英语知识和能力，注重听、说、读、写、译等各项技能的协调发展。[③]《量表》的语言能力框架重点聚焦"语言理解能力和语言表达能力、语言知识、语言策略、语言活动"四个方面。

第一，语言理解能力和语言表达能力。语言理解能力是指语言使用者/学习者理解别人运用语言传达的信息的能力，可以分为理解口语语言信息的能力（听力理解能力）和理解书面语言信息的能力（阅读理解能力）。听力理解能力与阅读理解能力又分为识别、提取、概括、分析、批判、评价几个层级，呈现从低到高的层级性。语言表达能力是指语言使用者/学习者语言

---

① 李玉龙、辜向东，2019，《〈中国英语能力等级量表〉研究综述》，《外语与翻译》第1期，第85~92页。
② 朱正才，2015，《关于我国英语能力等级量表描述语库建设的若干问题》，《中国考试》第4期，第11~17页。
③ 刘建达、彭川，2017，《构建科学的中国英语能力等级量表》，《外语界》第2期，第2~9页。

表达自己信息的能力，可以分为用口头语言表达信息的能力（口语表达能力）和用书面语言表达信息的能力（书面表达能力）。口语表达能力涉及描述、介绍、说明、演讲、辩论、对话、讨论等形式，以实现告知、说明和劝说等交流意图；书面表达能力涉及填表、做记录、写报告、写说明、写论文、写故事、写信函等，以实现告知、说明和劝说等交流意图。与此同时，翻译能力是把一种语言文字的意义用另一种语言文字表达出来的能力，是语言理解能力和语言表达能力的结合，具体分为笔译和口译，是跨文化交际中的中介活动。此外，语用能力是在某种社会情境中恰当使用语言的能力，对外语环境下的有效交际起到非常重要的作用。语用能力也分为语用理解能力和语用表达能力，前者是指理解说话人或文本的意图的能力，后者是指表达说话人或写作意图的能力。①

第二，语言知识。语言知识是为了顺利完成理解和表达所需要的语言组构知识和语用知识。组构知识指的是遣词造句以及布局谋篇的知识，语用知识指的是语言使用者/学习者在具体语境中恰当使用话语完成交际目的所需的知识。其中，组构知识分为语法知识和语篇知识。语法知识细分为词汇知识、句法知识、语音和书写形式知识。语篇知识细分为功能知识（概念功能知识、操控功能知识、启发功能知识、想象功能知识）和社会语言知识（体裁类型知识、语言变体知识、语域知识、自然表达知识、文化和修辞含义知识）。此外，语言知识还包括一般知识、社会文化知识和跨文化意识。②

第三，语言策略。语言策略是指语言使用者完成一项语言交际活动所采取的有组织、有计划、目标明确的行动步骤，具体包括规划、执行、评估、补救四个子步骤。语言策略同样可以分为理解策略和表达策略，前者是指通过口头或书面方式听懂或读懂语言信息而采取的规划方案、执行手段、评估措施和补救办法；后者是指通过口头或书面语言说出或写出语言

---

① 刘建达、吴莎，2019，《中国英语能力等级量表研究》，高等教育出版社，第15~18页。
② 刘建达、吴莎，2019，《中国英语能力等级量表研究》，高等教育出版社，第18~19页。

信息而采取的规划方案、执行手段、评估措施和补救办法。语言策略还可以进一步细化为听力理解策略（元认知策略、认知策略）、阅读理解策略、口语表达策略（完成策略、回避策略）、书面表达策略、口译策略、笔译策略等。①

第四，语言活动。语言活动是指在某一特定区域，围绕一定话题，运用语言进行交际的行为，包括输入和输出文本信息。在语言活动中，突出强调"话题、语境、领域"几个关键词。其中，话题是语言交际的中心，话题内容既是语言交际的文本内容，也是语言材料的内核。话语/文本是话题内容的载体，文本可以分为记叙文本、说明文本、论述文本、指示文本、社交文本等。语境则是指运用语言进行交际的情境，包括各种事件和说话人的内外在情况等各项要素。每个领域的外部情境包括情境产生的时间和地点、机构和组织、行为主体、行为客体、事件、行为主体实施的活动、情境中出现的文本等。领域则是参与社会生活的方方面面，与英语学习相关的个人、公共、职场和教育等领域。②

（2）《量表》"能做"描述语的相关内容

描述语的"语义结构"一般会参照"Can-Do"模式。"Can-Do"模式可以分这样几层来理解。第一，Can 是指一种完全的掌握或者熟练状态，没有程度的问题，否则就要降一个等级去描述。"Can-Do"模式是靠"用语言能做不同的事情"来区分等级。第二，Do 是一个认知动词，不同的认知动词显示一个人语言能力的高低，或者说这个人能用语言完成交际任务的难度。"Can-Do"模式把语言的学习和掌握划分为若干个基本的认知层次，明确定义 Do 的内涵。第三，Do 后面是一个要处理的"文本"，不同的文本描述也显示了这个要处理的"交际任务"的难度，并与认知动词相互配合，体现量表纵向上的等级差异。第四，在典型语言行为特征描述和典型语言活动与策略描述中，"Can-Do"的表达方式可能会稍有不同，前者可以对语言

---

① 刘建达、吴莎，2019，《中国英语能力等级量表研究》，高等教育出版社，第 19~20 页。
② 刘建达、吴莎，2019，《中国英语能力等级量表研究》，高等教育出版社，第 21 页。

行为特征进行直接的描述,并不一定要出现"能做"这样的字词;后者则是一个标准的"能做"描述语的语义结构。①

《量表》也采用了主流语言能力等级量表一般都有的"能做"(Can-Do)描述语来描述语言能力,直观地报告具有某种能力的语言学习者和使用者能用怎样的语言、在怎样的交际场景、参与或完成怎样的交际任务,不仅描述不同等级的英语学习者和使用者使用英语参与或完成的交际任务,而且描述他们接收和产出的语言的语言学特征,如语音、词汇、句法、语用等方面的特征。② 具体而言,量表的描述语以"能……"的格式进行撰写,每条描述语包括三个部分:第一,行为——语言活动本身,如"听幽默故事";第二,标准——语言行为要达到的质量标准,如"听懂、领会幽默所在";第三,语境——任何外部的语境,如"有帮助的情况下""说得很慢的情况下"。同时,每条描述语只包含一个行为,具备以下主要特征:第一,对语言活动及策略进行描述时,用"肯定的""能做"句式来表达;第二,句子意义确定时,尽量避免使用模糊词语,如"一些""大量""相当"等;第三,语句意义清晰,词语含义清楚明了,尽量少用专业术语;第四,句式简单,表达具有逻辑性;第五,表达简洁,尽量使用简短的语句,描述主要特征,避免使用冗长的表达。③

《量表》的语言能力描述参数分为四个层次。一级参数为语言能力。二级参数为语言理解能力、语言表达能力、翻译能力和语用能力。三级参数为听力理解能力、阅读理解能力、口语表达能力、书面表达能力、口译能力、笔译能力、语言理解能力、语用表达能力。四级参数则是将三级参数进一步细分,其中三级参数听力理解能力和阅读理解能力根据语言使用者所接触的语言材料功能类型,再细分为理解叙述、理解描述、理解说明、理解论述、理解指示、理解交流6个四级参数;三级参数口语表达能力和书面表达能力

---

① 朱正才,2015,《关于我国英语能力等级量表描述语库建设的若干问题》,《中国考试》第4期,第11~17页。
② 刘建达,2017,《中国英语能力等级量表与英语学习》,《中国外语》第6期,第4~11页。
③ 刘建达、吴莎,2019,《中国英语能力等级量表研究》,高等教育出版社,第27页。

根据语言使用者所产出的话语或文本类型,再细分为叙述、描述、说明、论述、指示、交流6个四级参数;口译能力和笔译能力则根据所译材料类型再细分为翻译叙述、翻译描述、翻译说明、翻译论述、翻译指示、翻译交流6个四级参数;语言理解能力再细分为理解说话者意图和理解作者意图2个四级参数;语用表达能力再细分为表达说话意图和表达写作意图2个四级参数。①

《量表》的语言知识描述参数分为四个层次:一级参数是语言知识;二级参数是组构知识和语用知识;三级参数是语法知识、语篇知识、功能知识、社会语言知识;四级参数则是将三级参数进一步细分,其中,语法知识再细分为词汇知识、句法知识、语音系统和书写形式知识,语篇知识再细分为衔接知识和修辞或会话知识,功能知识的运用在语用表达部分进行了详细描述,具体可以再细分为概念功能知识、操控功能知识、探究功能知识、想象功能知识,社会语言知识的运用主要通过"得体性"体现出来,可以再细分为语体知识、方言/变体知识、语域知识、自然表达或惯用表达知识、文化参照与修辞知识。②

语言策略一级参数分为语言理解策略、语言表达策略和翻译策略3个二级参数。三级参数包括听力理解策略、阅读理解策略、口语表达策略、书面表达策略、笔译策略和口译策略6个三级参数。每个三级参数均细分为规划、执行、评估/补救3个四级参数。③

量表的四层级参数都有相应的描述语,描述不同级别语言使用者的能力水平及知识与策略的运用情况。四级参数量表是最基础的量表,其描述语的构成、收集、修订、验证都有科学的规范,并经过大量的数据调查和验证。三级参数的量表描述语在验证后的四级描述语的基础上撰写而成,并经过多次专家论证后确定。二级参数的量表描述语建立在三级基础之上,一级参数量表描述语则以二级为基础。量表描述语各级别体现出一种从上至下的包含

---

① 刘建达、吴莎,2019,《中国英语能力等级量表研究》,高等教育出版社,第27~28页。
② 刘建达、吴莎,2019,《中国英语能力等级量表研究》,高等教育出版社,第29~30页。
③ 刘建达、吴莎,2019,《中国英语能力等级量表研究》,高等教育出版社,第30页。

关系，即高一级的描述语不重复低一级中已有的描述语，高一级要求的能力包括所有低级别中要求的能力。① 《量表》的四层级参数构成及其描述语都呈现在 80 多个表格里，并展现出编制过程的科学性与规范性。②

3.2.1.3 《量表》的特点分析

（1）专业性

《量表》的研制与颁布是国内外语专家学者的共同智慧结晶，既借鉴了国际语言能力发展框架及相关量表的成功经验，也立足于中国国情和现状，并能够从时代发展的新要求出发，具有非常高的专业引领价值。在《量表》制定的初始阶段，首先把描述语分为九个级别进行实地的问卷调研，然后基于这些数据来判断每条描述语属于哪一个级别。基于调研数据对描述语进行分级之后，开展不同层面的专家咨询活动，从我国未来英语学习、国家经济社会发展对外语的需求等角度进行一系列的讨论，以确定相关标准。③

同时，语言能力框架的构建、语言层级参数的明晰、语言等级能力的描述等都注重科学性、实用性和可操作性。其中，科学性要求量表的制定必须基于先进的语言能力理论和心理测量理论，采用科学的研究方法；实用性要求《量表》对英语学习、英语教学和英语测试等相关工作具有切实的参照意义和促进作用；可操作性则要求制定的量表必须是在当前条件下可以实施的，且便于英语教学和测评机构、学习者和其他用户理解、接受和使用。④ 科学性、实用性和可操作性既是《量表》专业性的充分体现，也是发挥《量表》应用价值的前提和基础。各级各类英语教育的改革与发展、大中小学英语教师的专业发展都需要充分重视对《量表》的全面理解、深度把握和科学应用。

（2）现实性

《量表》研制与颁布的出发点就是为了更好地促进英语学习与英语教

---

① 刘建达、吴莎，2019，《中国英语能力等级量表研究》，高等教育出版社，第 31 页。
② 刘建达，2017，《中国英语能力等级量表与英语学习》，《中国外语》第 6 期，第 4~11 页。
③ 刘建达，2017，《中国英语能力等级量表：回归教育本质》，《英语学习》第 8 期，第 17~20 页。
④ 刘建达，2017，《中国英语能力等级量表与英语学习》，《中国外语》第 6 期，第 4~11 页。

学活动，提升中国学生的英语语言能力素养。但是，由于外语学习的特殊性以及区域性、群体性的学习差异，我国大中小学生英语学习状况依然呈现出复杂性与不平衡性。因此，《量表》的研制需要充分考虑英语教育事业的现实状况，要立足于中国学习者现有英语水平，也要着眼于学习者未来英语能力的发展，即兼具描述性和规定性。描述性体现在《量表》从我国英语学习者的现状出发，科学反映我国学习者现有英语水平，全面、有效地描述学习者的各类英语技能，体现不同教育阶段或学龄的学习者的英语水平。规定性体现在《中国英语能力等级量表》为我国各教育阶段或学龄、不同学习目标的英语等学习者提供科学、有效、统一连贯的目标描述，反映我国英语教育的人才培养需求及社会对英语运用能力的要求，为我国英语教学材料编写、英语课程目标设定与课程设计、英语能力等级测试开发提供最直接的参考。简而言之，中国英语能力等级量表的各级描述将指引我国英语教育事业高质量发展。[①]

（3）应用性

如何更好地促进英语学习者提升语言能力和素养、促进英语教学者提升教学效能，如何实现英语教育的一体改革与科学衔接，这是研制、颁布和应用《量表》的根本所在。因此，《量表》的一大特点就是面向具体应用，着力促使学习者改进英语学习方式，促进教学者优化英语教学方式。[②] 尤其是《量表》的研制，注重以学习者为中心的学习理念，鼓励学习者规划学习路线，承担学习责任，变被动学习为主动学习，尤其鼓励学习者间的合作学习和思辨性思维；除了鼓励自我评价外，还倡导同伴评价、终身学习，尽力激发学习者学习的内在动力。[③]

此外，《量表》的研制也充分重视高校英语专业建设与基础教育阶段课

---

① 刘建达、彭川，2017，《构建科学的中国英语能力等级量表》，《外语界》第 2 期，第 2~9 页。

② 刘建达，2017，《中国英语能力等级量表：回归教育本质》，《英语学习》第 8 期，第 17~20 页。

③ 刘建达，2017，《中国英语能力等级量表与英语学习》，《中国外语》第 6 期，第 4~11 页。

程改革的趋向。《量表》的层级参数及具体指标内容，与《大学英语教学指南》《普通高中课程标准》《义务教育英语课程标准》等基本上是保持一致的，这也有利于充分发挥《量表》的推广价值，更好地助力大中小学的英语教学改革。

3.2.1.4 《量表》的应用分析

《量表》全面界定我国英语学习者使用英语实现交际目的所需达到的标准，详细列出学习者应掌握的各种英语知识和能力，对各等级对应的英语语言能力进行科学的描述，9个等级构成一个完整的连续体，为每一个阶段的英语学习、教学和测评提供参照标准，旨在我国英语学习、教学、测评之间架起一座连通的桥梁。① 因此，在大中小不同阶段英语教育中，《量表》具有非常重要的推广价值，不仅便于语言教学人员、语言学习者和语言测试者理解和使用，而且能促进中国外语高考改革，实现英语科目"一年多考"，并使得不同省份试卷具有可比性，更有利于改革现有考试制度，使各项考试实现"车同轨、量同衡"，最终实现中国现有英语考试的国际化，同国际接轨。②

（1）服务学习者的英语学习

《量表》把我国英语学习者的英语水平从低到高分成3个阶段9个等级，每个等级都有相应的详细描述。③《量表》的级别划分能向学生传递一种学习理念，即能力并非一成不变，通过努力可以持续提升；《量表》中的"能做"描述语能够清晰界定学习者的语言能力，帮助学生确立语言学习目标。④《量表》的对象包括我国从初学到高级各个级别的学习者，对每个阶段都有详细的描述。基于此，各个级别的学习者不仅可以在整体语言交际层面评估自己的能力，而且可以在语言的各种具体能力等细节上对自己的能力

---

① 刘建达，2015，《我国英语能力等级量表研制的基本思路》，《中国考试》第1期，第7~11+15页。
② 李玉龙、辜向东，2019，《〈中国英语能力等级量表〉研究综述》，《外语与翻译》第1期，第85~92页。
③ 刘建达，2017，《中国英语能力等级量表与英语学习》，《中国外语》第6期，第4~11页。
④ 刘建达，2017，《中国英语能力等级量表与英语学习》，《中国外语》第6期，第4~11页。

进行判断。一个学习者在语言各方面能力的发展上存在不平衡的情况,《量表》可以帮助诊断各个能力分项的水平,从而更为详细、有效地制定听说读写全面协同发展的学习方案。① 此外,《量表》可以更为直接地提升学习者听、说、读、写、译的能力,帮助学生进行英语能力的自我评估、确立英语学习目标、应用"档案袋"等学习方法和学习策略,可以为学习者提供一个循序渐进的学习依据。② 因此,《量表》能够为英语学习者提供自我评价标准,学习者能够根据英语学习状况,确定合理的英语学习计划,从而全面提升自主学习能力。

同时,《义务教育英语课程标准》和《高中英语课程标准》将英语课程目标按照能力水平分为9个级别;《大学英语教学指南》把我国大学英语教学学习目标分为基础目标、提高目标和发展目标。调查显示,《量表》的1~4级大致相当于基础教育阶段的9个级别,5~7级大致相当于《大学英语教学指南》的3个目标。当然,《量表》的级别跨越了我国目前各种英语课标和《大学英语教学指南》中涉及的级别,涵盖了我国英语学习者的所有级别,对于英语学习者来说,在设定未来学习目标时,有了更为具体和详细的参照。③

(2) 面向教学者的英语教学

我国各阶段的英语教育和测评都有相应的教学大纲或指南,而《量表》为各级各类教学大纲或指南提供了衔接连贯的参考,为"一条龙"的英语教育提供了实施的基础。④《量表》可以指导教师形成基于语言活动、面向运用的教学理念,在形成性框架下进行英语教学,开展促进学习者听、说、读、写、译等综合能力的教学活动。⑤《量表》强调由低到高的循序渐进的

---

① 刘建达,2017,《中国英语能力等级量表与英语学习》,《中国外语》第6期,第4~11页。
② 李玉龙、辜向东,2019,《〈中国英语能力等级量表〉研究综述》,《外语与翻译》第1期,第85~92页。
③ 刘建达,2017,《中国英语能力等级量表与英语学习》,《中国外语》第6期,第4~11页。
④ 刘建达,2019,《中国英语能力等级量表》,《中国外语》第3期,第1+11~12页。
⑤ 李玉龙、辜向东,2019,《〈中国英语能力等级量表〉研究综述》,《外语与翻译》第1期,第85~92页。

语言能力发展，提倡实施形成性评价。基于《量表》的教学强调真正实用的语言能力培养，通过语言活动鼓励课堂真实语言运用，主张开展自我评价，注重正面反馈，能使学习者有效提升学习的主动性和积极性，实施形成性评价和诊断性评价。① 以英语口语教学和翻译教学为例，《量表》中的口译量表提供了一套衡量口译能力与口译质量的描述语体系，为口译教、学、测奠定了基础；② 口译量表从口译能力构念和口译能力发展规律出发，对口译能力表现、口译策略、口译知识等方面进行了具体描述，可应用于口译教、学、测，解决口译教学中对口译能力发展规律认识不清、各阶段教学衔接不连贯、教学定位和目标不明确等问题，促进口译教学发展。③

（3）面向各级各类英语考试的参照及应用

基于《量表》的英语能力等级考试，不是针对某一英语考试项目的改革，也不是简单地将现有考试项目进行调整，而是在国家统一英语能力标准的基础上，梳理、整合现有的一些英语考试项目，提高英语考试项目的系统性、科学性和功能性，充分运用《量表》中的理念与成果，科学设计新的英语能力等级考试制度，促进各级各类学习成果互认，促进各级各类英语考试连贯有序，实现"量同衡"。④ 基于这样的理念和目标，《量表》可以为英语考试内容设计、试题命制、评卷及成绩报告等提供质量保障，推动国内外考试的对接与互认，为形成性、终结性等测评方式提供能力参照标准。⑤ 尤其是将中文语境下的英语考试与《量表》对接，并在反馈报告中加入学生的语言微技能掌握模式，能够极大地丰富考试反馈报告所呈现的

---

① 刘建达，2017，《中国英语能力等级量表与英语学习》，《中国外语》第6期，第4~11页。
② 许艺、穆雷，2020，《中国英语口译能力等级量表的研究现状与应用前景》，《中国考试》第6期，第27~35页。
③ 王巍巍、穆雷，2019，《中国英语口译能力等级量表结构探微》，《外语界》第4期，第15~23页。
④ 刘建达，2019，《中国英语能力等级量表》，《中国外语》第3期，第1+11~12页。
⑤ 李玉龙、辜向东，2019，《〈中国英语能力等级量表〉研究综述》，《外语与翻译》第1期，第85~92页。

信息，促进对反馈报告的理解，从而为考试促学赋能。① 有研究尝试将大学英语四级口语考试与《量表》中的口语量表对接，采用标准设定方法建立口语量表和考试的关联，划定针对口语量表级别的考试分界分数。研究发现，专家组能够通过考试任务分析选择合适的考生表现描述语，经过系统的培训后专家组在标准设定的各个阶段体现出较好的一致性和准确性。研究结果对于未来口语量表在英语考试中的应用具有参考意义。②

此外，《量表》对测试内容的表述也非常明晰，通用英语和专用英语能力都涵盖于《量表》的测试内容之中，没有重要性上的高低之分。以《量表》中五、六级听力能力总表的描述为例，其表述分别为"能听懂语速正常、一般性话题的口头表达，获取要点和细节，能理解一般性话题的广播电视节目的主要内容""能听懂信息量大、与个人专业领域相关的口头表达，能听懂语速正常的职场对话"。可见，《量表》对提高阶段的学习者的要求是：在具备一定的通用英语能力的基础上，专用英语能力有所提高。③

3.2.2 大学英语教学指南

3.2.2.1 背景

2004 年高教司发布了《大学英语课程教学要求（试行）》，并于 2007 年修订颁布了《大学英语课程教学要求》（以下简称《要求》），倡导计算机与课堂教学相结合的教学模式，强调大学生自主学习能力培养。④ 2015 颁布了《大学英语教学指南》（以下简称《指南》）。《指南》继承了大学英语教学的工具性和人文性特点，既注重培养学生英语听说读写等基本语言技

---

① 何莲珍、张娟，2021，《〈中国英语能力等级量表〉在补偿式教学与学习中的应用》，《外语测试与教学》第 3 期，第 1~11 页。
② 揭薇，2019，《英语口语考试与中国英语能力等级量表对接研究——以 CET-SET4 为例》，《外语界》第 1 期，第 71~80 页。
③ 祝爱华，2021，《基于中国英语能力等级量表的大学英语教师角色分析》，《扬州大学学报》（高教研究版）第 1 期，第 100~106 页。
④ 俞洪亮，2020，《落实〈大学英语教学指南〉，革新教学方法与手段》，《外语界》第 5 期，第 10~16 页。

能,也注重通过语言学习"了解国外的社会与文化,增进对不同文化的理解、对中外文化异同的认知,培养跨文化交际能力"。[①] 2020年教育部高等学校大学外语教学指导委员会依据《关于加快建设高水平本科教育全面提高人才培养能力的意见》《中国教育现代化2035》等,修订和颁布了《大学英语教学指南》(2020版),在一如既往重视英语语言基础知识教学的同时,从教学目标、课程设置及考核方法等多方面强调学以致用的重要性。《量表》的引入更是进一步强化了大学英语课程建设的能力导向趋势。[②]

3.2.2.2 《指南》中的语言能力指向

2007年公布的《要求》提出大学英语教学要培养学生的英语综合应用能力,特别是听说能力;2015年公布的《指南》虽然没有着重强调听说能力的培养,但也提出大学英语课程以英语的实际使用为导向,主要任务是培养学生的英语应用能力。《指南》明确指出在注重通用英语能力培养的同时,发展学习者的学术英语能力。《指南》(2020版)的教学要求部分有机融入了《量表》的相关内容。《指南》(2020版)在研制过程中,充分利用《量表》的研制成果,参照《量表》对相关级别的语言能力描述,结合大规模问卷调查结果,在大学英语教学基础目标、提高目标、发展目标三个级别教学要求方面进行了总体描述和语言单项技能描述。

《指南》(2020版)参照了《量表》对相关级别的语言能力描述,在大学英语教学基础目标、提高目标、发展目标3个级别教学要求方面,进行了总体描述和语言单项技能描述。除了对语言知识与技能、跨文化交际能力和学习策略的要求以外,增加了对思辨能力的要求,并强调交际的有效性。比如,关于基础目标教学要求的总体描述增加了以下内容:"对不同场合中一般性话题的语言材料进行处理和加工,理解主旨思想,明晰事实、观点与细节,领悟他人的意图和态度,进而进行综合与合乎逻辑的判断,表达基本达

---

① 贾国栋,2015,《继承改革成果与构建创新发展——学习〈大学英语教学指南〉》,《中国外语》第4期,第4~9页。
② 向明友,2020,《顺应新形势,推动大学英语课程体系建设——〈大学英语教学指南〉课程设置评注》,《外语界》第4期,第28~34页。

意"。关于发展目标教学要求的总体描述增加了以下内容:"能够对不同来源的信息进行综合、对比、分析,客观审视、评析材料的内容,理解深层含义,并得出自己的结论或形成自己的认识""能够就社会话题和与所学专业相关的学术话题进行深入交流和讨论,有效地进行描述、说明、解释、论证和评析"。[1]

语言单项技能描述融入《量表》相关级别的描述语,从听、说、读、写、译5个方面对3个级别的教学要求作进一步说明。比如,关于基础目标听力理解能力的描述引入《量表》五级能力的相关内容:"能听懂语速正常、有关一般性话题的音视频材料和题材熟悉的讲座,掌握中心大意,获取要点和细节,明确其中的逻辑关系,理解话语的基本文化内涵"。关于提高目标口头表达能力的描述引入《量表》六级能力的相关内容:"能就社会热点问题或专业领域内熟悉的话题与他人展开讨论,能较好地表达个人意见、情感、观点等,对他人的发言、插话等作出恰当的反应和评论"。[2] 具体详见附件2-2和附件2-3

3.2.2.3 《指南》中的语言评测

《指南》继承了既往对大学生英语能力进行测试的原则,提出测试的目标是构建"共同基础测试与其他多样化测试相结合的综合测试体系"。《指南》强调"发挥测试对教学的正面导向作用,使之更好地为教学提供诊断和反馈信息,促进大学生英语能力的全面提高"。[3]《指南》明确指出大学生英语能力测试包括形成性测试与终结性测试,需要加强形成性反馈,处理好共同基础测试与校内测试、综合语言能力测试与单项语言技能测试、基础英语测试与专门用途英语测试等的关系,实现"对学习结果的终结性测试"与"促进学生学习的形成性测试"的有机结合,发挥测试对教学的正面导

---

[1] 何莲珍,2020,《新时代大学英语教学的新要求——〈大学英语教学指南〉修订依据与要点》,《外语界》第4期,第13~18页。

[2] 何莲珍,2020,《新时代大学英语教学的新要求——〈大学英语教学指南〉修订依据与要点》,《外语界》第4期,第13~18页。

[3] 贾国栋,2015,《继承改革成果与构建创新发展——学习〈大学英语教学指南〉》,《中国外语》第4期,第4~9页。

向作用，使之更好地为教学提供诊断和反馈信息，促进大学生英语能力的全面提高。

大学生英语能力共同基础测试由专业考试机构统一设计、开发和实施，对我国大学生的英语应用能力进行科学、准确的测量。其中英语专业一般是专业四级、八级考试，非英语专业一般是大学英语四、六级考试。共同基础测试所考核的能力要求与《指南》相应级别的教学目标相衔接；考试结果所反映的学生英语能力与《量表》相对接。学生可以根据学习进度和需求，自主选择参加相应等级的测试。

其他多样化测试以校本考试为主，包括校际或地区联考以及全国统考。校本考试重视教学过程中的形成性测试，测试内容紧密结合教学内容，并充分利用信息技术，跟踪和收集学生的学习行为等基本信息，构建学生个人学习档案，分析学生的学习行为特征，为不同类型的学生提供个性化的评价反馈。

总体而言，大学生英语能力综合测试是评价学生英语能力的手段，大学英语教师也需要提高语言测试理论水平和应用技能，合理利用大规模考试所提供的数据，积极开展校本形成性评价与测试，从而帮助教师更有针对性地教学、指导学生更有效地学习。

3.2.3 中小学英语课程标准

2017年教育部颁布《普通高中英语课程标准（2017年版）》，并于2020年进行了修订。2022年教育部颁布《义务教育英语课程标准（2022年版）》，为义务教育阶段英语课程的改革发展绘制了新的蓝图。普通高中和义务教育新课标都对语言能力发展进行了较为明晰的目标定位与能力描述。

3.2.3.1 语言能力的内涵

新课标指出，"语言能力指运用语言和非语言知识以及各种策略，参与特定情境下的相关主题的语言活动时所表现出来的语言理解和表达能力"。语言能力的核心是理解和表达意义的能力，但理解和表达意义需要运用语言和非语言知识及各种策略。因此，发展学生的语言能力既包括培养学生的听、说、读、写等语言技能，也包括针对语言知识、非语言知识（如文化知识）的教学，以及对学生学习策略的指导。① 相对于义务教育课程标准，普通高中阶段的语言能力发展更加重视语言意识和语感，强调文化意识、思维品质和学习能力的持续提升，并重视在学生语言能力发展的过程中，拓展国际视野和提升跨文化交流能力。

相较于《义务教育英语课程标准（2011年版）》，《义务教育英语课程标准（2022年版）》聚焦英语教育教学的六个要素，即主题、语篇、语言知识、文化知识、语言技能和学习策略。其中，主题具有联结和统领作用，为语言学习和课程育人提供语境范畴；语篇承载表达主题的语言和文化知识；语言知识为语篇的构成和意义的表达提供语言要素；语言技能为理解和表达意义、情感和态度提供途径；文化知识为学生提供奠定人文底蕴和科学精神、形成跨文化意识的内容资源；学习策略为学生提供提高学习效率和效果的方法。这六个要素相互关联，共同构成培养学生核心素养的内容基础。②

相较于《普通高中英语课程标准（2003年版）》，《普通高中英语课程标准（2017年版2020年修订）》提出语言能力是英语学科的核心基础，文化意识、思维品质和学习能力要融入学生语言能力发展之中。其中，语言能力包含四个关键要点：第一，"社会情境"。由于任何语言的使用都发生在一定的社会情境中，语言学习活动要在社会情境中进行。第二，"听、说、读、看、写等方式"。听、说、读、看、写是日常生活中人们理解和表达意义的主要途径，因此也应该是语言学习的核心活动。第三，"理解和表达意义"。语言学习的目的不是记忆知识和操练技能，而是为了更好地理解和表达意义，因此语言学习活动应该围绕意义的理解和表达进行设计。第四，"语言意识和语感"。语言意识包括对语言的形式、意义、社会功能以及学习语言对个人和国家发展的意义等方面的认识，而语感是通过大量接触和使

---

① 程晓堂，2022，《改什么？如何教？怎样考？义务教育英语课程标准（2022年版）解析》，外语教学与研究出版社，第66页。
② 王蔷、周密、孙万磊，2022，《重构英语课程内容观，探析内容深层结构——〈义务教育英语课程标准（2022年版）〉课程内容解读》，《课程·教材·教法》第8期，第39~46页。

用语言而形成的，因此教师在帮助学生发展语言能力的过程中，要采用积极有效的手段和方法，帮助学生建构语言意识，形成良好的语感。①

表 3-4 课程标准的横向对比

项目	《义务教育英语课程标准（2022年版）》	《普通高中英语课程标准（2017年版 2020年修订）》
基本内涵	语言能力是指运用语言和非语言知识以及各种策略，参与特定情境下相关主题的语言活动时表现出来的语言理解和表达能力。英语语言能力的提高有助于学生增强文化意识、提升思维品质和学习能力，发展跨文化沟通与交流能力	语言能力是指在社会情境中，以听、说、读、看、写等方式理解和表达意义的能力，以及在学习和使用语言的过程中形成的语言意识和语感。英语语言能力是英语学科核心素养的基础要素。英语语言能力的提高蕴含文化意识的增强、思维品质和学习能力的提升，有助于学生拓展国际视野和创新思维方式，开展跨文化交流
课程目标	能够在感知、体验、积累和运用等语言实践活动中，认识英语与汉语的异同，逐步形成语言意识，积累语言经验，进行有意义的沟通与交流	具有一定的语言意识和英语语感，在常见的具体语境中整合性地运用已有语言知识，理解口头和书面语篇所表达的意义，识别其恰当表意所采用的手段，有效地使用口语和书面语表达意义和进行人际交流

3.2.3.2 分段目标/水平划分

《义务教育英语课程标准（2022年版）》根据语言能力发展进阶，建立义务教育英语课程分级体系，明确了各级别学习内容和要求。② 英语教师需要对语言知识有较为深入的认识与思考，否则会导致在课堂教学中机械地讲解语言的规则和用法。③ 具体而言，将语言能力细分为感知与积累、习得与建构、表达与交流三个部分，每一部分均分为1～3级，层层递进、互为关联。首先，在"感知与积累"层面，感知、领悟和识别是基本的认知线索，偏重于基本的语言知识点和英语技能，逐步关涉英语沟通交流的意义建

---

① 王蔷，2018，《〈普通高中英语课程标准（2017年版）〉六大变化之解析》，《中国外语教育》第2期，第11~19+84页。
② 程晓堂，2022，《改什么？如何教？怎样考？义务教育英语课程标准（2022年版）解析》，外语教学与研究出版社，第5页。
③ 程晓堂，2022，《改什么？如何教？怎样考？义务教育英语课程标准（2022年版）解析》，外语教学与研究出版社，第19页。

构；其次，在"习得与建构"层面，识别、判断、概括和归纳是基本的认知现实，偏重于背景信息的分析判断、语法规则的理解应用、语篇语用的梳理评析等；最后，在"表达与交流"层面，是主题情境下的理解与表达，偏重基本的日常交流，注重语言技能的规范化语用，追求表达的顺畅性与充分性。

表 3-5 《义务教育英语课程标准（2022 年版）》的能力层级划分

层级	语言能力
感知与积累	
一级	能感知单词、短语及简单句的重音和升降调等；能有意识地通过模仿学习发音；能大声跟读音视频材料；能感知语言信息，积累表达个人喜好和个人基本信息的简单句式；能理解基本的日常问候、感谢和请求用语，听懂日常指令等；能借助图片读懂语言简单的小故事，理解基本信息；能正确书写字母、单词和句子
二级	能领悟基本语调表达的意义；能理解常见词语的意思，理解基本句式和常用时态表达的意义；能通过听，理解询问个人信息的基本表达方式；能听懂日常学习和生活中简单的指令、对话、独白和小故事等；能理解日常生活中用所学语言直接传递的交际意图；能读懂语言简单、主题相关的简短语篇，获取具体信息，理解主要内容
三级	能识别不同语调与节奏等语音特征所表达的意义；能听懂发音清晰、语速较慢的简短口头表达，获取关键信息；积累日常生活中常用的习惯用语和交流信息的基本表达方式；积累常用的词语搭配；了解句子的结构特征，如句子种类、成分、语序及主谓一致；在收听、观看主题相关、语速较慢的广播影视节目时，能识别其主题，归纳主要信息；能读懂语言简单、主题相关的简短语篇，提取并归纳关键信息，理解隐含意义
习得与建构	
一级	在听或看发音清晰、语速较慢、用词简单的音视频材料时，能识别有关个人、家庭，以及熟悉事物的图片或实物、单词、短语；能根据简单指令作出反应；体会英语发音和汉语发音的不同；能借助语音、语调、手势、表情等判断说话者的情绪和态度；能在语境中理解简单句的表意功能
二级	意识到英语和英语学习与个人发展、国家发展和社会进步的关系，意识到语言与世界、语言与文化和思维之间有联系；具有初步的英语语感。在熟悉的语境中，较为熟练地使用已有的英语语言知识，理解多模态语篇传递的要义、主要信息和意图，辨识语篇的整体结构和文体，根据上下文推断意义；陈述事件，传递信息，表达个人见解和情感，在熟悉的人际交往中，尝试构建恰当的交际角色和人际关系
三级	能在听、读、看的过程中，围绕语篇内容记录重点信息，整体理解和简要概括主要内容；能根据听到或读到的关键词对人物、地点、事件等进行推断；能根据读音规则和音标拼读单词；能归纳学过的语法规则；能辨识和分析常见句式的结构特征；能分析和梳理常见书面语篇的基本结构特征；能用简单的连接词建立语义联系

续表

层级	语言能力
	表达与交流
一级	能围绕相关主题,运用所学语言,进行简单的交流,介绍自己和身边熟悉的人或事物,表达情感和喜好等,语言达意;在书面表达中,能根据图片或语境,仿写简单的句子
二级	能围绕相关主题,运用所学语言,与他人进行简单的交流,表演小故事或短剧,语音、语调基本正确;在书面表达中,能围绕图片内容或模仿范文,写出几句意思连贯的话
三级	能围绕相关主题,运用所学语言,与他人进行日常交流,语音、语调、用词基本正确,表达比较连贯;在书面表达中,能选用不同句式结构和时态,描述和介绍身边的人、事物或事件,表达情感、态度、观点和意图等

《普通高中英语课程标准(2017年版)》指出,语言能力是人类整体认知能力的重要组成部分,语言活动的实质就是一种心智活动。语言作为人类一种符号系统,当它用于人与人的关系的时候,是表达相互反应的中介;当它作用于人与客观世界的关系的时候,是认知事物的工具;当它作用于文化的时候,是文化信息的载体和容器。基于此,语言能力的本质即洞察语言与社会、语言与文化、语言与思维之间的紧密关系。[①]《普通高中英语课程标准(2017年版2020年修订)》将语言能力细化为三个等级,既体现了语言能力发展的层级递进,也凸显了主题情境下的语言能力发展线索。具体而言,首先,英语和英语学习与个人发展、社会发展、国家发展和社会进步的关联性分析,进而延伸到语言与世界、语言与文化、语言与思维的本质性联系;其次,语境、主题、语篇的逻辑性分析,进而延伸到语言能力发展背后的批判性思维提升;最后,语言表达能力的规范性与充分性,并延伸到交际角色和人际关系的积极建构。

[①] 梅德明、王蔷,2018,《普通高中英语课程标准(2017年版)解读》,高等教育出版社,第50页。

表 3-6 《普通高中英语课程标准（2017 年版 2020 年修订）》的能力层级划分

层级	能力
一级	在听或看发音清晰、语速适中、句式简单的音视频材料时，能获取有关人物、时间、地点、事件等基本信息；能识别常见语篇类型及其结构；能理解交流个人喜好、情感的表达方式；能根据图片、口头描述其中的人或事物；能关注生活中或媒体上的语言使用
二级	认识英语和英语学习与个人发展、国家发展和社会进步的密切关系，认识语言与世界、语言与文化和思维之间的紧密联系；具有一定的英语语感，在理解和表达中发挥英语语感的作用。在常见的语境中，较为熟练地整合性运用已有的英语语言知识，理解多模态语篇传递的要义和具体信息，推断作者的意图、情感、态度和价值取向，提炼主题意义，分析语篇的组织结构、文体特征和语篇的连贯性，厘清主要观点和事实之间的逻辑关系，了解语篇恰当表意所采用的手段；有效地陈述事件，传递信息，表达个人观点和情感，体现意图、态度和价值取向，在常见的人际交往中，建构恰当的交际角色和人际关系
三级	深刻认识英语和英语学习与个人发展、国家发展和社会进步的密切关系，深刻认识语言与世界、语言与文化和思维之间的紧密联系；具有较强的英语语感，在英语理解和表达中有效发挥英语语感的作用。在更加广泛的语言情境中，熟练地整合性运用已有的英语语言知识，准确理解多模态语篇传递的要义和具体信息，推断作者的意图、情感、态度和价值取向，提炼并拓展主题意义，解析语篇结构的合理性和语篇主要观点与事实之间的逻辑关系，批判性地审视语篇的内容、观点、情感态度和文体特征，赏析语篇中精彩语段的表意手段；准确、熟练和得体地陈述事件，传递信息，表达个人观点和情感，体现意图、态度和价值取向，在较为广泛的人际交往中，建构恰当的交际角色和人际关系

3.3 中小学英语教师一般语言能力发展的改革策略

3.3.1 非正式学习的路径及策略

中小学英语教师的一般语言能力发展是其职前培养阶段的基本目标与重要内容，既需要持续地进行英语专业的课程体系建设与教学实践改革，也需要不断提升中小学英语教师非正式学习的语言学习效能，从而为其专业发展夯实的专业根基。

3.3.1.1 正式学习与非正式学习

正式学习是一种由学校发起的，有强烈目的性，有组织的群体性学习活动，在这个过程中学习者能够很快地学习吸收和归纳自己的学习成果，最终会得到相应部门的专业认可，并获取相应的专业证书。正式学习主要包括两个方面：学校的学历教育以及参加工作之后的在职继续教育，主要包括学科专业学习培训、听报告讲座、相关政策文件学习等由相关教育行政部门和学校组织的各种各样的正规培训，最终会得到相关部门的专业认可和专业证书。①英语教师职前培养阶段的正式学习，需要围绕《大学英语教学指南（2020版）》，做好英语教师职前阶段人才培养的顶层设计，全面推进英语专业课程体系建设，全面推进英语专业教学的改革，并将英语专业学习指向未来中小学的英语教育实践。在一如既往重视英语语言基础知识教学的同时，从教学目标、课程设置及考核方法等方面强调学以致用的重要性。②

非正式学习主要来源于国外的非正式教育概念，通常是没有计划的，没有组织的，没有强烈功利性的偶发性学习，是一种由学习者自发组织的学习活动，没有固定的教学内容、教学计划、教学目标，学习者可以根据自己的学习需求与学习兴趣自主制定学习计划与学习目标。非正式学习在通常情况下是一种非正规的、非正式的学习活动，通常不需要固定的传授者，也不需要正规的评价机制，没有固定的学习地点、学习内容、学习计划，在任何地点、任何时间都可以进行非正式学习，"一次说走就走旅行"所收获的人生阅历和人生体验，在报纸、期刊、移动设备、书籍上看到的新闻，与友人、亲人的一次交谈等都是非正式学习的重要形式。③

与正式学习相比，非正式学习具有自身独特的优势。首先，在非正式学习中，学习者真正获得了主体地位。非正式学习的宗旨不指向考试等外部评价，是学习者为了提高自身素质、提升工作能力、改善生活或娱乐状态等而利用各种非正式场合主动进行的学习。其次，非正式学习集中关注课程中明确规定的知识与技能，不仅能大大扩展学习范围，而且对于正式学习难以奏

---

① 余胜泉、毛芳，2005，《非正式学习——e-Learning 研究与实践的新领域》，《电化教育研究》第10期，第19~24页。
② 向明友，2020，《顺应新形势，推动大学英语课程体系建设——〈大学英语教学指南〉课程设置评注》，《外语界》第4期，第28~34页。
③ 祝智庭、张浩、顾小清，2008，《微型学习——非正式学习的实用模式》，《中国电化教育》第2期，第10~13页。

效的学习领域还特别有效,其学习结果具有即时效用,不会与实践脱节。再次,非正式学习发生在真实的生产、生活情境之中,有利于学习者理解、掌握、应用所学的知识与技能,或者在潜移默化中改善自己的心智与品德。最后,非正式学习在任何时间、地点都可以进行,无时不有、无处不在,突破了正式学习无法逾越的时空限制,促使学习活动回归其原生态。它不依赖正式的组织或机构,也不依附于生产实践。在终身学习的观念与实践日益普及的时代,非正式学习的价值愈加凸显。①

随着外语教师专业发展研究的不断深入,外语学界也日益把更多的目光投向教师的非正式学习。当前外语教学研究的重要任务之一是在外语教师专业发展实践中运用非正式学习方式探讨教师成长的有效途径,以提升教学效果和人才培养质量。② 事实上,英语学习需要足够的学习投入,需要有积极主动的学习态度和持续性的学习活动,而非正式学习的状况直接影响着英语学习者的学习成果,影响着语言能力的全面系统提升。英语学习需要在一定的阶段内有大量的跟进性学习投入,需要在相对充分的语言输入的前提下,培养扎实的语言基本功及其语感等。非正式学习作为重要的组成部分,在英语教师职前培养阶段扮演着重要的角色,发挥着重要的学习功能。同时,作为一般语言能力发展,英语学习需要有真实情境下的言语交际及其适切性练习。非正式学习在时间和空间层面具有灵活性,能够促进英语语言学习的情境再现与原生态,从而在大数据时代发挥更大的学习价值与功能。

3.3.1.2 英语教师的非正式学习策略

中小学教师作为具有独立人格的成人,非常需要通过非正式学习的形式来提高自身素养。首先,非正式学习符合教师社会化的要求。作为教师的成人适应社会变动的唯一途径就是要不断地学习,由此来获得新观念、新知识、新技能,增强自身对社会变化的应对能力。其次,非正式学习适应教师

---

① 孙德芬,2011,《非正式学习视角下高校教师岗前培训的制度创新》,《江苏高教》第3期,第93~95页。
② 郭遂红,2014,《基于教学情境的外语教师非正式学习与专业发展研究》,《外语界》第1期,第88~96页。

多元角色的特点。教师具有的多重社会角色决定其不可能像青少年那样拥有整块的学习时间，他们只能采取半工半读的形式提升自我。最后，非正式学习符合教师学习动机的特点。任何学校及正规形式的教育都无法完全符合教师的学习动机特点，只有与生活、工作相联系的非正式学习才能够更好地满足教师学习动机的要求。①

与正式学习方式相比，教师的非正式学习具有独特的优势。首先，非正式学习没有外部的考核评价，由学习者根据自身需求选择适宜的内容，其主体地位得以充分体现，学习积极性较高，学习动机也更为强烈和持久。其次，对教师的知识结构而言，正式学习方式对于本体性知识、文化知识的学习来说较为适用，而对于结构不良领域的条件性知识、实践性知识等，则更多地需要在日常的生活、工作中习得。非正式学习的开展有助于教师广渠道、多途径地完善专业知识结构。最后，非正式学习形式灵活，不受限于固定的时间和场所，随时随地获取主体所需的知识技能，使得教师的学习有充分的自主性，拓宽了教师进行自我发展的途径。② 尤其在网络环境下，教师开展的非正式学习活动不仅可以通过阅读在线资料、观摩在线教学视频和课程等形式进行自主学习，还可以跨区域与其他教师群体进行讨论、交流与合作，创设有实践共同体参与特征的教师学习型组织。教师正是借助网络环境所提供的独特的分布式认知互动空间共同构建、创造自己的情境化教育文本，教师不仅仅是知识与技能传播的"自媒体"者，也是知识与意义的积极建构者。③

基于此，在英语教师职前阶段的培养过程中，需要立足专业发展的可持续性，充分发挥正式学习与非正式学习的价值及功能。一方面，立足一般英语语言能力发展的本体性，将语言学习置于英语教师人才培养的本体性地

---

① 焦峰，2010，《教师非正式学习的特征及环境构建》，《中国教育学刊》第2期，第84～86页。
② 弓箭、畅肇沁，2014，《非正式学习视角下初任教师的专业化发展》，《教学与管理》第15期，第76～78页。
③ 曾群芳、杨刚、伍国华，2015，《基于网络的教师非正式学习研究》，《中国电化教育》第9期，第118～124页。

位,实现正式学习与非正式学习的有机结合,不断夯实专业基本功。在英语教师职前培养阶段,将专业学习置于课程体系建设的顶层,改变固有的课程教学或专业指导模式,强调对英语语言的结构化学习,并指导学生能够借助现代信息技术手段予以整合、呈现和分享。另一方面,立足一般英语语言能力发展的特殊性,注重语言学习的情境性、交互性和个性化,注重发挥非正式学习的空间价值,将非正式学习的投入度、满意度等纳入英语教师职前阶段语言能力发展的科学评测之中,避免英语语言学习的盲目性和"费时耗力"。这既能在整体上更好地优化英语教师英语学习效能,也在具体层面增进英语教师对英语学习的认知和理解,达到学思结合、学以致用的专业学习效果,最终提升英语教师英语学习品质。

3.3.2 深层学习的路径及策略

3.3.2.1 深层学习

始于瑞典学者马顿和萨尔乔的开创性工作算起,围绕"深层学习"(deep learning)而展开的持续性探索。西方学者有关深层学习的概念解析和测量工具的开发过程,体现了一种从质性到量性的自然主义的、扎根式的科学研究历程。[①] 早期的深层学习研究主要体现了以"理解"为核心的学习质量观,倾向于用认知结构学习理论和信息加工论来解释学习者的学习过程。经过后续学者的研究,其概念内涵不断拓展。2010年美国基础教育深层学习研究项目提出了学生深层学习能力框架,将深层学习领域分为认知领域、人际领域和自我领域,并明确每个领域的核心发展内容。[②] 由此可见,深层学习旨在将学习从认知主义拓展到建构主义,从认知能力拓展到沟通交往能力,并指向于学习过程中的自我效能等。应该说,深层学习是一种由学习者的"认知需求"和"内在动机"驱动的,基于理解并具有批判性和反

[①] 吕林海、龚放,2018,《中美研究型大学本科生深层学习及其影响机制的比较研究——基于中美八所大学 SERU 调查的实证分析》,《教育研究》第 4 期,第 111~120 页。

[②] 闫建璋、朱豆豆,2020,《深层学习视域下的大学有效教学策略》,《现代教育管理》第 5 期,第 116~121 页。

思性的学习方式。其核心是主动的意义建构、有效的知识迁移和真实问题的解决。采用深层方式进行学习的学生对学习有内在兴趣，更注重理解、强调意义，能集中注意于学习内容各部分之间的联系、系统地陈述问题或概念的整体结构假设。①

深层学习视域下，阻碍大学有效教学的因素主要表现为教学投入与学习投入不足、知识灌输与认知发展失衡、学业评价制度不当等。② 在传统的大学专业教育过程中，往往更加偏重系统的学科知识传递和扎实的专业技能训练，会忽视不同学科内容的交叉作用；教师往往比较重视课堂教学、知识传授，学习进度整齐划一，学生的内在学习动机和学习需求激发不足；学生的英语学习评价主要采取纸笔考试形式，严重地影响大学生的思维发展，抑制了学生潜在的创造性。③ 因此，需要正视以往专业教育的不足或缺失，注重专业教育过程中的深度学习及指导，帮助学生实现学习内驱力与学习效能的有机结合，进而指向于课程教学改革与学业指导评价，促进专业学习的由浅入深、由此及彼、由外而内，实现专业学习品质的全面提升。

3.3.2.2 英语教师职前培养中的深层学习

当今的外语教育中重复操练和机械记忆等浅层学习现象十分普遍，严重影响了语言学习者批判性和创新性思维的发展，这种状况亟须改变，应向深层学习延伸与拓展。④ 一般而言，浅层学习是学习者机械、被动地学习与记忆一些关联性不强或关联性缺失的知识与细节。对应于英语学习与教学活动，浅层学习指向的是行为主义或认知主义视角下的学习行为，注重强化、练习和重复，其学习效能低且容易造成学习主动性的持续减弱。深层学习关

---

① 刘宇、解月光，2014，《大学生深层学习的过程研究及思考》，《中国电化教育》第7期，第56~62页。
② 闫建璋、朱豆豆，2020，《深层学习视域下的大学有效教学策略》，《现代教育管理》第5期，第116~121页。
③ 刘宇、解月光，2014，《大学生深层学习的过程研究及思考》，《中国电化教育》第7期，第56~62页。
④ 刘会英，2016，《深层外语学习法述介：课程论的视角》，《广东外语外贸大学学报》第2期，第138~144页。

注如何促进学习者主动学习，强调知识与细节之间的关联性，注重意义的理解与建构。对应于英语学习与教学活动，深层学习指向的是建构主义学习视角下的学习行为，强调对话、沟通与意义建构，其学习效能高且能够促进学习成就动机与交往动机的持续加强，从而使学生免于停留在表层或线性的课程学习上，让他们利用充足的学习资源选题、设计、组织并完成自己的学习项目，以达到在使用中学习语言、在探索中发展智慧、在人际交流中学习合作与交流的多维目的。①

从教学目的来看，英语教学的目的绝非仅仅是学习语言知识和技能，更重要的是通过英语学习培养高层次的、饱含人性的和关怀世界的价值观，发展知识的整体性，激发社会行动，关照人的智力和精神的解放；从学习动机来看，深层学习充分利用学习动机的研究成果，赋予学生自主的和自我决定的权利与责任，激发学生的内在学习动机；从学习的主体来看，深层学习法赋予学生课程建构者的主体地位。教师的角色转变为学习促进者，为学生提供广泛的学习资源和适时的全方位反馈；从评估的角度看，评估的目的不是甄别、排序和比较，而是为学习的进一步发展提供反馈和帮助。② 基于此，英语教师职前培养过程中的深层学习，就是要改变专业英语学习中一直以来存在的单一封闭状态，将英语学习置于多元开放的学习场域中，实现英语语言学习品质的全面提升。深层学习就是要实现专业英语学习者"学习主动性"的全面激发，实现语言知识在真实情境下的实际应用，将语言知识学习、语言技能训练和跨文化沟通等要素统整起来，并给予学生最优化的教学设计，在语言学习的过程中促进其批判性思维的持续强化。

3.3.2.3 深层学习的策略举措

英语教师职前培养阶段的语言学习方式需要由浅层转向深层、由个别转向合作、由接受转向发现，注重语言知识与技能的持续累积与提升，并

---

① 刘会英，2016，《深层外语学习法述介：课程论的视角》，《广东外语外贸大学学报》第2期，第138~144页。

② 刘会英，2016，《深层外语学习法述介：课程论的视角》，《广东外语外贸大学学报》第2期，第138~144页。

能够运用自身的语言知识与技能，高质量地完成语言交际活动中的各项目标及任务，从而实现英语一般能力发展的"自我超越"。事实上，传统的英语教师职前培养并未将"深层学习"置于顶端，且会呈现出被动化学习、接受式的语言学习特点，这就会造成英语教师职前人才培养阶段语言学习的"费时低效"或"事倍功半"。究其原因，理智取向的知识学习与技能训练尽管是英语教师语言能力发展的前提，但早已不能适应外语教师教育改革的现实诉求；实践取向的经验省思与语言操练，尽管能够指向于基础教育的英语教学实践，但无法实现英语语言能力的"可持续发展"。在新时代的改革背景下，英语教师职前阶段的语言学习与教学，需要突破固有的模式藩篱与制度框架，将深层学习置于人才培养的顶端，着力促进语言学习方式转变，真正解放内在的学习能量，促进教师语言学习品质的全面提升。

英语教师职前培养阶段的一般语言能力发展有赖于英语学习评估的保障。英语学习评估不仅能够对学习过程和学习结果进行科学的测量和判断，有效保障英语教育教学的质量，而且通过结果反馈，能够对个体的英语学习产生激励，从而更加有效地促进一般语言能力发展。英语教师职前阶段的英语教育质量同样需要重视对"深层学习"路径的线索，在学习的支持与服务、咨询与指导、评估与反馈、自由与规约等英语教育教学的创新实践活动中，逐步达成较高品质的学习指导、服务、评估与规约，以期提高英语语言能力素养。事实上，在英语教师职前阶段的语言学习过程中，需要良好的专业引领与学习服务，而非被动或盲目的接受式学习；需要有效的专业咨询与学习指导，而非封闭或孤立的个别学习与摸索；需要过程性的学习评估与反馈，而非刻板、僵化的终结性评价。[①] 作为英语教师教育的重要领域，一般语言能力的发展更加需要重视未来教师群体的"英语学习状况"，包括专业学习投入度、满意度以及学习效能等，更加需要开展科学、及时的学习评估与反馈，从而全面提升英语语言学习品质。

---

① 孙二军，2020，《大数据时代教师专业发展的思维转向》，西安交通大学出版社，第161页。

3.3.3 动态评测的路径及策略

语言测试与能力标准的对接意义重大，能够有效确保标准、实施及评价三者的一致性，对语言学习产生积极影响。① 不同类型的能力等级标准，指向语言能力发展的层级性与递进性，指向语言能力的科学评测，并服务于英语语言的学习与教学活动。尤其是《量表》就充分关注语言学习者的英语能力素养，能够极大地助力英语教学和测试工作。同时，立足英语教师职前培训阶段的语言能力标准，《指南》明确了评价与测试的目标、内容、方式及政策保障要求，提出大学英语评价与测试的目标就是"建立科学的评价与测试体系，系统地采集课程设计、教学实施、教学效果及大学生英语能力等相关信息，通过多维度的综合分析，判断大学英语课程和大学生英语能力是否达到了规定的目标，并为大学英语课程的实施与管理提供有效的反馈"。②

3.3.3.1 基于不同能力等级或标准的英语科学评测

不同能力等级的英语语言评测工作，需要以《量表》为标准参照，设置多个级别连贯有序的考试，着重考查学习者综合语言运用能力，为促进学习者语言能力发展提供连贯有序的阶梯。③ 事实上，作为我国外语能力测评体系改革的"排头兵"和驱动力，《量表》为不同等级的英语能力评价提供了统一的标准，可以引导教师参照不同级别的标准确定有针对性的教学目标，为学生确立学习目标提供重要参考，为英语测试与评价提供统一的标准；构建以促学为导向、形成性评价与终结性评价相结合、学生参与度高、反馈充分有效、注重新技术应用的综合测评体系。④

---

① 杨帆、吴莎，2018，《测评、教学与学习的衔接——第三届语言测试与评价国际研讨会暨第五届英语语言测评新方向研讨会述评》，《中国考试》第 2 期，第 71~77 页。
② 金艳，2020，《大学英语评价与测试的现状调查与改革方向》，《外语界》第 5 期，第 2~9 页。
③ 姜钢、何莲珍，2019，《构建系统连贯的考试体系，促进英语教育教学和评价方式改革》，《中国外语》第 3 期，第 4~10 页。
④ 吴雪峰，2022，《基于 CSE 的大学英语写作促学评价实施路径》，《外语界》第 4 期，第 31~39 页。

《大学英语教学指南（2020版）》指出，"应根据自己的办学特色和办学定位，采取选用与开发相结合的形式，制定科学完善的校本大学英语测试体系；鼓励高校选用多样化的测试方式，包括校际或地区联考以及全国统考等具有社会公信力的考试"。鼓励教师采用科学的方法将学生英语能力测试与语言标准对接，并积极促进语言能力量表在教学中的应用及其后效研究，以更好地理解考试结果并改进教学方式，促进考试的合理使用。[1]

同时，不同能力等级的语言评测工作也要与我国主要教育学段的英语课程标准或教学要求相衔接，以便更好地服务教学、促进教学。[2] 针对中小学英语教师职前阶段的语言评测工作，围绕《大学英语教学指南（2020版）》《义务教育英语课程标准（2022年版）》《普通高中英语课程标准（2017年版2020年修订）》的目标体系及相关内容，开展科学的英语语言能力评测。其中，英语语言能力测试应以共同基础测试为主、其他多样化的语言测试为辅，不断加强形成性测试，充分发挥测试对教学的正面作用，从"对学习的测试"转向"促进学习的测试"。[3] 在考试内容与任务的设计上，则以考查综合语言运用能力为核心，体现英语学科核心素养，并加强对考生审辩性思维和解决问题能力的考查，努力实现以评促学。[4]

3.3.3.2 基于动态评价的语言学习策略

动态评价以评价学习者的发展能力为目标，近年来被引入外语教育领域，成为评价语言能力的新理论。动态评价理论认为教学与评价应该是以发展为导向的统一体。动态评价是一种面向未来的评价方式，与《量表》"既利于现状，又面向未来"的理念十分契合。它提倡教师在评价过程中通过

---

[1] 金艳，2020，《大学英语评价与测试的现状调查与改革方向》，《外语界》第5期，第2~9页。
[2] 姜钢、何莲珍，2019，《构建系统连贯的考试体系，促进英语教育教学和评价方式改革》，《中国外语》第3期，第4~10页。
[3] 金艳、何莲珍，2015，《构建大学英语课程综合评价与多样化测试体系：依据与思路》，《中国外语》第3期，第4~13页。
[4] 姜钢、何莲珍，2019，《构建系统连贯的考试体系，促进英语教育教学和评价方式改革》，《中国外语》第3期，第4~10页。

对学习者的干预或者与学习者的互动，观察学习者的进步和改变，评估其潜在能力。动态评测不是要判断哪些学习者已经成功或者将要成功，而是要认清一个事实，那就是只要获得了有效的帮助，所有的学习者都会成功。[①]

中小学英语教师职前阶段的语言学习活动，需要持续性地开展动态评价，不仅及时地进行英语学习的评估反馈，而且科学地进行英语学习干预。通过动态评价，营造一种良好的言语学习互动氛围，帮助每一个"准教师"树立正确的英语学习观，让其既能够知悉自身的进步与改变，也能够意识到自身的不足与缺失，从而能够准确地进行英语能力发展的目标定位与学习规划，促进自身英语语言能力的全面提升。

3.3.3.3　基于促学性评价的语言学习策略

促学性评价渗透于教学活动的整个过程，兼顾目标取向和过程取向，强调运用各种评价手段对整个学习过程进行跟踪、监测和反馈，以促进教学质量提高、改进，同时促进学生学习。通过向学习者提供有关学习目标和现状的反馈信息，不仅能够回答"你现在在哪儿"和"你要去哪里"这两个问题，而且能为学习者进一步提高学习成效提供指导和建议，也能够回答"如何到达那里"这一问题。[②] 作为非母语的二语习得或学得过程，英语学习与教学需要将促学性评价融入全程，通过英语语言能力发展的评测工作，帮助学生明确在英语语言能力发展过程中"你现在在哪儿"、"你要去哪里"和"如何到达那里"这三个发展性问题，从而促进英语学习效能的持续提升、英语教学质量的全面提升。

中小学英语教师职前培养与职后培训，阶段的语言学习活动，需要注重促学性评价的功能发挥，注重监控与支架这两个核心因素。前者依靠反馈实践和自我监控行为来检测学习者的学习现状并跟踪其发展进程，而后者基于明确的目标和标准、有效的课堂提问及教师的反馈和建议，帮助学

[①] 张文霞、王晓琳，2022，《中国英语能力等级量表在大学英语写作课堂学生自评中的应用研究——动态评价理论视角》，《中国外语》第1期，第71~78页。

[②] 王同顺、朱晓彤、许莹莹，2018，《促学性评价对中国大学英语学习者学习动机及写作能力的影响研究》，《外语研究》第3期，第46~53+112页。

习者发现自己的不足、了解提高的途径。① 应该说,促学性评价本身体现了语言评测工作的多元性与实践性,体现了英语能力发展的动态性与持续性。中小学英语教师职前阶段重视促学性评价,不仅能够促进自身的英语语言能力发展,而且也有利于促进"中小学英语教学"实践过程中评价素养的全面提升,实现一般语言能力发展与专业语言能力发展的有机结合,具有内在的意义性与现实性。

3.3.4 跨界学习的路径及策略

进入 21 世纪,跨学科教育逐渐成为国内基础教育课程研究的热点之一。跨学科教育是通过整合相关学科而形成的用以解决单一学科或领域难以解决的问题的教育类型。② 跨学科教育的主题情境或问题导向,指向于核心素养的全面提升,指向于创新与实践能力的持续提升。相较于传统的分科教育或学科教育,跨学科教育旨在破除分科教育的壁垒,弥补分科课程中较为强调学科知识本位的不足,将知识与知识、知识与社会、知识与生活、知识与实践整合起来,更加强调培养学生解决问题的综合能力。③

3.3.4.1 中小学教师的跨界学习

在跨界学习视阈下,学习可以被更为广泛地理解为通过与不同实践者合作或参与多元的实践以创新做事方式或赋予新的意义。④ 这里的"做事"就是指向于真实情境下的问题解决,指向于创新能力与实践能力的不断提升。真实情境下的主题或问题,往往呈现出复杂性、多元性、综合性等特征,单一的学科知识或能力难以应对,需要跨学科或跨界的知识融合,并开展持续

---

① 王同顺、朱晓彤、许莹莹,2018,《促学性评价对中国大学英语学习者学习动机及写作能力的影响研究》,《外语研究》第 3 期,第 46~53+112 页。

② 刘忠强、钟绍春、王春晖、钟永江、孙思,2018,《基于跨学科教育理念的语文学科核心素养构建策略研究》,《现代远距离教育》第 3 期,第 44~50 页。

③ 刘忠强、钟绍春、王春晖、钟永江、孙思,2018,《基于跨学科教育理念的语文学科核心素养构建策略研究》,《现代远距离教育》第 3 期,第 44~50 页。

④ 叶菊艳、卢乃桂、曹钰昌、谢欣荷,2022,《教师跨界学习研究:概念、现状与展望——"跨界教育实践中的教师学习与发展国际研讨会"综述》,《教师发展研究》第 3 期,第 116~124 页。

性的学习活动。因此，跨界学习既是一种基于边界资源的学习方式，也是一种以跨界的方式展开的学习活动。① 通过跨界学习，不仅有利于实现学科知识的跨界融合，而且有利于实现学习经验的实践反思与意义生成。跨界学习需要学习者从不同研究领域、不同方向寻找路径和平台，丰富学习资源，并将学习成果消化吸收，与自身内在的知识结构融为一体，成为自己的内在素养。②

2022年教育部颁布的《义务教育课程方案（2022年版）》中明确指出要"加强课程综合，注重关联"，这意味着各学科教师要在新一轮教育教学改革中进行跨学科的课程设计。换言之，教师提升跨学科学习的能力迫在眉睫。③ 在中小学教育情境下，教师的跨界学习在跨越"学科界墙""教研界墙""学段界墙""学校界墙"过程中随时可以发生并发展，它不仅仅是单一领域知识纵向增长的过程，也是通过横向学习形成多层次、丰富立体的知识结构和思维能力的过程。④ 教师的跨界学习需要基于教师对原学科的积累，通过跨学科的学习反过来促进对本学科纵深、系统地理解。⑤ 基于此，教师的跨界学习是教师根据学习主题和任务，基于边界资源与跨界可创生资源，遵循一定的路径和方法，跨越自身的学科、年龄、部门、单位、地域、时空、身份、行业、文化等边界，向外界学习并寻求多元素交叉融合，以实现学科教师专业成长、形成优秀思维品质、提升问题解决能力、改善教育教学行为等的一种新型学习方式。⑥ 跨界学习内容要有一定的丰富性，不能单

---

① 何莉，2020，《跨界学习：促进教师专业成长的新探索》，《中小学管理》第9期，第24~26页。
② 陈丽丽，2021，《跨界学习育"新师"》，《基础教育研究》第12期，第13~14页。
③ 叶菊艳、卢乃桂、曹钰昌、谢欣荷，2022，《教师跨界学习研究：概念、现状与展望——"跨界教育实践中的教师学习与发展国际研讨会"综述》，《教师发展研究》第3期，第116~124页。
④ 何莉，2020，《跨界学习：促进教师专业成长的新探索》，《中小学管理》第9期，第24~26页。
⑤ 叶菊艳、卢乃桂、曹钰昌、谢欣荷，2022，《教师跨界学习研究：概念、现状与展望——"跨界教育实践中的教师学习与发展国际研讨会"综述》，《教师发展研究》第3期，第116~124页。
⑥ 王锐鹏，2019，《中小学教师跨界学习的路径和方法》，《中国教师》第12期，第64~67页。

一化，可从思维品质的提升、视野的拓宽、个人的全面发展出发，引导教师进行多领域的探索，鼓励教师进行充分的跨界尝试、跨界体验。①

3.3.4.2 中小学英语教师的跨界学习及策略

《普通高等学校师范类专业认证指南》《义务教育英语课程标准（2022年版）》《普通高中英语课程标准（2017年版2020年修订）》等共同关注了跨学科教育的重要性及其内涵。基础教育阶段的英语课程改革注重跨学科教育的内在融合，究其原因"从性质上看，深层外语学习法是超学科的，它能够打破学科内容间的固封，跨越了学科间的边界，实现学科知识的融合"。② 跨学科外语教育的课程改革实践，需要中小学英语教师具有跨学科的专业素养，需要具备跨界学习的能力素养。中小学英语教师的跨界学习涵盖了英语学科内的跨界学习以及超越英语学科的跨界学习。其中，英语学科内的跨界学习呈现出跨学段、跨文化的特征。这既符合大观念、大概念、大单元等课程改革趋向，也顺应了基于跨文化意识的英语学科教育发展趋向。超越英语学科的跨界学习则包括跨学科、跨专业学习。跨越学科边界的学习，需要英语教师与其他教师实现跨学科课程沟通交流，取长补短，实现学科课程融合。究其原因，跨越英语课程边界，即与不同学科课程的教育者实现沟通对话，通过了解其他课程领域的知识背景、思维方式、视角方法等，不仅有利于促进中小学英语课程改革，而且能够促进学生英语学科核心素养的全面提升。

在学科核心素养的视域下，聚焦中小学英语课程改革的当下与未来，以及大观念、大概念、大单元和主题教学等改革关键词，更多地强调跨学科外语教育的重要性，对中小学英语教师的跨界学习提出更高的专业要求。事实上，跨学科的英语主题教学与其他学科的主题教学一样强调真实情境和任务驱动，主动将知识和学生的生活、社会的需要联系起来，学用一体，这有利于学生在综合运用知识解决问题的过程中充分调动已有经验，积极表征问

---

① 陈丽丽，2021，《跨界学习育"新师"》，《基础教育研究》第12期，第13~14页。
② 刘会英，2016，《深层外语学习法述介：课程论的视角》，《广东外语外贸大学学报》第2期，第138~144页。

题，建构知识结构体系，形成正确的情感、态度和价值观。在英语跨学科主题学习中，恰当的主题可以作为开展英语语言技能提升的锚点。这要求教师在深入了解学情的基础上，认真钻研教材，加强与所跨学科的教师交流合作，有机整合其他学科内容，突出教学重点。在教学实施中，基于主题的知识结构可以充分发挥不同学生的优势，合理分工，增强学生英语学习的胜任感，进而充分发挥英语跨学科主题学习的育人功能。

第四章 言语互动视角下中小学英语教师语言能力发展

作为"话语空间""对话空间",课堂是借助"话语"来设计和建构特定意义的规范和形式的空间,与之相应,课堂话语是师生在课堂教学中运用口头语言进行的对话,是多元声音交互的教学沟通型态。[①] 课堂话语的互动性、生成性和及时性,不仅影响着学生学习品质的提升,也影响着课堂教学质量的提升。尤其在学科核心素养视域下,我国中小学课堂教学正在谋求积极的转变与更新,课堂中的言语互动影响着课堂教学改革的突破与重建。英语作为语言类学科,其师生的课堂言语互动更为频繁,对学生英语语言学习的过程与结果影响更大。同时,与学生良好的言语互动是衡量中小学英语教学质量的重要基准,影响着师生间基于英语语言的声音交互与意义建构。

4.1 中小学英语教师的课堂言语互动

4.1.1 相关核心概念

4.1.1.1 课堂言语互动

课堂中言语互动的质量在很大程度上决定了教学质量。"在课堂这一场

---

① 钟启泉,2013,《"课堂话语分析"刍议》,《全球教育展望》第 11 期,第 10~20 页。

域中，教学话语不单单是一种认知性的语言实践，教师与儿童的身份、关系和观念是在教学的话语实践中生成并发挥作用的。"① 教与学的关系是以课堂语言为载体的，良好的言语互动意味着给学生更大的语言空间，教师需要对其进行积极的言语反馈，这不仅有利于激发学生的主动学习状态，也有利于将知识学习、技能训练与思维提升有机结合起来。有学者就认为"言语互动指教师和学生以言语行为为媒介相互影响和相互作用的过程";② 还有学者认为"言语互动是指在课堂教学情境中，师生之间以口头言语行为为媒介，促使彼此在认知、情感、意志、行为等方面发生变化的相互作用和相互影响"。③ 事实上，师生言语互动的概念是在师生互动概念的基础上深化而来，强调的是师生以言语为媒介的相互作用、相互影响。美国学者弗兰德斯认为，"课堂中约有 2/3 的时间是由言语构成的，存在 2/3 的概率是由教师来发起言语的。教师对于学生的主要影响来自口头言语，因此确定教师的语言质量就可以粗略估计教师对学生的总体影响"。④ Hagenauer 和 Volet 的研究发现高质量且频繁的师生互动是良好师生关系形成和学生学业取得成就的因素。中小学教师尤其是新手教师，由于教学经验缺乏以及学情把握能力不足，一方面在课堂组织上难免会出现频繁使用指令性、批评性言语来维护其教学权威，另一方面在问题的设置上，不能很好地考虑到学生的最近发展区，⑤ 造成师生言语交互的隔阂。⑥

---

① 安桂清，2013，《话语分析视角的课堂研究：脉络与展望》，《全球教育展望》第 11 期，第 21~28+59 页。

② 黄钟河、朱楠，2019，《聋校语文课堂教学师生言语行为互动研究——基于弗兰德斯互动分析系统》，《中国特殊教育》第 3 期，第 48~55 页。

③ 李婧熠，2020，《高中地理课堂师生言语行为互动研究》，河南大学硕士学位论文。

④ Ned A. Flanders. 1963. "Intent, Action and Feedback: A Preparation for Teaching." *Journal of Teacher Education* 14 (3): 251-260.

⑤ 注：在问题的设置上，教师会根据自己所授内容进行相关问题的设置，从而在课堂上与学生进行有效互动，以达到本节课的教学目标，但是小学生认知有限，也存在一定的个体差异，因此在问题的设置上会有教师的问题与学生的认知不相符合，超过了学生的最近发展区，进而出现言语互动失败情况。

⑥ Wangqian Fu, Jili Liang, Lihong Wang, Ranxu Fei Xiao. 2020. "Teacher-student Interaction in a Special School for Students with Developmental Disabilities in Chinese Context." *International Journal of Developmental Disabilities*, Retrieved Sep. 3.

4.1.1.2 外语课堂言语互动

外语课堂话语研究始于20世纪60年代，最初盛行的方式为互动分析，即以一定的教学理论为基础，以设计量表为观察工具，收集定量数据来分析课堂互动情况。① 最早的和最重要的课堂话语分析研究者是英国学者辛克莱和库尔哈德，通过课堂话语分析发现了课堂话语互动（Initiation Response Feedback，IRF）结构。② 20世纪七八十年代，国外学者对教师话语进行了深入研究，并涌现出大量描述和理解外语课堂的方法，如教师课堂的反馈话语、课堂提问等。这些研究主要使用教育学和社会学的工具和技巧，直接展示了二语习得过程中存在的问题，充分揭示了课堂互动的重要性。③ 近二十年来，对课堂话语的研究主要集中为对课堂语境中教师和学生之间、学生与学生之间的互动或意义等。④ 通过课堂话语的互动分析，能够阐述师生间的言语互动与意义建构，突破或重建课堂中的师生关系，进而全面提升课堂教学的质量与效果。英语是语言类学科，其学科性质决定了英语课堂上的师生言语互动与非言语类科目相比更为频繁。然而，从已有相关研究来看，目前英语课堂的师生言语互动情况并不理想。

4.1.2 弗兰德斯互动分析法编码系统

4.1.2.1 FIAS

早期关于师生言语互动的研究以思辨为主，而课堂互动量表的引入和发展使得对于课堂互动的研究以实证为主，且取得了一定的成果。思辨研究主

---

① 朱彦、杨红燕、束定芳，2016，《外语课堂教学话语有效性的多维度评析——试析第四届"外教社杯"全国高校外语教学大赛教学案例》，《外语教学》第1期，第53~57页。
② 张光陆，2021，《探究式交谈对学生深度学习的影响：基于课堂话语分析》，《全球教育展望》第5期，第3~14页。
③ 周学恒、邓晓明，2013，《近20年国内外语教师课堂话语研究综述》，《中国教育学刊》第S2期，第49~50+52页。
④ 刘永兵、张会平，2010，《基于语料库的中学英语课堂规约话语研究》，《外语与外语教学》第4期，第14~18页。

要聚焦师生关系，实证研究则侧重于互动类型、教学效率以及观测工具。代表性的课堂观察编码体系有上百种，其中最经典的编码体系是弗兰德斯互动分析系统（FIAS），其甚至影响了其他编码体系的设计。FIAS 的合理性在于其编码体系对研究者而言容易学习和应用，其所设定的 10 类编码涉及具体教学情境下的主要言语行为，更容易进行"中立"和"客观"的观察、记录和分析。① 事实上，只要在真实的课堂观察和分析之前对师生的话语行为或互动方式进行精确地编码和定义，研究者便可以记录和鉴定师生话语互动的优先模式。

弗兰德斯认为课堂上的师生言语互动共分为 3 个类别：教师言语、学生言语以及沉默或混乱。鉴于教师影响是研究的主要关注点，在 10 个言语类别的划分上，教师言语有 7 个，学生言语有 2 个，沉默或混乱有 1 个。在教师言语类别下，有直接影响与间接影响。其中直接影响包含讲授、指示或命令、批评学生或维护权威 3 个类别；间接影响包含接纳情感、表扬或鼓励、接受或利用学生的想法、提问 4 个类别。在学生言语类别下，有作出反应和主动发起 2 个类别。作出反应即学生反应性说话，此刻的交往是由教师所引发的；主动发起即主动性说话，学生此时表达的是自己的想法或观点。② 根据FIAS 课堂言语种类，本文以 3 个类别 10 个子类作为编码依据，1 个代码表示 1 种言语行为（具体指标见表 4-1）。FIAS 要求观察者每间隔 3 秒钟依照上述分类编码系统记录下最能体现该时间段内的师生言语行为。研究者在进行课堂观察时，仅需要在记录表中写下对应的编码即可。其中，迁移矩阵分析是 FIAS 的主要分析方法，弗兰德斯指出 1 个矩阵至少应该包含 400 个编码，因此在进行课堂观察时，至少要观察 20 分钟，这些编码才能够反映在该时间段内发生的一系列言语行为。

---

① 王鉴，2007，《课堂研究概论》，人民教育出版社，第 165 页。
② David Hopkins. 2008. *A Teacher's Guide to Classroom Research*, *Fourth Edition*. Maidenhead：Open University Press：100.

表 4-1　弗兰德斯互动分析法编码系统

课堂言语类别			代码
教师言语	间接影响	接纳情感：以平和的方式接纳与理清学生的积极或消极态度、语气。包括预料到并唤起学生的情感	1
		表扬或鼓励：表扬或鼓励学生的行动或行为。包括开玩笑以消除紧张，而这种玩笑不伤害第三者；点头同意或者说"是吗？"或"继续下去"	2
		接受或利用学生的想法：理清、发展或拓展学生的看法。但是如果教师所说的更多的是自己的想法，则归入第五类	3
		提问：基于教师的看法提出内容或程序方面的问题，以期学生回答	4
	直接影响	讲授：说明内容或程序方面的各种事实或观点；表示自己的看法，作出自己的解释或者引证权威的观点	5
		指示或命令：给予指示、命令或要求，以期学生遵从	6
		批评学生或维护权威：名言正告，使学生不可接受的行为变成可接受的行为；责骂学生；阐明自己所采取的行为的理由；强调自身的绝对权威	7
学生言语	作出反应	反应性说话：由教师引发交往，或要求学生阐述，或营造环境	8
	主动发起	主动性说话：由学生主动说话。学生表明自己的看法；引出一个新话题；自由拓展学生自己的观点与思想方法；超越现存的结构	9
沉默或混乱		暂时中止谈话，短时间的沉默，或短时间的混乱使得观察者无法了解交谈内容	10

4.1.2.2　FIAS 分类标准

为了更为清晰的说明每个编码在具体课堂情境中的判别，并让研究者能够更为准确的使用 FIAS 对所观察的课堂师生言语互动行为进行编码，弗兰德斯在《分析教学行为》一书中对于每个编码进行了更为详细的说明。①

编码 1——接纳情感。接纳情感的判断原则是，教师需要在语句上明确的指出或者辨别出学生的情感。例如，当教师说"我知道大家下午这个时间上课都很困了，但是……"或者"我知道你看到这么多老师在听课，有点紧张"等，研究者就可以记录下代码 1。由于这一类言语教师在课堂中使用相对较少，因此，研究者要尽可能地记录下这一类编码。

---

① Ned A. F. 1970. *Analyzing Teaching Behavior.* MA：Addison-Wesley Publishing Company, Chap. 2.

编码 2——表扬或鼓励。这一编码的判断原则是，教师的话语中必须含有赞同的价值判断的意思。例如，在学生回答完问题时，教师会说"做得好""不错""很棒"等明确表示表扬的词语。此外，教师如果对学生点头或者微笑，虽然没有言语，也需要归为这一类。

编码 3——接受或利用学生想法。此编码的判断原则是：其一，教师在学生表达完自己的观点后，重复学生观点，并继续就此观点进行追问，或者让全班就此观点进行讨论。那么则可以记为编码 3。但是如果教师只是重复了学生的观点，并未就此观点进行延伸，而是在重复完后就转而进入下一问题或者讲解。那么则记为编码 2。研究者需要仔细甄别。其二，在学生表达完自己的观点后，学生的答案并不是专业的书面用语或常规表达。教师进而对于学生的观点进行更为专业的转述或者将学生零散的观点概念化，就可以记为编码 3。

编码 4——提问。提问的判断原则是，教师在提出问题后，期待能够得到学生的回答。但是要注意不是所有的问句都能列入这一类。例如，当教师说"你觉得你现在的情绪对你的学习有帮助吗？"那么则应该记入编码 1。当教师说"你们有见过这么糟糕的书写吗？"则应该记入编码 7。如果教师在提出问题后，并没有点名学生提问，也没有给学生集体回答的机会，而是紧接着对自己的问题进行了回答，那么则应该记入编码 5。此外，在英语课堂中，有一些教师在课堂中经常会使用"Ok？""Right？"等口头语，在此要清晰的观察教师是期望学生回答，还是口头语习惯。

编码 5——讲授。这一类言语的判断标准是，教师旨在对学生讲授清楚相关的内容、见解、事实。因此，教师表达观点、陈述事实均可归为教师讲解，记为编码 5。

编码 6——指示或命令。此编码的判断标准是，教师话语的目的是让学生服从其指示或者命令。例如，"起立""把书翻到 24 页""你能把窗户关一下吗？""请上台来"等都属于编码 6。此外，教师虽然没有言语，但是以动作示意学生保持安静或者举手回答，那么也应该记为编码 6。

编码 7——批评学生或者维护权威。这一编码的判断标准是教师通过名言正告、责骂或者是羞辱的言语来试图让学生改变行为,从不可接受的行为变为可接受的行为。例如,"把你的错误马上改正过来""我都讲了3遍了,你为什么就是听不懂?""我是老师还是你是老师?"均属于编码7。此外,教师点名学生,虽然没有其他言语,但是点名学生旨在警告学生此刻的行为不可接受,希望其改变行为,那么也应记为编码7。

　　编码8——学生言语—反应性说话。这一类编码的判断需要基于之前的情境。如果教师的问题是有固定答案的,那么学生的回答就记为编码8。此外,如果教师在提问后,学生又进一步询问教师的想法,虽然这是学生主动说话,但是这个问话依然是在教师给定的问题下产生的,因此仍旧将记为编码8。

　　编码9——学生言语—主动性说话。这一类别的判断原则是,学生主动地在课堂中发表自己的见解。对于教师的讲解表示不认同,提出自己的质疑并与教师进行争论,或者教师在提问开放性问题时,学生主动表达自己的想法,答案不唯一,那么可以记为编码9。

　　编码10——沉默或混乱。这一编码的判断准则是,当教室出现安静或者嘈杂状态,例如学生默读课文、观看视频、小组讨论等都可以记为编码10。

4.1.2.3　FIAS 编码原则

　　虽然 FIAS 的10类言语行为包含具体教学情境下的主要言语行为,然而事实上,在真实的课堂教学中,师生的言语行为会更为复杂。因此,势必会出现研究者对于言语行为归类的困难。此外,由于 FIAS 要求每3秒研究者对于所观测到的具体言语行为进行判断和归类,但是实际课堂教学中,不免出现在一个3秒钟内有两个及以上的言语现象,同样给研究者在编码的选择上造成了一定的困难,基于此,弗兰德斯及其同事制定了相关的编码原则。具体而言,第一,当不能确定某一种言语行为究竟属于两个或多个类别中的哪一类时,选择远离"5"的类别,但不能选择类别"10"。第二,如果同一个3秒钟内发生了多个言语行为,应记录更为突出的那一个;如果有几个类别同样突出,则都应记录下来。第三,当教师叫某一个学生名字时,属于类别"4"。第四,当教师重复学生的正确答案时,属于类别"2"。第五,教师如果不是以嘲笑的态度和学生开玩笑,属于类别"2";如果是讽刺、挖苦学生,属于类别"7"。第六,如果观察者不能确定某一种言语行为具体归属哪一类别时,就归属于"10"。①

4.1.2.4 英语课堂改进型 FIAS 分析系统

仔细分析 FIAS 各编码可以发现,该系统是针对师生言语互动设计的,并不具备学科特性。而英语是语言类学科,其师生言语互动的频次和内容更为频繁和复杂。因此,就本研究而言,如果采用 FIAS 对小学英语课堂师生言语互动进行分析,结果就会较为粗糙,不能更为真实、细致地反映出小学英语课堂的教学样态,并且难以更为准确的区分出新手教师与专家教师在师生言语互动方面的差异。因此,在参照其他学科对弗兰德斯互动分析系统的改进方式后,结合小学英语学科的教学特点,本研究对 FIAS 进行了部分修改,对原有的编码系统进行了一定程度的细化和丰富。最终形成了英语课堂改进型 FIAS 编码系统(EFIAS)(见表 4-2)。

表 4-2 英语课堂改进型 FIAS 编码系统

		课堂言语类别		代码
教师言语	间接影响	接纳情感	以平和的方式接纳与理清学生的积极或消极态度、语气。包括预料到并唤起学生的情感	1
		表扬或鼓励	表扬或鼓励学生的行动或行为。包括开玩笑以消除紧张,而这种玩笑不伤害第三者;点头同意或者说"是吗?"或"继续下去"	2
		接受或利用学生的想法	理清、发展或拓展学生的看法。但是如果教师所说的更多的是自己的想法,则归入第五类	3
		提问	提问开放性问题	问题的答案不唯一,教师无法预料到学生的全部答案	4.1
			提问封闭性问题	问题的答案唯一,教师了解问题的答案,提问的目的是检测学生是否掌握相关的知识	4.2
		讲授	说明内容或程序方面的各种事实或观点;表示自己的看法,作出自己的解释或者引证权威的观点	5
	直接影响	指示或命令	给予指示、命令或要求,以期学生遵从	6
		批评学生或维护权威	名言正告,使学生不可接受的行为变成可接受的行为;责骂学生;阐明自己所采取的行为的理由;强调自身的绝对权威	7

---

① 邵光华,2016,《教育研究方法》,高等教育出版社,第 151 页。

续表

课堂言语类别			代码
学生言语	反应性说话	由教师引发交往,或要求学生阐述,或营造环境	8
	主动性说话	由学生主动说话。学生表明自己的看法;引出一个新话题;自由拓展学生自己的观点与思想方法;超越现存的结构	9
	朗读	学生朗读课文或跟读单词、短语	10
沉默或混乱	有助于教学的沉默	此刻的沉默与学习有关,包括学生思考问题、做练习、看教学相关视频等	11.1
	无助于教学的沉默	学生此刻的沉默与学习无关,包括媒体或者教师课堂组织问题导致的沉默现象	11.2
	有助于教学的混乱	此时的混乱与学习相关,包括学生进行小组讨论,或者根据教师的指令做相应的动作	11.3
	无助于教学的混乱	此时的混乱与学习无关,包括教师在讲课过程中,出现班级学生聊天、走动等混乱的现象	11.4

第一,细化了教师言语类别下的提问编码。英语学科核心素养要求英语学科应注重学生思维品质的培养。问题对于学生思维品质的培养具有重要的意义。从提问的目的这一角度来看,提问的目的在于引发学生的思考。教师的提问方式在一定程度上决定了学生回答的内容。[①] 基于回答问题时思维水平的不同,问题有多种分类标准。[②] 在本研究中,EFIAS 将 FIAS 的提问细化为提问开放性问题和提问封闭性问题两种类别。根据布鲁姆教育目标分类法,越高级别的教育目标则需要更高的思维水平。而研究者在实地课堂观察中不乏看到许多英语教师在课堂提问中多使用封闭性问题,甚至是无须思考的 yes 和 no 类型的问题。显然这样的问题设置虽然能引发师生言语互动,然而对于学生思维品质的培养毫无意义。因此如果仅使用 FIAS 的提问编码来对新手教师和专家教师的提问进行对比的话,仅能在数量上进行对比,难以进行更深层次的区分。因此,基于本研究的需要,EFIAS 将提问类型进行

[①] 麦克·格尔森,2019,《如何在课堂上提问:好问题胜过好答案》,谭淑文、刘白玉译,中国青年出版社,第 86 页。

[②] 王蔷,2006,《英语教学法教程(第二版)》,高等教育出版社,第 68、73 页。

了细化。

第二，丰富了学生言语类别。EFIAS将学生言语部分由原来的两类增加至三类。在学生言语部分，加入了朗读这一编码。根据课标要求，小学从三年级开始开设英语课。而英语作为小学生的第二外语，与母语相较，学生更为陌生。尤其对于新单词、句型和课文的模仿跟读是小学英语课堂中的必要教学手段。然而，不同的教师对于朗读的教学思维存在一定的差异。部分教师认为朗读只需要教会学生读单词句型和文章即可。而有些教师则不以为然，在她们看来语言是交流的工具，不同的语调会产生不同的沟通效果，因此，在朗读部分，强调学生的感情融入。因此，本研究在EFIAS中加入了朗读这一编码，以便能更为清晰的区分新手教师和专家教师对待课堂朗读的教学思维。

第三，细化了沉默或混乱类别。许多研究者在使用FIAS对师生言语互动进行观察时发现，沉默或者混乱类别的划分难以有效的区分出此刻教学状态是有助于教学还是无助于教学。为了更为深入的对师生言语互动进行分析，研究者不得不在此部分重新回归课堂内容进行细致的划分，以便提出更有针对性的课堂改进建议。在小学英语课堂中，做练习、小组讨论、角色扮演、观看教学视频等是英语课堂的常规活动。由这些活动所产生的沉默或者混乱是在所难免的。因此如果仅用一个编码难以更为细致的解释教师课堂中的教学行为。故本研究将原有的沉默或混乱类别分为四类，即有助于教学的沉默、无助于教学的沉默、有助于教学的混乱、无助于教学的混乱。

EFIAS是在FIAS的基础上细化而来，共包含15个编码。在EFIAS体系中，编码1、编码2、编码3、编码5、编码6、编码7、编码8、编码9仍采用FIAS的编码标准，且编码号与FIAS保持一致。由于前文已经对这8类编码进行了详细的论述，故在此不再赘述。为了让读者更为清晰的了解EFIAS的编码体系，本研究在此对细化和新加入的编码进行更为具体的描述。细化后的编码共有7类，即编码4.1、编码4.2、编码10、编码11.1、编码11.2、编码11.3、编码11.4。对于这7类编码的具体描述如下。

编码4.1——提问开放性问题。这一编码的判断原则是问题的答案不唯一，由于开放式问题能够引出各种各样的答案，教师无法预料到学生的全部答案。例如，"What do you think of my lunch？""Which character in this story do you like best and why？""If you don't like this ending, can you make a new ending for this story？"等均属于开放性问题，记为编码 4.1。

编码 4.2——提问封闭性问题。这一编码的判断原则是问题的答案是唯一的，学生回答此类问题时并没有加入自己的想法。例如，"What color is Ben？""What can you see in this picture？""When we see green light, we should…""who is she？"等均属于封闭性问题，记为编码 4.2。

编码 10——朗读。朗读是英语课堂的常规教学活动，小学英语不同年级在教学内容的难度设置上存在一定的区分，因此在本研究中，学生跟读单词、短语、对话和文章的言语活动均属于朗读这一编码，记为编码 10。此外，英语课堂中的角色扮演活动，如果教师仅要求学生扮演文章对话中的角色，不加入自己的理解，且学生如实还原课文内容进行角色扮演，这一言语行为属于朗读，记为编码 10。如果教师在角色扮演部分允许学生加入自己的理解，或者创造新的对话，那么学生新加入的部分或创造的新对话则应记为编码 9。

编码 11.1——有助于教学的沉默。这一编码的判断标准是教室此刻处于安静状态，学生此刻的安静与学习相关。例如，学生在教师的要求下默读课文、做练习、观看视频等活动均属于这一类别。此外，在教师提出问题后，给予学生思考时间，学生在这一期间的沉默记为编码 11.1。

编码 11.2——无助于教学的沉默。这一编码的判断需要结合当前的教学情境，学生此刻的沉默与学习无关。例如学生正在跟读课文时，出现教师多媒体操作失误，导致班级学生突然陷入沉默，则记为编码 11.2。此外，如果教师提问的问题超出了学生的认知范围，使得学生不理解教师的问题，从而无法回答而陷入了沉默状态，同样也记为编码 11.2。

编码 11.3——有助于教学的混乱。英语课堂的活动安排较多，由此产生的混乱现象在所难免。因此需要仔细甄别课堂中的混乱是否与学习相关。例如，小组讨论、TPR 活动、学生之间因对于问题的想法不同而产生的争论，或者在教师提出问题后，没有点名，学生便开始七嘴八舌地说出问题的答案，此刻教室的混乱状态与学习相关，那么则记为编码11.3。

编码11.4——无助于教学的混乱。这一编码的判断依据是教室此刻的混乱现象与学习无关。例如，教师在讲课过程中，出现了班级学生聊天、走动等混乱的现象，或者在教师发出指令后，学生依然我行我素、不听指令等均记为编码11.4。

4.1.3 课堂言语互动的相关研究现状

4.1.3.1 师生言语互动的国内外研究现状

通过浏览中国知网（CNKI），用"言语互动"作为关键词检索，共检索到相关文献1887条（截至2021年8月30日）。其中学术期刊1654条，学位论文233条。学位论文中，博士论文6篇，硕士论文227篇。进一步缩小关键词，用"师生言语互动"作为关键词进行搜索，共检索到文献138条。其中学术期刊48篇，学位论文90篇。进一步进行指数分析发现，从学术关注度来讲，如图4-1和图4-2所示，言语互动的学术关注度从1949年开始整体呈现波浪式增加趋势。对于言语互动的学术关注度，外文文献明显多于中文文献，在师生言语互动的学术关注度上，中文文献的环比增长率明显高于外文文献。应该说，对于言语互动的研究虽然最早开始于国外，且学术成果丰硕，但是国内自1994年开始关注言语互动以来，对言语互动的研究就未停止，且在师生言语互动方面的研究明显多于国外。以"verbal interaction"分别在ERIC和Web of science上进行了相关文献检索。首先对于知网、ERIC和Web of science上有关"言语互动"和"师生言语互动"的相关文献进行去粗取精、去伪存真的处理。对剩下的有价值的文献阅读后发现，国外关于师生言语互动的研究主要集中在师生言语互动的影响因素研究、互动类型研究、观测工具以及与学生学业成绩之间的关系研究。

国内有关师生言语互动的研究最早可以追溯到1994年沈贵鹏、戴斌荣、宋素珍的《初中课堂口头言语互动研究》，这篇文章对师生口头言语互动与学业成绩之间的关系进行了研究，发现教师在对待学业成功和学业失败的学生时所采取的口头言语方式存在显著差异，并且这种显著差异又会进一步加

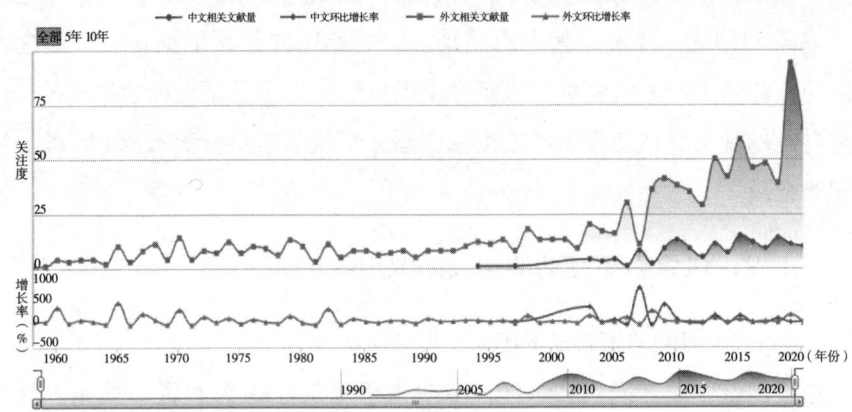

图 4-1 "言语互动"学术关注度

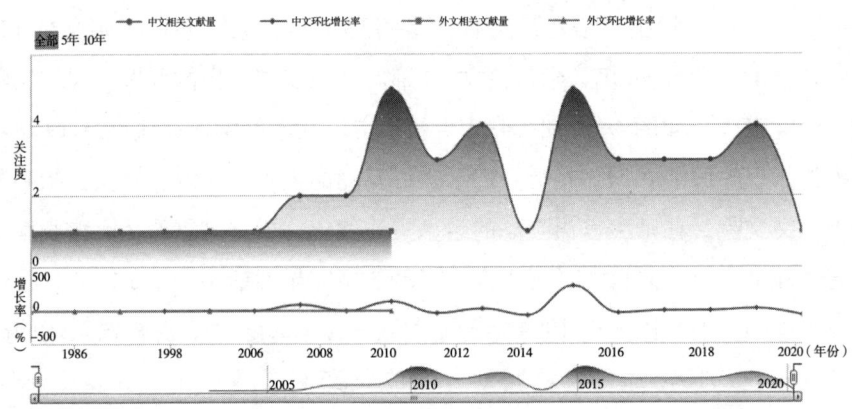

图 4-2 "师生言语互动"学术关注度

剧两极分化。直到 2008 年，关于师生言语互动的研究有了少量的成果。2009 年以来，国内关于师生言语互动的文献呈现明显增长的趋势。研究聚焦学科研究和工具研究两部分。在研究工具上，除了使用经典的弗兰德斯互动分析体系（FIAS）外，基于信息技术的互动分析编码系统（ITIAS）、改进型弗兰德斯互动分析系统（iFIAS），以及在前三者的基础上改编的适用于各学科的互动分析编码系统不断涌现。在学科研究上，个案研究和比较研究成为研究的焦点。

4.1.3.2 师生言语互动分析方法的研究现状

在课堂教学行为的量化分析研究领域，由美国学者弗兰德斯于1970年所提出的弗兰德斯互动分析系统（FIAS）最为成熟。由于FIAS仅有10类编码，不能非常全面地反映课堂中师生互动情况，Amidon将弗兰德斯互动分析编码系统进一步细化，扩充至24个编码，形成了弗兰德斯互动分析系统的修改建议。① FIAS本有的10个编码对于观察者就已经提出了较高的要求，Amidon扩充的24个编码极大地增加了观察者的操作难度，因此并没有得到普及。FIAS仍然在师生言语互动的分析中占据核心地位。

尽管如此，教学的不断发展使得对于师生言语互动的分析仅依靠FIAS的10个编码类别难以全面反映课堂师生互动。因此，国内的研究者们开始对FIAS进行了改善，其中以顾小清、王炜的ITIAS和方海光团队研发的iFIAS最为著名，使用也最为普遍。研究者们在对师生言语互动进行分析时，除了采用FIAS、ITIAS和iFIAS以外，也出现了在此基础上与各学科相融合的编码体系。例如，3C-FIAS（FIAS Based on Contemporary Chemistry Class）就是高瑛等基于化学学科的特点对FIAS进行改进而来的。

由此可见，在师生言语互动研究工具的选择上，FIAS的影响依旧深远，其为后续研究系统的形成奠定了坚实的基础。但由于时间较为久远，不能完全适应现代化教学师生言语互动的研究要求，找寻适合现代化教学师生言语互动的研究工具就显得尤为必要。ITIAS和iFIAS结合现代化教学的实际情况，在FIAS的基础上改编而来，但是由于其创设的初衷是适应现代化的教学现状，在编码的设置上并没有考虑到各学科的教学特性。虽然与FIAS相比，ITIAS和iFIAS对于当前教学情境下师生言语互动的研究更为适切，但并不具备学科特性，难以反映各学科师生言语互动的个性化特征。从文献所反映的情况来看，研究者们已经认识到了师生言语互动研究工具的局限性问题，由此也产生了各学科在FIAS、ITIAS和iFIAS的基础上进行学科适切性改编的现象，且部分编码体系也

---

① Amidon E.J., Hough J.B. 1967. Interaction Analysis: Theory, Research and Application. Massachusetts: Addison-Wesley Publishing Company.

在该学科领域产生了一定的影响。但是基于学科改编的编码体系主要是为满足不同研究者的研究需要,并没有在各学科内成为所公认的"金科玉律"。FIAS、ITIAS 和 iFIAS 仍然是师生言语互动研究的主要工具。基于此,适用于各学科的师生言语互动研究工具需要后续的研究者进一步探寻。

4.2 小学优质课堂的言语互动分析

4.2.1 研究的设计与实施

4.2.1.1 研究问题

以弗兰德斯互动分析系统为参照,以小学优质课堂为对象,对小学英语课堂师生言语互动进行数据采集与实证分析,着重探讨小学英语课堂言语互动的维度及其特征,进而关涉小学英语课堂教学策略的优化,促进课堂教学质量与教师教学专业素养的"双重"提升。

4.2.1.2 研究对象

全国小学英语教师教学基本功大赛暨教学观摩研讨会被公认为全国基础教育教学和英语教师专业发展的品牌赛事。由于参赛教师来自全国各省区市,在一定程度上可以反映出全国较高授课水平的教学样态。对其课堂师生言语互动的相关研究,有利于促进小学英语课堂教学改革,促进英语教师培养和教师专业发展。"第十三届全国小学英语教师教学基本功大赛暨教学观摩研讨会"共有 29 位教师现场授课,最终评选出获得一等奖的教师共 20 名。这些教师在授课上充分体现了当代教师的教学素养,其师生言语互动内容丰富、效果良好。然而,由于弗兰德斯互动分析系统在编码上对于课例有一定的要求,剔除存在故障影响编码的视频,本研究共观察分析了 14 位获奖教师的教学视频。

4.2.1.3 研究过程

本研究使用 FIAS 对于 14 位获得一等奖教师的教学视频进行反复观察,每间隔 3 秒观察者对课堂的言语行为进行判断并记录,取得原始编码。根据应用研究的惯例,观察者一致性至少要达到80%。[①] 为了保证编码记录的准确性和客观性,每个视频均由两位研究者进行编码,并计算观察者一致性信度,结果显示均高于80%,本研究编码可信度较高。

在本次课堂观察中,共取得8378个原始编码。在取得原始编码后,将每一个编码与其前一个编码及后一个编码结成"序对",由于首尾两个编码仅能使用一次,其余编码均可使用两次,即有N个编码时,那么将得到N-1个"序对"。10类言语行为共构成10×10矩阵,每一个序对的前一个数字表示行数,后一个数字表示列数。例如,(8,2)表示在第8行第2列的方格中计数。将全部序对进行计数,就形成了弗兰德斯迁移矩阵,如表4-3所示。

此外,为了更近一步明晰师生言语互动的状况,除了使用矩阵分析外,本研究也会使用比率分析法。通过比率计算,将计算结果与常模数值进行比较就可以分析所观测课堂的课堂结构情况。具体计算公式及常模数值如表4-4所示。

表4-3 英语课的弗兰德斯迁移矩阵

	1	2	3	4	5	6	7	8	9	10	合计
1						1			1		2
2		10		21		4		5		3	52
3		1	1	1		1		1	3	1	9
4	1	3		56	4	13		8	10	13	108
5		1		11	53	8		0			73
6		2		10	5	52		12		11	92
7											0
8		22	3	3	2	3		39			80
9		13	5		1				23		42
10	1			6	0	9		16	5	111	148
合计	2	52	9	108	73	91	0	81	42	148	606

[①] 克雷格·肯尼迪,2014,《教育研究中的单一被试设计》,韦小满、陈墨、杨希洁、田霖等译,华夏出版社,第128页。

表 4-4　课堂结构的变量分析

变量	缩写	计算公式	常模
教师言语比率	TT	$\sum_{i=1}^{7} Row(i) \times 100 \div Total$	常模约为 68
学生言语比率	PT	$\sum_{i=8}^{9} Row(i) \times 100 \div Total$	常模约为 20
教师间接影响与直接影响的比率	I/D ratio	$\sum_{i=1}^{4} Row(i) \times 100 \div \sum_{i=5}^{7} Row(i)$	无
教师发问比率	TQR	$Row(4) \times 100 \div \sum_{i=4}^{5} Row(i)$	常模约为 26
教师话语—学生驱动比率	TRR	$\sum_{i=1}^{3} Row(i) \times 100 \div \left[\sum_{i=1}^{3} Row(i) + \sum_{i=6}^{7} Row(i) \right]$	常模约为 42
学生话语—学生主动比率	PIR	$Row(9) \times 100 \div \sum_{i=8}^{9} Row(i)$	常模约为 34
沉默或混乱比率	SC	$Row(10) \times 100 \div Total$	11 或 12

4.2.2　数据分析与讨论

4.2.2.1　基于课堂气氛的言语互动分析

师生言语互动氛围是在师生互动的基础上形成的，在影响师生互动效果的同时，进一步以强大的外部作用力影响和强化师生互动模式。[①] 弗兰德斯编码系统中的积极整合格、缺陷格和稳态格能够直观地反映师生互动状态与效果。在表 4-3 的矩阵中，1~3 行与 1~3 列相交的区域为积极整合格，这个区域的数据越是密集，那么教师与学生之间的情感就越融洽，从而反映出积极的课堂氛围。矩阵中 7~8 行与 6~7 列相交的区域为缺陷格，该区域的数据密集程度反映了师生之间感情的隔阂程度，从而反映出课堂气氛较为压抑，教师在教学中需要避免此类情况。在表 4-3 中，对角线穿过的各个单元格为稳态格，表示持续的言语行为。稳态格中（1，1）、（2，2）、（3，3）

---

① 叶子、庞丽娟，2009，《试论师生互动模式形成的基本过程》，《教育研究》第 2 期，第 78~82 页。

序对与融洽的课堂气氛息息相关,而稳态格中的(7,7)序对则反映了师生交流的隔阂程度。

对所研究的14位教师课堂中积极整合格和缺陷格占比分别进行计算,计算公式为积极整合格数值/总数值、缺陷格数值/总数值。当积极整合格数值占比大于缺陷格数值占比时,那么说明所观察的课堂呈现出融洽的气氛。积极整合格数值占比越高、缺陷格数值占比越低表明课堂气氛越融洽。14位教师所执教的课堂气氛,如图4-3所示,在本次课堂观察中,师生在情感交流上整体较为融洽,并且T6、T7、T12、T13教师的课堂气氛最为融洽。通过观察分析视频发现,虽然每位教师在语气上都非常的平和,且都注重在学生回答问题后给予学生积极的肯定,但是大部分教师仅用yes、ok、good等简单的肯定语,而T6、T7、T12、T13教师在对学生的回答给予肯定的时候会重复学生的正确答案,澄清学生观点,甚至会进一步对学生的想法进行挖掘,因此使得课堂气氛更为融洽。因此,教师提问反馈的方式与方法,不仅影响着课堂教学的话语互动,也影响课堂气氛的状况,教师在小学英语课堂教学中,可以加强积极反馈、条件性肯定等言语互动行为,这有利于营造良好的课堂气氛、促进积极的师生互动。

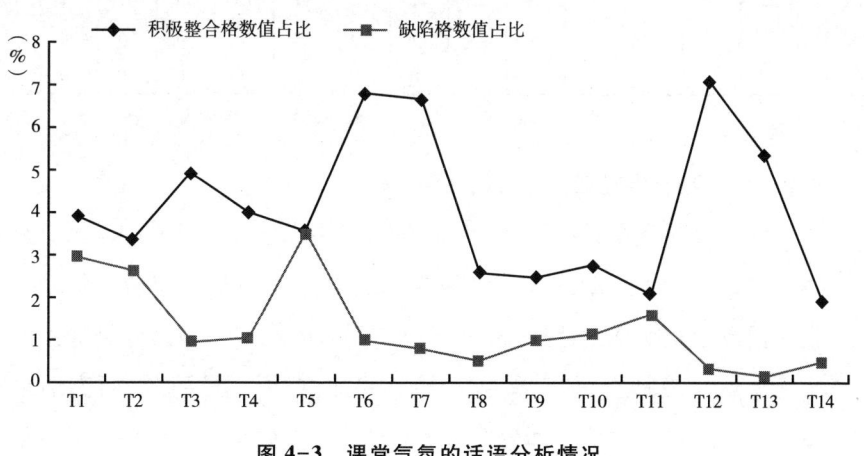

图4-3 课堂气氛的话语分析情况

为了进一步分析积极整合格和缺陷格中教师言语的持续状况与课堂气氛之间的关系，本研究对14位教师的四类稳态格数值进行统计，得出表4-5。从稳态格（1，1）、（2，2）、（3，3）序对的统计结果来看，（1，1）序对和（3，3）序对的数值显著低于（2，2）序对。其中（1，1）序对仅在两位教师的课堂中出现（T6和T13）且持续时间较短，其他12位教师的课堂均未出现该序对。由此说明即使是较好授课样态的课堂，教师仍然缺乏接纳学生情感的言语行为。在（3，3）序对表现上，有6位教师为0，其他6位教师虽然此部分有数值，但是数值均比较小。由此说明此次课堂观察中，教师在接受或利用学生想法方面的言语仍显不足。进一步可推断出大部分教师在问题的设置上以封闭性问题为主，较少设置开放性问题，结合视频分析来看也印证了这一推论。由于封闭性问题答案的唯一性和固定性，学生在此类问题上较难发表自己的观点，难以产生教师接受或利用学生想法的言语现象。

表4-5　稳态格课堂气氛分析情况

稳态格	T1	T2	T3	T4	T5	T6	T7	T8	T9	T10	T11	T12	T13	T14
(1,1)	0	0	0	0	0	7	0	0	0	0	0	0	1	0
(2,2)	23	18	28	15	21	22	22	12	11	13	8	27	31	10
(3,3)	0	0	0	4	0	4	11	0	2	2	3	6	0	1
(7,7)	0	0	0	0	0	0	0	0	0	0	0	0	0	0

4.2.2.2　基于课堂结构的互动话语分析

美国学者贝莱克在对传统教师特征的研究中指出，教师支配着被研究班级的语言活动，师生活动比率大约为3∶1。暂且不论分析单位是什么，教师在语言活动中远比学生活跃。[①] 本研究首先对所选取的观察课例师生活动比率进行计算（教师言语∶学生言语）。将此结果与贝莱克的研究结果相比，就可以分析在整堂课中师生的具体活动状况，如果计算结果高于贝莱克

---

① 方展画，1990，《罗杰斯"学生为中心"教学理论述评》，教育科学出版社，第181页。

的研究结果,那么则说明所观察的课堂是教师主导型课堂,学生课堂言语参与度不高;如果计算结果低于贝莱克的结果,说明教师能够尊重学生的学习主体地位,提升学生课堂的参与度。从图 4-4 来看,与贝莱克的师生活动比率研究结果相较,共有 10 位教师的师生活动比率低于贝莱克的研究结果。这说明大部分教师能够充分尊重学生的话语权,有意识在其所执教的课堂上提升学生言语参与度。

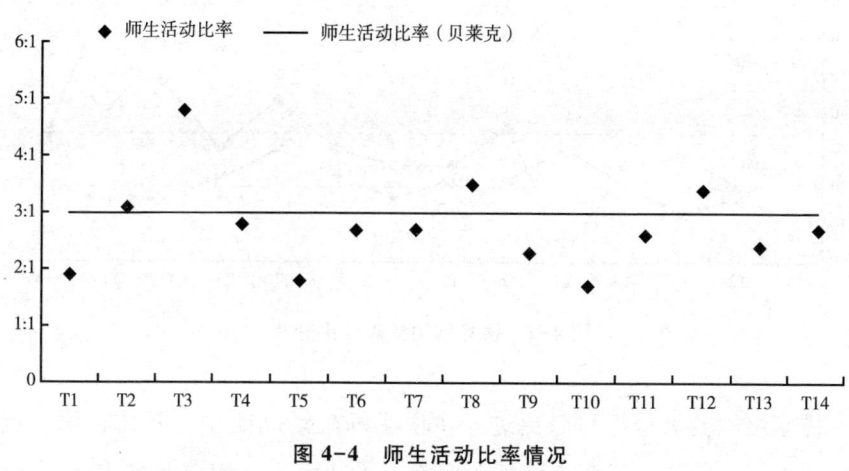

图 4-4　师生活动比率情况

杨承印、闫君的研究发现,当教师言语行为与学生言语行为的比率介于 1~2 时为最佳,大于 2 则偏向于"以教师为中心",小于 1 则偏向于"以学生为中心"。教师参与过多,学生就无法很好地参与课堂;而学生过多地参与,教师不易掌控课堂,教学效果同样欠佳。[①] 从图 4-5 反映的数据来看,该 14 位教师言语行为与学生言语行为的比率方面,有 11 位教师大于 2,3 位教师小于 2。这表明目前我国较好教学样态的授课仍旧是"以教师为中心"的课堂。然而,虽然我国小学较高授课水平的英语课堂仍旧是"以教师为中心",但绝大部分教师能够充分尊重学生的话语权,有意识地在其所执教的课堂上提升学生言语参与度,有意识地降低自己的话语比例,把更多

---

① 杨承印、闫君,2010,《对课堂教学中师生互动语言行为的研究》,《基础教育》第 1 期,第 45~49 页。

的话语权交给学生。但是，考虑到我国大部分学校的学生是从小学三年级开始接触英语，其英语学习更多的是依赖教师的言语输出，因此小学英语课堂中教师的话语比例与学生相较更高。

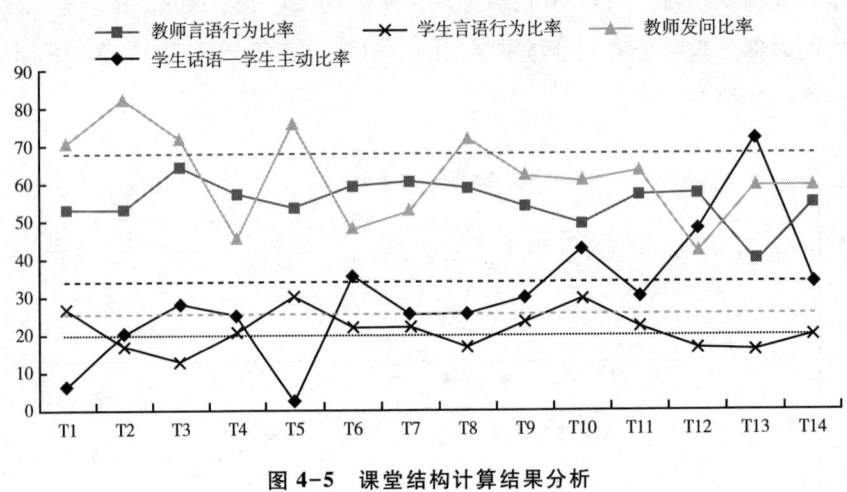

图 4-5 课堂结构计算结果分析

课堂结构变量分析可以更进一步说明师生活动比中的具体言语状况，教师言语行为比率、学生言语行为比率、教师发问比率以及学生话语—学生主动比率可以在很大程度上反映课堂结构的具体情况。从图 4-5 显示的结果来看，14 位教师的言语行为比率均低于常模 68，其中除了 T3 教师的言语行为比率接近常模，其他教师的言语行为比率明显小于常模。进一步分析学生言语行为比率发现，有 9 位教师的课堂中学生言语行为比率高于常模（T1、T4、T5、T6、T7、T9、T10、T11、T14），常模约为 20，尤其是 T5 和 T10 教师，其学生言语行为比率远高于常模。同时，将教师发问比率与学生话语—学生主动比率放在一起分析，14 位教师的发问比率远高于常模 26。而在学生话语—学生主动比率方面，仅有 5 位教师的课堂学生话语—学生主动比率高于常模 34。其他 9 位教师的课堂中，学生话语—学生主动比率低于常模，甚至部分教师远低于常模。在高于常模的这 5 位教师之中，有 3 位教师远高于常模，尤其是 T13 教师，数值达到 72.16。由此可以推测出教师在引发学生言语的策略中选择的是提问策略,结合学生话语—学生主动比率的数值反馈来看,教师封闭性问题使用较多,则学生主动言语表现欠佳。

为了进一步明晰教师提问与学生言语之间的关系,本研究进一步对矩阵中1~7行与8~9列相交的区域进行分析。此区域表明学生对于教师言语的回答情况,对于此区域数值的分析可以看出学生课堂参与的影响因素。[①] 此区域共包含序对14对,由于所有14节课的矩阵中均无(7,8)和(7,9)序对。因此,本研究仅对剩余的12个序对进行统计。从表4-6的序对统计结果来看,这14位教师的课堂中,除了(4,8)、(4,9)序对外,(6,8)序对出现的频次也较高,甚至有一半的课堂(6,8)序对的频次高于(4,9)序对。由此说明,在小学英语课堂上,教师在引发学生言语的策略选择上,除了提问外,还会较高频次使用指令性言语。结合视频观察发现,(6,8)序对产生的主要原因在于课堂跟读或朗读训练的设计。鉴于小学阶段是学生初步接触英语阶段以及英语教师是学生学习外语的主要学习资源,对于单词、文章等发音的学习是英语课堂教学的重要部分。因此(6,8)序对的产生也体现了小学生英语学习的特点以及教师课堂设计的合理性。此外,在(4,8)、(4,9)序对的分配中,(4,8)序对显著高于(4,9)序对。由此说明教师在提问中多使用封闭性问题,开放性问题设置较少。

表4-6 序对统计

序对	T1	T2	T3	T4	T5	T6	T7	T8	T9	T10	T11	T12	T13	T14
(1,8)	0	0	0	0	0	1	0	0	0	0	0	0	0	0
(1,9)	0	1	0	0	0	0	0	0	0	0	1	0	0	0
(2,8)	10	1	4	2	5	7	6	3	5	5	4	0	1	5
(2,9)	0	0	0	3	0	11	3	0	1	6	0	2	0	1
(3,8)	0	0	0	5	0	0	1	4	0	2	0	0	0	1
(3,9)	0	0	0	0	0	1	0	0	0	1	2	1	3	3

---

① Ned A. Flanders. 1963. "Intent, Action and Feedback: A Preparation for Teaching." *Journal of Teacher Education* 14 (3): 251-260.

续表

序对	T1	T2	T3	T4	T5	T6	T7	T8	T9	T10	T11	T12	T13	T14
(4,8)	30	11	24	23	33	29	29	31	26	21	26	13	16	8
(4,9)	8	8	15	13	5	21	3	7	9	4	19	9	5	10
(5,8)	6	2	5	0	1	7	1	1	0	7	1	0	0	0
(5,9)	0	0	0	1	0	0	1	1	0	0	0	0	0	0
(6,8)	22	23	10	9	44	11	15	5	17	14	16	6	1	12
(6,9)	0	1	0	0	0	2	1	3	2	4	1	1	0	0

通过师生活动比、课堂结构变量分析以及矩阵分析可以得出以下结论。第一，教师在有意识地将更多的话语权交给学生时，更多的是采取提问的方式。观察视频可以发现，不同教师在课堂提问频次以及问题的设置上存在一定的差异。但是师生问答模式几乎是贯穿每堂课始终的。通过不断的提问，学生的课堂言语逐步增加，在一定程度上体现了教师尊重学生学习主体地位的教学理念。第二，提问以封闭性问题为主，学生被动言语明显多于主动言语。从此次课堂观察的提问情况来看，14位教师的提问较为频繁。从问题类型来看，以封闭性问题为主要模式。究其原因在于，一方面封闭性问题由于答案的唯一性和固定性使得教师对于课堂的管理更为容易；另一方面学生本身的英语能力有限，开放性问题对于学生和教师个人均提出了更高的要求。因此，在赛教的教学情境下，教师在问题的设置上，更倾向于在大量的封闭性问题中穿插少量开放性问题。这样的设置不仅可以展示出学生知识学习的效果，也便于对课堂节奏和纪律的管理。第三，部分教师在课堂提问中注重开放性问题的设置，以此激发学生主动言语的产生。观察视频可以发现，学生主动言语的产生与教师所设置的开放性问题息息相关。例如，在学生主动言语表现较好的T10课堂中，教师在课程之初就设置了与本节课相关的开放性问题"Do you have any questions about Mary?"学生对于此问题的回答没有固定的答案。学生不仅需要思考自己想提的问题，还需要考虑如何用英语正确表达的问题。从学生对于此题目回答的反应来看，学生充分利用已有知识踊跃发言，师生互动良好。

4.2.2.3 基于师生互动的话语分析

课堂作为一个有机的整体，具有连贯性和持续性等特点，师生课堂互动会随着时间的推移而发生动态变化。[①] 常规情况下，小学英语课堂一般由导入、展示、训练及产出四个环节组成。每一部分的师生互动是服务于本部分的教学内容的，因此不同环节中师生课堂互动的情况会根据教师课程内容的设置而有所区别。通常，在产出环节，学生言语会普遍多于教师言语。本研究以 1 分钟为单位对 FIAS 所记录的参数进行分析计算，统计表明，教师言语比例明显高于学生言语比例，且教师言语比例多在 50% 以上，而学生言语比例多在 50% 以下。14 堂课中教师言语和学生言语高峰均介于 7~11 次，教师言语平均每节课约形成 9 次高峰，学生言语平均每节课约形成 8 次高峰。当教师言语处于高峰时，学生言语并未完全处于低谷，说明在所观察的这 14 节课程中，课程均不是以教师单项灌输、学生被动聆听为主的，而是教师在主导课程的同时也会注重调动学生言语参与的积极性。

进一步分析教师言语与学生言语发现，在 24 分钟以前，大部分课程以教师言语为主，在 24 分钟以后，教师言语有所下降，学生言语逐渐多于教师言语。学生言语在此期间基本形成了 1~3 次明显的高峰，且大部分课程学生言语比例超过了 50%。进一步观察视频发现，在 24 分钟以后，大部分课程基本处于学生的产出环节，因此在这一部分学生言语逐渐增多，教师言语比例开始下降。这一现象也体现了英语课程的特点。作为一门新的语言，在课程之初，学生需要通过与教师的互动逐渐习得新的语言点，因此在课程的前 24 分钟，教师言语会显著多于学生言语，此类言语包括讲述、提问、指令等一系列教学言语。学生通过聆听教师语言的讲解与示范以及师生间一问一答的言语互动，逐步习得新知。常规情况下，产出环节是教师对于学生语言点掌握情况检测的主要环节。与课堂中形成性评价不同，此环节的语言点检测更为综合，也更能体现学生对于此节课所学知识的综合应用能力，因

[①] 韦怡彤、王继新、赵晓娜等，2019，《同步互动专递课堂中教学互动行为案例研究——以一年级美术课"画马路"为例》，《现代教育技术》第 12 期，第 41~47 页。

此与教学过程中学生短暂性言语相比，此环节学生言语产出的持续时间更长。在 24 分钟以后，学生的言语占据主导地位，教师通过学生持续性言语输出可以进一步判断其在本节课中知识点的掌握情况，为本节课的课程总结提供相应的学习证据，并基于此进行进一步的教学反思。

此外，在所观测的 14 节课程中，沉默或混乱贯穿于每一堂课的始终，当沉默或混乱比例上升时，教师言语和学生言语则呈现明显下降趋势。当沉默或混乱处于峰顶时，教师言语和学生言语则处于低谷。通过视频观察可以发现沉默与混乱的显著高峰（大于 50%）几乎均处于课程的后半段，学生在此期间基本是处于观看视频、思考问题、小组活动或者是个人活动的状态。稳态格中（10, 10）序对表示沉默或者混乱的持续情况，从数值显示结果来看所有教师（10, 10）序对是 10 个稳态格中数值占比最高的。结合视频分析发现，除了 T13 教师在第 4 分钟出现了多媒体操作问题，造成约 30 秒钟无助于教学的混乱外，所有课堂中的沉默或者混乱均是有助于教学的。由此说明此次观察的每位教师均能在课堂中注意给学生留有一定的思考和讨论时间。刘小荣研究指出，课堂质量提高的关键在于教师的有效提问，而留给学生足够等候时间、让学生充分思考、复杂问题让学生写作讨论是有效提问的重要组成部分。[①] 留白现象应该贯穿于一堂课的始终，尤其是在课程后半段的产出环节，充分的留白时间可以让学生对于课堂知识学习有进一步的理解，从而保证所学内容的有效产出。

4.2.3 课堂言语互动的特征

4.2.3.1 融洽的课堂气氛

通过积极整合格、缺陷格、稳态格各部分的数值计算发现，此次所观察的 14 节课，课堂气氛均可以达到融洽程度，其中部分教师的课堂气氛可以达到十分融洽的程度。气氛融洽的课堂，教师指令性言语相对较多，除了常规教学指令外，部分教师有对同一指令语重复或长时间解释的现象，究其原

[①] 刘小荣，2020，《初中化学青年教师常态课教学课例研究——基于弗兰德斯互动分析系统》，《化学教育（中英文）》第 23 期，第 46~53 页。

因是通过高频次使用指令语或解释指令语,能够规范课堂教学秩序,保障良好的课堂纪律。在接纳学生情感言语上,除了 T6 教师外,其他教师在此方面的表现略显不足。而在接受或利用学生想法类的言语上,除了 T7 教师外,其他教师此类言语整体较少,甚至有 4 位教师一堂课中并无此类言语。

4.2.3.2 流转的师生地位

在课堂结构方面,本次所观察的 14 节课主要是"以教师为中心"的课堂,教师在整个课堂中参与较多。但是与一般课堂相比,此次所观察的课堂中,所有教师在授课中均会注意学生的主体地位。课堂中没有出现教师长时间单向灌输的教学现象,教师往往采用提问的方式,通过师生间一问一答的言语互动模式有意识地将话语权交给学生。从教师提问的类别来看,以封闭性问题为主、开放性问题为辅。在开放性问题的师生互动环节,教师较少针对开放性问题进行追问或巧妙利用学生的回答进行课程内容的讲解。

4.2.3.3 灵活的课堂组织

在教学环节方面,所有课程均是讲授和练习相结合的模式,没有出现教师长时间持续的讲授行为。由于此次大赛课型多样,不同教师根据所教授课型的特点采取了不同的教学方案,充分体现了当代教师的教学素养。例如,在 T1 教师的语音课上,在练习部分,该教师故意设置了多媒体故障,让学生从跟着单词读自然过渡到给出部分字母、让学生先对单词补充完整再读的更高一阶练习。观察学生在此部分的表现,学生纷纷被这突如其来的小插曲所吸引,注意力高度集中。从视频中各个教师的表现来看,也存在部分教师难以与学生在全英环境下达到流畅的言语互动现象,从而在有限的教学课时内完成相应的教学任务,导致教师难以分配出更多的课时给学生在课堂上进行言语互动,学生课堂上被动言语整体偏多、主动言语较少。

4.2.3.4 积极的互动反馈

小学生的身心发展规律决定了大部分学生在学习上表现为场依存型[①]学

---

① 小学阶段的孩子身心处于发展阶段,大部分孩子的学习积极性易受到外界暗示影响,这种认知方式为场依存型。

习风格。正因如此，教师的积极正向反馈可以在很大程度上激发学生的学习兴趣，从而进一步提升学生的课程学习效率。从数据分析的结果来看，此次观察的所有课堂中教师在积极反馈上表现良好。所有教师均能在课堂上给予学生学习行为的及时性反馈，且以表扬或鼓励为主，没有出现批评学生的行为。结合视频分析来看，教师在表扬或鼓励学生上主要采取口头言语、肢体动作、贴纸、书签等形式。学生在这样的反馈模式下，更加愿意参与教学活动，师生互动呈现出和谐的氛围。

4.2.4 英语课堂言语互动的教学优化策略

4.2.4.1 简化指令性言语，优化课堂教学反馈，营造融洽的课堂气氛

事实上，在英语课堂上，指令性言语是实现教学目标不可避免的教师言语，尤其对于英语初学者来说，指令语在英语课堂中的使用频率较高。但是，英文指令在英语课堂中的使用对于英语初学者来说会出现理解障碍，因此不可避免地会出现教师对指令进行解释的现象。有经验的教师经常会使用简单清晰的指令语来组织学习活动，这也是有经验教师课堂氛围较为融洽的原因之一。[①] 基于此，小学英语教师应该注意简化自己的指令性言语，避免冗长的解释现象产生。对于较为复杂的任务，教师可以通过与学生共同演示来传递指令，以便学生更为清晰的理解任务。同时，遵循积极性肯定与条件性肯定原则，对于学生的课堂学习过程与表现进行积极适切的教学反馈，这有利于营造良好的师生互动氛围，从而激发学生对英语语言的学习兴趣与行为。

4.2.4.2 流转师生地位，巧设开放性问题，促进学生思维发展

"开放性问题可以让教师能够详细的了解学生的想法以及他们为什么这么想，从而让教师根据学生的思路调整自己的教学"。[②] 语言学习的目的就是让学生灵活的运用语言达到交流沟通的目的，因此在英语课堂上教师既需要设置封闭性问题，保证语言学习的准确性，也需要设置开放性问题，让学

[①] 王蔷，2006，《英语教学法教程（第二版）》，高等教育出版社，第68、73页。
[②] 麦克·格尔森，2019，《如何在课堂上提问：好问题胜过好答案》，谭淑文、刘白玉译，中国青年出版社，第36页。

生灵活运用已有的语言知识去沟通交流,从而完成课堂教学中的学习任务。对于小学英语课堂教学而言,开放性问题的设置,需要充分与主题情境相关联,并重视在开放性问题中的言语训练与互动交流。

4.2.4.3 灵活组织课堂,注重积极反馈与课堂沉默率,体现学生主体地位

教师的积极正向反馈可以在很大程度上激发学生的学习兴趣,从而进一步提升学生的课程学习效率。从数据分析的结果来看,此次观察的所有课堂中教师在积极反馈上表现良好。所有教师均能在课堂上给予学生学习行为的及时性反馈,且以表扬或鼓励为主,没有出现教师批评学生的行为。结合视频分析来看,教师在表扬和鼓励学生上主要采取口头言语、肢体动作、贴纸、书签等形式。学生在这样的反馈模式下,更加愿意参与教学活动,师生互动呈现出和谐的氛围。

关于一堂好课的评判标准众说纷纭,但是教师言语和学生言语贯穿始终,缺乏留白时间的课程绝不能称为好课。学生是课堂的参与主体,学生在产出环节的良好表现可以在很大程度上检验教师课堂教学的有效程度。学生对于新知的掌握需要一个过程,因此,教师在提问和任务安排中,需要给予学生一定的留白时间,让学生去梳理和理解所学知识,进而有效的运用所学新知。课堂留白时间的设置频次与时长,与相关的主题教学活动相关,但需要将思维品质提升融入课堂留白的沉默之中,并在随后的言语互动中予以彰显,这也是英语学科素养视域下小学英语课堂教学改革的应然之选。

4.2.4.4 英语教师教学素养提升及其培养策略

作为小学生英语学习的主要资源,英语教师自身的素养在很大程度上会影响到小学生的学习兴趣和学习成效。参与度、趣味性和成就感对于小学生英语学习态度和动机而言具有重要意义。[①] 学生的参与度和成就感更多地来源于良好的言语互动,尤其是教师对学生言语行为的积极反馈。然而,在我国大班额教学的背景下,小学英语课堂教学中师生言语互动会从学习之初的班级整体互动逐渐固化为教师与部分学生的频繁互动。这显然不利于英语初

---

① 王蔷,2006,《英语教学法教程(第二版)》,高等教育出版社,第68、73页。

学者英语学习兴趣的培养及学习动机的激发。同时，教师课堂话语也是教师实施课堂教学的主要手段和媒介，也反映了课堂教学的过程和方法。研究教师课堂话语既有利于更好地了解教师课堂教学的实际情况，也是研究教师和教师专业发展的重要途径之一。① 因此，小学英语课堂教学改革需要持续提升教师教学素养，帮助其在有限的教学时间内，最大化提升小学生的英语言语交际参与度，通过高质量的言语互动，在保证英语课堂有序性的基础上，全面提升学生的学习品质及语言能力。在小学英语教师职前培养与职后培训的过程中，一方面注重对教师话语的规约性把握，即根据预设的标准对构成教师话语的各个因素进行指导性培训。另一方面引导教师对自身的课堂话语进行反思，从而引发某方面的教学行为变化。② 通过对课堂互动话语的观察与反思、分析与探讨，逐步指向于教学理念、教学设计、教学决策和话语策略等方面，提升小学英语教师培养与培训工作的针对性与实效性。

4.3　小学英语专家型教师和新手教师的言语互动分析

4.3.1　研究的设计与实施

4.3.1.1　研究的设计

以 5 位新手教师与 3 位专家教师的教学视频为研究对象，对所录制视频中的师生言语互动行为进行反复观察，以英语课堂改进型 FIAS（EFIAS）为研究工具，通过独立样本 Mann-Whitney U 检验、矩阵分析、曲线分析对新手教师和专家教师的师生言语互动行为进行量化研究。通过对比分析新手教师与专家教师在小学英语课堂中师生言语互动的差异，为新手教师在师生言语互动方面的改进提供一定的参考，促进新手教师更快地成长为专家教

---

① 程晓堂，2010，《论英语教师课堂话语的真实性》，《课程·教材·教法》第 5 期，第 54~59 页。
② 朱彦、杨红燕、束定芳，2016，《外语课堂教学话语有效性的多维度评析——试析第四届"外教社杯"全国高校外语教学大赛教学案例》，《外语教学》第 1 期，第 53~57 页。

师。其中随机选取新手教师（NT）共 5 位，每人选取 1 节课程视频作为研究对象；专家教师（ET）共 3 位，每人选取 1~2 节课程视频作为研究对象。此次共收录视频 10 节（见表 4-7）。

表 4-7 研究对象背景分析

教师	职称	教龄（年）	视频数量（个）
ET1	高级；教学能手；陕西省学科带头人	30	1
ET2	一级；教学能手	11	2
ET3	一级；教学能手	11	2
NT1	一级	2	1
NT2	无	3	1
NT3	二级	3	1
NT4	无	2	1
NT5	无	3	1

在研究样本收集完毕后，通过对所有的课堂实录视频进行反复观看后，采用 EFIAS 对其进行编码。由于 EFIAS 是在 FIAS 的基础上改编而来，EFIAS 编码体系仍然遵照 FIAS 的要求，以便后续的数据分析处理。按照 FIAS 的要求，研究者需要每间隔 3 秒依照编码体系记录下最能体现该时间段内师生言语行为的编码。为了方便编码的校对与统计，对于 10 节课的录像内容进行师生话语文字转码，共得到 162 页话语文本，并统计到 8452 个编码（见表 4-8）。

表 4-8 编码统计

项目	ET1	ET2	ET3	ET4	ET5	NT1	NT2	NT3	NT4	NT5
时长	26′42″	49′	45′42″	47′51″	21′42″	45′09″	52′12″	53′51″	36′48″	43′39″
编码数	534	980	914	957	434	903	1044	1077	736	873

根据弗兰德斯互动分析法要求，在取得原始编码后，研究者需要将每一个编码与其前一个编码及后一个编码结成"序对"。例如，编码 6、8、2、4、1、6、6、6、4、4 的序对组合为（6,8）、（8,2）、（2,4）、（4,1）、（1,6）、（6,6）、（6,6）、（6,4）、（4,4）。由于首尾两个编码仅能使用一次，其余编码均可以使用两次，即有 N 个编码时，那么将得到 N-1 个序对。那么

10类言语行为最终会形成10×10矩阵，每一个序对的前一个数字表示行数，后一个数字表示列数。例如（4，8）表示在第4行第8列的方格中的计数。将全部取得的序对进行计数后，就形成了弗兰德斯迁移矩阵。由于EFIAS将FIAS的10个编码扩大至15个编码，因此英语课堂改进型FIAS编码系统最终在序对计数后，会形成15×15的英语课堂改进型FIAS迁移矩阵，如表4-9所示。

表4-9 英语课堂改进型FIAS迁移矩阵

	1	2	3	4.1	4.2	5	6	7	8	9	10	11.1	11.2	11.3	11.4	合计
1	5		3	2	1				1			1				13
2		30	3	9	17	7	5		7	4	2	2		1		87
3	1	5	30	3	2	2	2		8	8	1					62
4.1		1	2	12			1		1	23						40
4.2					28	2	8		47	2		4				91
5		2		2	8	38	7		5			2		1		65
6	1	1		1	4	51			8		7	7		6		95
7																0
8	1	26	7	2	19	7	11		95	14	1			1		185
9	5	16	17	3	1				9	46						97
10		3		2	2	2	2		1		72					84
11.1		2		3	4	2	2		3		1	33		2		52
11.2																0
11.3		1				1	5		1			3		97		108
11.4																0
合计	13	87	62	40	91	65	94	0	186	97	84	52	0	108	0	979

4.3.1.2 研究的实施

研究的目的在于通过对比分析专家教师和新手教师在课堂师生言语互动中存在的差异，从而为新手教师在专业发展上提供一定的路径参考。由于专家教师业务繁忙，录课难度较大，在此次研究中共联系到3位专家教师，获得专家教师录课共5节。为了后期数据处理比对的便利，在新手教师的选择上，共选取了5位新手教师各录课1节。此次共收集教学视频10节课。

同时，为了保证编码统计的准确性和客观性，笔者对于编码规则先自我进行了学习，并认真研究了前辈的编码，不断寻找教学视频进行编码练习。在正式编码前，笔者共与12位研究者先对于其他教学视频的内容进行了编码试测。共试测编码 12 节课，笔者将自己的编码与 12 位研究者的编码进行比对，计算观察者一致性信度，结果显示均高于 80%，符合应用研究惯例观察者一致性至少达到 80% 的要求。

在弗兰德斯迁移矩阵中，矩阵中的特定区域对于描述教师对学生的言语影响分析尤为重要。如表 4-10 所示，1~3 行与 1~3 列相交的区域为积极整合格，这个区域的数据用以分析师生之间情感的融洽程度，数值越高表示师生之间的情感越融洽。7~8 行与 6~7 列相交的区域为缺陷格，数值的密集程度反映了师生之间情感的隔阂程度。对角线上的各个单元格称为稳态格，表示持续的言语行为。例如（9，9）稳态格中的数据表示学生持续的发表自己的观点，（5，5）稳态格表示教师持续的讲授。根据弗兰德斯矩阵分析，本研究的英语课堂改进型 FIAS 矩阵分析如表 4-14 所示。

表 4-10 弗兰德斯互动分析法矩阵分析

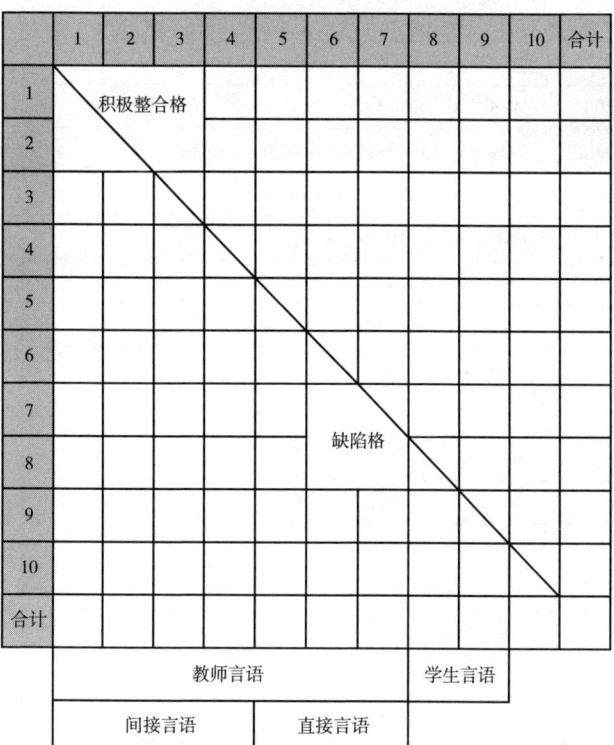

转码后的话语文本共 162 页，在此不逐一展示，仅展示部分教学片段的编码。全部 10 节课的编码均在附录中展示。此教学片段来自专家教师（ET2）三年级绘本教学《The Three Little Pigs》00：00~01：12 的教学展示。

表 4-11 教学展示

时间	内容	编码
00：00~00：03	T：Good morning, boys and girls. Ss：Good morning, Miss Wang. T：How are you today?	6
00：04~00：06	Ss：Fine, thank you, and you?	8
00：07~00：09	T：I'm so happy. Because I receive	5
00：10~00：12	a big... present.	5
00：13~00：15	教师拿礼物盒	11.1
00：16~00：18	Wow, can you guess, what's in it?	4.1
00：19~00：21	You please. Ss：I think	9
00：22~00：24	you bought a new dress	9
00：25~00：27	T：A new dress? I like dresses.	2
00：28~00：30	Maybe. It's a good try.	2
00：31~00：33	Yang Chengjie. Ss：a toy car? T：a toy car	9
00：34~00：36	for my baby? Ennn, my baby likes	2
00：37~00：39	cars so much. Maybe.	2
00：40~00：42	What else? You please!	4.1
00：43~00：45	A cat? T：a cat? miaomiao, you mean?	9
00：46~00：48	a little kitten? a cat?	3
00：49~00：51	a cat?	3
00：52~00：54	a cap or a cat?	3
00：55~00：57	Ss：cap. T：cap, a cap? Maybe.	9
00：58~01：00	What else? Ma Yaxuan.	4.1
01：01~01：03	Ss：Is it some	9
01：04~01：06	some biscuit?	9
01：07~01：09	T：biscuits? Do u like biscuits? Ss：Yes.（全班）	1
01：10~01：12	T：Me too. Let's open it.	1

4.3.2 专家教师与新手教师的师生言语互动分析

4.3.2.1 专家教师的师生言语互动现状分析

（1）课堂气氛

在表4-12中，1~3行与1~3列相交的区域为积极整合格，7~8行与6~7列相交的区域为缺陷格。基于这两个区域的数值可以分析教师一堂课中课堂气氛的融洽程度。积极整合格和缺陷格的数值可以反映出课堂气氛的融洽程度，积极整合格的数值与课堂气氛呈正相关，而缺陷格的数值与课堂气氛呈负相关。

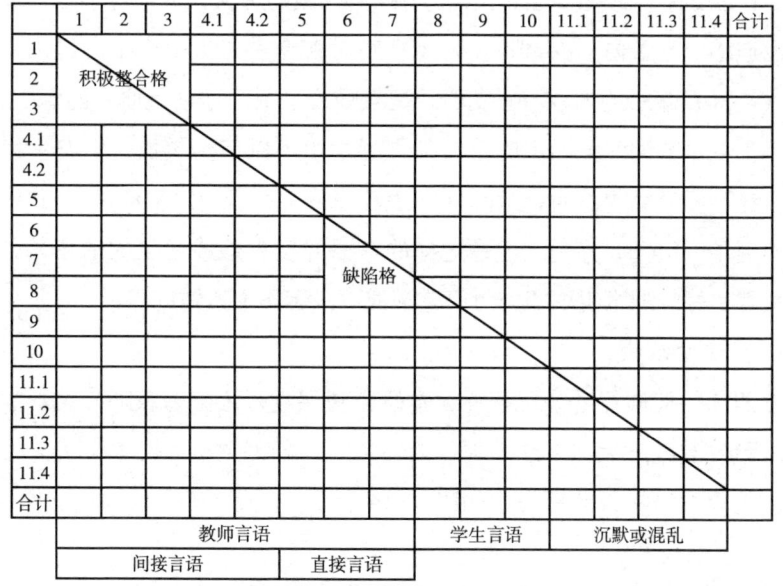

表4-12 英语课堂改进型FIAS矩阵分析

本研究将专家教师的5节课程中的积极整合格和缺陷格分别进行计算，得到表4-13。结果表明，专家教师的课堂气氛整体比较融洽，积极整合格的课堂占比相对较高，分别为4.88%、7.87%、5.48%、5.96%、3.93%。尤其是ET2教师其积极整合格数值占比达到7.87%，说明整堂课师生在情感互动上融洽。

表 4-13 专家教师课堂气氛话语分析

项目	ET1	ET2	ET3	ET4	ET5
积极整合格数值	26	77	50	57	17
缺陷格数值	5	11	13	5	5
积极整合格数值占比(%)	4.88	7.87	5.48	5.96	3.93
缺陷格数值占比(%)	0.94	1.12	1.42	0.52	1.15

分析缺陷格数值可以发现,缺陷格数值占比整体较低,分别为0.94%、1.12%、1.42%、0.52%、1.15%。进一步回归矩阵图分析产生缺陷格数值的原因可以发现,5节课中所有缺陷格的数值均是(8,6)序对。由此说明在这5节课中并没有出现教师批评学生或者维护权威的现象,从而对学生造成精神上的压迫感。为了进一步明晰(8,6)序对在专家课堂中产生的原因,笔者对比(8,6)序对的内容转码发现,是教师为了更好地进行课堂的组织管理。例如,学生做图词匹配活动时,教师提醒学生可以节奏更快,引发学生的紧迫感。在询问学生想法时,教师让学生注意观看课文相关内容。因此不可避免地出现了(8,6)序对,但是这样的言语并没有造成学生的情绪紧张,反而因教师良好的课堂组织能力使得整堂课可以有条不紊地进行。

(2) 课堂结构

遵照弗兰德斯互动分析系统,本研究将课堂行为分为教师言语、学生言语、沉默或混乱三大类。这3类行为在每节课的课堂行为比率,可以反映出所对应的课堂结构,计算公式如表4-14所示。

表 4-14 课堂结构变量分析

变量	缩写	计算公式	常模
教师言语比率	TT	$\sum_{i=1}^{7} Row(i) \times 100 \div Total$	常模约为68
学生言语比率	PT	$\sum_{i=8}^{10} Row(i) \times 100 \div Total$	常模约为20
教师间接影响与直接影响的比率	I/D ratio	$\sum_{i=1}^{4.2} Row(i) \times 100 \div \sum_{i=5}^{7} Row(i)$	无

续表

变量	缩写	计算公式	常模
教师发问比率	TQR	$\sum_{i=4.1}^{4.2} Row(i) \times 100 \div \sum_{i=4.1}^{5} Row(i)$	常模约为 26
教师话语—学生驱动比率	TRR	$\sum_{i=1}^{3} Row(i) \times 100 \div \left[\sum_{i=1}^{3} Row(i) + \sum_{i=6}^{7} Row(i)\right]$	常模约为 42
学生话语—学生主动比率	PIR	$Row(9) \times 100 \div \sum_{i=8}^{10} Row(i)$	常模约为 34
沉默或混乱比率	SC	$\sum_{i=11.1}^{11.4} Row(i) \times 100 \div Total$	11 或 12

本研究中专家教师师生活动比率分别为 1.99∶1、1.23∶1、1.80∶1、1.55∶1、3.09∶1。由表 4-15 来看，在 5 节专家课堂中，有 4 节课的师生活动比率低于贝莱克的研究结果，仅 1 节课略高于贝莱克的研究结果。需要强调的是，这 5 节专家课分别由 3 位专家教师教授，其中 ET2 与 ET3 为同一位教师，ET4 与 ET5 为同一位教师。将此结果与教师言语比率结合分析发现 3 位专家教师的课堂教师言语比率均低于常模。尤其是 ET2 与 ET3 这两节课的教师言语比率仅分别为 46.17 和 46.55，远低于常模 68。由此可以发现，在专家教师的课堂上，学生语言活动高于传统课堂，专家教师更注意提升学生课堂言语的参与度，体现了"教师主导，学生主体"的教学思想。此外，从专家教师课堂的师生言语行为比率来看，3 位专家教师的课堂均介于 1~2，说明专家教师课堂在师生言语行为比率的分配上，不仅能够很好地让学生参与课堂，也能对课堂掌控做到游刃有余，其课堂结构良好。

表 4-15　专家教师课堂结构变量分析

变量	ET1	ET2	ET3	ET4	ET5
教师言语比率	57.79	46.17	46.55	51.99	57.74
学生言语比率	29.08	37.49	25.85	33.47	18.71
教师间接影响与直接影响比率	190.57	184.28	138.76	120.89	83.82
教师发问比率	59.78	66.84	70.56	53.06	47.01
教师话语—学生驱动比率	73.64	63.28	48.98	56.35	44.36
学生话语—学生主动比率	44.52	26.43	41.10	64.69	7.41
沉默或混乱比率	13.13	16.34	27.60	14.54	23.56

通过对专家教师课堂气氛和课堂结构的分析可以发现，专家教师课堂中师生言语互动的共性有以下两个方面：第一，专家教师课堂气氛均十分融洽。其原因在于专家教师使用较为简洁的指令语，并且注重课堂中的积极反馈，对于学生课堂中的表现，专家教师会通过言语重复、观点澄清等手段给予适切的反馈。除此之外，专家教师注重课堂中学生的情感表现，例如，在 ET4 教师的课堂中，在课程之初，英语课堂中常规的开场白"How are you today?"在本节专家课堂中有了不一样的言语互动表现。在笔者听过的诸多节课程中，"How are you today?"更像是复制式的问答模式，教师提问后，学生回答"I'm fine"后，课程就会开始。但是 ET4 教师在大部分学生回答"I'm fine"后，并没有直接开始课堂，而是重复了学生回答的各种情绪，包括消极的情绪和积极的情绪。其放松的教学态度，在课程之初，对于学生的情绪缓解起到了很好的作用。在接近 50 分钟的课堂教学时长内，学生的课堂情绪投入一直非常饱满。第二，在课堂结构上，专家教师的课堂属于"学生中心型"课堂。产生这一课堂结构的原因在于，专家教师课堂中教师言语、学生言语、沉默或混乱的比率分配合理。教师言语比率均低于传统课堂中教师言语比率及常模，学生言语比率均高于常模。且师生言语行为比处于最佳比例，即介于 1~2。

4.3.2.2　新手教师师生言语互动现状分析

（1）课堂气氛

本研究通过矩阵分析，分别计算出了 5 位新手教师课堂中积极整合格和缺陷格数值占比（见表 4-16）。新手教师的课堂气氛总体较为融洽，但是各教师课堂气氛之间差异较大。积极整合格数值占比的最高值与最低值相差 4.65 个百分点。对缺陷格数值占比分析发现，除了 NT5 教师缺陷格数值占比较低外，3 位教师占比大于 2%，1 位教师占比接近 2%。在占比大于 2% 的这 3 位教师中，其中 1 位教师的缺陷格数值占比接近 3%。为了进一步分析新手教师产生高缺陷格数值占比的原因，本研究进一步回归 5 位新手教师的矩阵图进行观察。分析发现除了 NT4 教师出现了一个（7，6）序对外，所有产生缺陷格数值均在（8，6）序对。由此说明新手教师在课堂组织上更倾向于使用指令性语言。

表 4-16 新手教师课堂话语气氛分析

项目	NT1	NT2	NT3	NT4	NT5
积极整合格数值	47	49	29	54	28
缺陷格数值	20	18	23	21	6
积极整合格数值占比(%)	5.21	4.70	2.70	7.35	3.21
缺陷格数值占比(%)	2.22	1.73	2.14	2.86	0.69

(2) 课堂结构

为了明晰新手教师的课堂结构。本研究首先计算了5位新手教师课堂的师生活动比率，结果显示5位教师的师生活动比率分别为1.70∶1、2.00∶1、2.39∶1、3.83∶1、2.14∶1。与贝莱克的研究结果相比，除了NT4师生活动比率高于贝莱克的研究结果，其他4位教师的活动比率均低于贝莱克的研究结果。将此结果与教师言语比率结合分析发现，除NT4教师的教师言语比率高于常模68外，其他4位教师均低于常模。此外，由表4-17所示，从学生言语比率来看，除了NT4教师课堂中学生言语比率低于常模20外，其他4位教师的课堂中学生言语比率均高于常模，尤其是NT1教师的学生言语比率达到了33.48，远高于常模。由此可见，目前小学英语课堂仍然是教师高控型课堂，但是随着新一轮基础教育课程改革的推进，大部分的新手教师能够有意识地降低自己的课堂话语比率，而把更多的话语权交给学生。这也说明我国小学英语课堂教学向着更加科学合理的方向前进。

表 4-17 新手教师课堂结构变量分析

变量	NT1	NT2	NT3	NT4	NT5
教师言语比率	56.98	56.47	60.59	72.52	57.45
学生言语比率	33.48	28.28	25.37	18.91	26.83
教师间接影响与直接影响比率	72.48	180.47	70.23	94.53	114.10
教师发问比率	56.54	71.78	48.56	44.66	54.68
教师话语—学生驱动比率	33.44	57.28	31.00	54.02	51.57
学生话语—学生主动比率	0.00	17.97	6.59	0.72	32.48
沉默或混乱比率	9.53	15.24	14.03	8.57	15.71

在教师言语与学生言语比率的分配上，新手教师仍然有很大的提升空间。将5位新手教师的师生活动比率与杨承印、闫君的研究结果对比发现，除了NT1教师介于1~2外，其他4位教师的师生活动比均大于2，尤其是NT4教师达到了3.83。由此说明，新手教师的课堂倾向于"以教师为中心"。在这样的课堂结构下，新手教师在课堂中占据主导地位，学生不能很好地参与课程。

综上所述，新手教师的课堂气氛较为融洽，但是并未达到十分融洽的地步；新手教师的课堂结构为"教师中心型"。从新手教师的课堂气氛表现来看，在积极整合格教师言语部分，新手教师整体表现较好。但是在缺陷格部分，新手教师普遍存在高频率使用指令性言语的情况，从而在一定程度上影响了课堂气氛。从课堂结构师生言语比率计算数值来看，大部分新手教师课堂中学生言语比率高于常模，说明新手教师有意识增加学生课堂中的言语比率，提高学生在课堂中的主体地位。在教师言语与学生言语比率的分配上，新手教师仍然有很大的提升空间。

4.3.2.3 专家教师与新手教师差异性分析

通过对专家教师与新手教师在课堂气氛和课堂结构的组内对比分析发现，从课堂气氛来看，新手教师和专家教师的课堂气氛总体较为融洽，而专家教师的课堂气氛更为融洽。但是新手教师在缺陷格的表现明显高于专家教师，矩阵表中的序对显示新手教师（8，6）序对的言语比例比专家教师高。而缺陷格的数值越是密集表明师生隔阂越严重，因此从师生隔阂程度而言，新手教师高于专家教师（见表4-18）。

表4-18 教师课堂话语气氛分析

项目	ET1	ET2	ET3	ET4	ET5	NT1	NT2	NT3	NT4	NT5
积极整合格数值	26	77	50	57	17	47	49	29	54	28
缺陷格数值	5	11	13	5	5	20	18	23	21	6
积极整合格数值占比（%）	4.88	7.87	5.48	5.96	3.93	5.21	4.70	2.70	7.35	3.21
缺陷格数值占比（%）	0.94	1.12	1.42	0.52	1.15	2.22	1.73	2.14	2.86	0.69

如表 4-19 所示，在课堂结构方面，除 NT4 教师外，其他 7 位教师的教师言语比率与常模相比较低。专家教师在整堂课的言语比率与新手教师相比整体偏低。如表 4-20 所示，3 位专家教师课堂的师生活动比值介于 1~2，而 5 位新手教师中，除 NT1 教师师生活动比介于 1~2 外，其他 4 位新手教师均大于 2。由此可见，在课堂结构方面，专家教师课堂的师生活动比优于新手教师，其课堂结构更加合理。

表 4-19 教师课堂结构变量分析

项目	ET1	ET2	ET3	ET4	ET5	NT1	NT2	NT3	NT4	NT5
教师言语比率	57.79	46.17	46.55	51.99	57.74	56.98	56.47	60.59	72.52	57.45
学生言语比率	29.08	37.49	25.85	33.47	18.71	33.48	28.28	25.37	18.91	26.83
教师间接影响与直接影响比率	190.57	184.28	138.76	120.89	83.82	72.48	180.47	70.23	94.53	114.10
教师发问比率	59.78	66.84	70.56	53.06	47.01	56.54	71.78	48.56	44.66	54.68
教师话语—学生驱动比率	73.64	63.23	48.98	66.35	44.36	33.54	57.28	31.00	54.02	51.57
学生话语—学生主动比率	44.52	26.43	41.10	64.69	7.41	0.00	17.97	6.59	0.72	32.48
沉默或混乱比率	13.13	16.34	27.60	14.54	23.56	9.53	15.24	14.03	8.57	15.71

表 4-20 师生活动比

项目	ET1	ET2	ET3	ET4	ET5	NT1	NT2	NT3	NT4	NT5
师生活动比	1.99∶1	1.23∶1	1.80∶1	1.55∶1	3.09∶1	1.7∶1	2.00∶1	2.39∶1	3.83∶1	2.14∶1

然而仅通过课堂气氛和课堂结构来对比分析新手教师和专家教师会较为笼统，为了更深层次的分析新手教师和专家教师在师生言语互动方面的区别，本研究将 3 位专家教师和 5 位新手教师的 10 堂课中的言语互动行为类型以及 15 类言语类别进行了统计，如表 4-21 和表 4-22 所示。并在数据统计完毕后将相关数据输入 SPSS26.0 进行进一步分析。

表 4-21　言语互动行为类别

项目	ET1	ET2	ET3	ET4	ET5	NT1	NT2	NT3	NT4	NT5
直接影响	106	159	178	225	136	298	210	383	274	234
间接影响	202	293	247	272	114	216	379	269	259	267
积极强化	95	162	120	142	59	108	173	84	121	115
消极强化	35	95	126	111	75	215	129	187	104	109
教师言语	308	452	425	497	250	514	589	652	533	501
学生言语	155	367	236	320	81	302	295	273	139	234
学生主动言语	69	97	97	207	6	0	53	18	1	76
学生被动言语	86	270	139	113	75	302	242	255	138	158
沉默或混乱	70	160	252	139	102	86	159	151	63	137

表 4-22　言语类别统计

编码	课堂言语种类	ET1	ET2	ET3	ET4	ET5	NT1	NT2	NT3	NT4	NT5
1	接纳情感	2	13	11	31	2	0	3	5	6	2
2	表扬或鼓励	72	87	54	74	39	108	145	74	102	68
3	接受或利用学生的想法	21	62	55	37	18	0	25	5	13	45
4.1	提问开放性问题	33	40	36	65	9	0	22	2	1	41
4.2	提问封闭性问题	74	91	91	65	46	108	185	184	137	111
5	讲授	72	65	53	115	62	83	81	196	171	126
6	指示或命令	35	95	126	111	75	215	129	186	102	109
7	批评学生或维护权威	0	0	0	0	0	0	0	1	2	0
8	反应性说话	78	186	76	70	57	104	167	142	108	91
9	主动性说话	69	97	97	207	6	0	53	18	1	76
10	朗读	8	84	63	43	18	199	75	113	30	67
11.1	有助于教学的沉默	15	52	54	71	88	66	58	57	29	95
11.2	无助于教学的沉默	0	0	2	2	10	0	12	7	4	4
11.3	有助于教学的混乱	55	108	196	66	4	15	89	87	30	35
11.4	无助于教学的混乱	0	0	0	0	5	0	0	0	0	3

4.3.3 多层面数据分析

4.3.3.1 Mann-Whitney U 检验

在对言语互动行为类别以及言语类别分别进行统计后,本研究对该两组数据分别进行了独立样本 Mann-Whitney U 检验,以区分相应维度及言语类别下新手教师和专家教师之间所存在的显著差异。

P 值是统计学意义上的显著性指标。常规上定义的统计学显著性水平为 0.05。因此当 P<0.05 时,在统计学中就可以说明具有显著性差异。表 4-23 的计算结果显示,新手教师与专家教师在直接影响和教师言语部分的显著性结果分别为 0.016 和 0.009,小于 0.05,因此可以得出结论,新手教师和专家教师在直接影响和教师言语部分存在显著性差异。

表 4-23 言语互动行为类别比较结果

项目	直接影响	间接影响	积极强化	消极强化	教师言语	学生言语	学生主动言语	学生被动言语	沉默或混乱
检验统计*									
曼—惠特尼 U	1.000	9.000	12.000	4.000	0.000	12.000	4.000	5.000	9.000
威尔科克森 W	16.000	24.000	27.000	19.000	15.000	27.000	19.000	20.000	24.000
Z	-2.402	-0.731	-0.104	-1.776	-2.611	-0.104	-1.781	-1.567	-0.731
渐近显著性(双尾)	0.016	0.465	0.917	0.076	0.009	0.917	0.075	0.117	0.465
精确显著性**(2×单尾显著性)	0.016	0.548	1.000	0.095	0.008	1.000	0.095	0.151	0.548

注:"*",分组变量:实验组别;"**",未针对绑定值进行修正。下同。

为了更进一步明确在直接影响和教师言语部分的具体差异,本研究对 15 种言语类别的数据进行了独立样本 Mann-Whitney U 检验。检验结果如表 4-24 所示。提问封闭性问题和讲授两个言语类别的显著性结果分别为 0.009 和 0.028,小于 0.05。由此可以说明新手教师和专家教师在提问封闭性问题和讲授部分存在显著性差异,也就是说新手教师和专家教师在言语互动上的差异表现为提问类型及讲授模式。

表 4-24 言语类别比较结果

项目	检验统计							
	接纳情感	表扬或鼓励	接受或利用学生的想法	提问开放性问题	提问封闭性问题	讲授	指示或命令	批评学生或维护权威
曼—惠特尼 U	7.000	4.500	5.000	5.000	0.000	2.000	4.000	7.500
威尔科克森 W	22.000	19.500	20.000	20.000	15.000	17.000	19.000	22.500
Z	-1.163	-1.676	-1.567	-1.567	-2.619	-2.193	-1.776	-1.491
渐近显著性(双尾)	0.245	0.094	0.117	0.117	0.009	0.028	0.076	0.136
精确显著性(2×单尾显著性)	0.310	0.095	0.151	0.151	0.008	0.032	0.095	0.310
项目	反应性说话	主动性说话	朗读	有助于教学的沉默	无助于教学的沉默	有助于教学的混乱	无助于教学的混乱	
曼—惠特尼 U	5.000	4.000	5.000	10.000	7.000	9.000	7.500	
威尔科克森 W	20.000	19.000	20.000	25.000	22.000	24.000	22.500	
Z	-1.567	-1.781	-1.567	-0.522	-1.170	-0.731	-1.491	
渐近显著性(双尾)	0.117	0.075	0.117	0.602	0.242	0.465	0.136	
精确显著性(2×单尾显著性)	0.151	0.095	0.151	0.690	0.310	0.548	0.310	

4.3.3.2 矩阵分析

矩阵分析是弗兰德斯互动分析系统的主要方法。本部分在采用矩阵分析对比新手教师和专家教师言语互动的区别前,首先将 5 节新手教师的课堂和 5 节专家教师的课堂矩阵进行了合并,得到表 4-25 和表 4-26。

矩阵图中 1~3 行与 1~3 列相交的部分为积极整合格,从整体数值来看,专家教师和新手教师这一区域的差值为 20,其中专家教师是 227,新手教师为 207,可以说明新手教师和专家教师在课堂气氛上的差异不大。然而仔细观

表 4-25 新手教师英语课堂改进型 FIAS 迁移矩阵

	1	2	3	4.1	4.2	5	6	7	8	9	10	11.1	11.2	11.3	11.4	合计
1	4	2			4	3	1		1	1						16
2		156	2	15	92	50	99		35	14	15	11	1	5	1	496
3		11	32	6	6	2	4		8	19						88
4.1		1		14	2	3	4		1	37		1		2	1	66
4.2	6	9	3	2	258	27	39		325	8	16	15	7	10		725
5	2	17	0	3	104	396	80		28	3	8	11	2	2	1	657
6	1	28	2	8	83	58	273		60	8	174	35	2	7	1	740
7							1				2					3
8	1	166	14	9	96	70	87		139	4	9	9		4	1	609
9		43	35	5	1	3	3		52	1	2		3			148
10	2	45		0	40	19	109	3	3	2	246	11	3	1		484
11.1		9		2	17	22	24			9		209	1	4		305
11.2				1	5	1			2		3	1	9			27
11.3		8		1	15	3	8		1		1			219		256
11.4		2					2								4	8
合计	16	497	88	66	723	657	739	3	611	148	484	305	27	256	8	4628

表 4-26 专家教师英语课堂改进型 FIAS 迁移矩阵

	1	2	3	4.1	4.2	5	6	7	8	9	10	11.1	11.2	11.3	11.4	合计
1	25	1	3		7	6	4		7		2	2		1	1	59
2	1	84	9		30	60	42		28	27	21	9		6	8	325
3	1	16	87		18	5	5		10	20	30	1				193
4.1	5	3	3	59	4	1	11		3	89		3		2		183
4.2	8	1			107	8	29		183	5	6	15		5		367
5			8		8	34	220		39	26	9	3	14	1	5	367
6	4	14			11	43	28		203	35	7	45		31	1	20	442
7																0
8	5	106	22	19	54	31	39		147	21	6	7		2	4	463
9	7	66	69	19	8	6	5		9	283		3		1		476
10		17		4	15	10	25		1		139	5				216
11.1	2	3		5	21	7	20		11	8	7	185		2	9	280
11.2						2	1								11	14
11.3	1	7		3		5	20							374		429
11.4																0
合计	59	326	193	183	367	367	437	0	467	476	216	280	14	429	0	3814

察该区域的各序对分布可以发现,专家教师在该区域中每个序对均有分布,而新手教师在该区域中不存在(1,3)、(2,1)及(3,1)序对。此外,新手教师在该区域的主要贡献值集中为(2,2)序对,其数值近乎是专家教师的一倍,而其(3,3)序对的数值仅约为专家教师的1/3,在(1,1)序对的表现上,专家教师是新手教师的6倍之多。在观察完此区域的序对分布后,本研究又重新回归专家教师和新手教师的教学视频进行进一步的观察。观察结果显示,新手教师在学生回答问题后,喜欢采用ok、good、excellent等简单的鼓励性言语,并不会进行更深层次的点评。许多教师的点评更偏流程式,即在学生回答完问题后,均给予积极的肯定,评价缺乏针对性,几乎没有接纳学生情感和利用或澄清学生观点的言语现象产生。与之对应,在专家教师的课堂上,在教师点评部分,专家教师除了给予学生积极的肯定外,还会对学生的观点进行进一步挖掘。由此可以发现,这样的言语模式更容易引发学生进一步发表自己的想法。这一观点从矩阵图中(3,9)序对的表现可以看出来。

矩阵图中7~8行与6~7列相交的区域为缺陷格,这一区域的数据越是密集,师生之间的情感隔阂越大,因此教师在课堂中应该尽量避免此类言语。分析比较新手教师和专家教师缺陷格数值可以发现,专家教师这一区域的数值不足新手教师的1/2。且专家教师的数值分布均在(8,6)序对,而新手教师除了(8,6)序对的分布外,还有(7,6)序对的分布。由此说明新手教师在课控中出现了"批评学生或维护权威"的现象,并且其课堂中指令语的使用过于频繁。

矩阵图中对角线上各个单元格中的数值为稳态格,表示持续的言语行为。为了便于分析比较,本研究将新手教师与专家教师各稳态格中的数值进行——比对,形成了表4-27。

本研究在积极整合格部分已经对(1,1)、(2,2)、(3,3)序对进行了分析,且对于指令性言语在专家新手教师的组内对比和组间对比均进行了分析,因此在稳态格分析部分不再对(1,1)、(2,2)、(3,3)及(6,6)进行赘述。此外,专家教师和新手教师(7,7)序对的数值均为0,说明无论是专家教师和新手教师均没有出现持续性批评学生的言语行为，因此说明该序对在新手教师和专家教师的区别上不存在比对价值，在此不再进行比较。

表 4-27 新手教师和专家教师稳态格对比分析

稳态格	新手教师	专家教师
(1,1)	4	25
(2,2)	159	84
(3,3)	32	87
(4.1,4.1)	14	59
(4.2,4.2)	258	107
(5,5)	396	220
(6,6)	273	203
(7,7)	0	0
(8,8)	139	147
(9,9)	52	283
(10,10)	246	139
(11.1,11.1)	209	185
(11.2,11.2)	9	8
(11.3,11.3)	219	374
(11.4,11.4)	4	0

编码 4.1 和 4.2 属于提问类别的子项目，编码 4.1 指教师在课堂中提问开放性问题，编码 4.2 指教师在课堂中提问封闭性问题。因此将（4.1,4.1）与（4.2,4.2）序对放在一起比较分析可以看出新手教师和专家教师在提问部分的不同表现。从该序对数值来看，新手教师在开放性问题的提问部分不足专家教师的 1/4，而其封闭性问题却高于专家教师 1 倍之多。本研究又回到新手教师和专家教师的教学视频中，重点观察了各教师的提问言语。观察发现新手教师的课堂提问中，有一部分问题是可以用 yes 和 no 来简单回答的封闭式问题，且许多问题学生甚至可以不加思考，即可回答"yes"。毫无疑问，这样的问题设置无论是对于学生语言能力的提升还是思

维品质的培养均无益处。而专家教师除了用封闭性问题检测学生语言点的习得外，也会在课程中加入开放性问题，旨在课堂导入时引起学生学习兴趣或鼓励学生就此前所学的内容进行进一步的拓展延伸。并且当专家教师发现学生不理解开放性问题而无法回答时，会及时根据学生的课堂表现将开放性问题逐步拆解成封闭性问题，而并不是像新手教师在学生回答不出来时，马上说"sit down"，转而改叫另一个同学来回答。同时，（5，5）序对表示教师持续的讲授行为，从数值来看，新手教师约是专家教师该言语行为的 1 倍。由此说明新手教师存在长时间知识的讲授现象，然而小学生由于注意品质还处于形成阶段，其注意力集中时间较短，过长时间的讲授不利于小学生课堂注意力的集中以及知识的掌握。结合视频分析发现，在教师讲授行为持续 2 分钟左右的时候，尤其是班级后排的学生明显表现出不耐烦的情绪，甚至有学生开始出现发呆以及趴在桌子上的现象。

编码 8、9、10 均为学生言语。其中编码 8 指学生反应性说话，编码 9 指学生主动性说话，编码 10 表示学生朗读。其中编码 8 和编码 10 属于课堂中学生言语的被动言语，编码 9 属于主动言语。从（8，8）、（9，9）、（10，10）各序对数值分布来看，在学生反应性说话言语方面，专家教师略高于新手教师，不存在明显的差异。将此序对与（4.2，4.2）序对放在一起对比分析发现，新手教师在封闭性问题的提问上数值是专家教师的 1 倍之多，然而其学生反应性说话的数值却略低于专家教师的课堂。由此可以说明，新手教师在封闭性问题的设置上，问题设置多，但是学生回答内容较为简短。专家教师问题设置少，但是学生回答内容较多。（9，9）序对表示学生持续的发表自己的观点，在这一序对中专家教师的课堂上学生主动言语约是新手教师的 5.4 倍。将此序对与（4.1，4.1）序对结合分析可以发现，开放性问题的设置更能激发学生的主动言语。正是专家教师课堂开放性问题的设置，鼓励了学生更多主动言语的产生。（10，10）序对表示学生持续的朗读行为。专家教师这一序对的数值约是新手教师的 1/2。英语作为学生的第二外语，课堂中朗读现象是不可避免的，但是长时间持续的朗读会占用课堂宝贵的时间，根据英语学科核心素养的要求，教师在课堂上不仅要培养学生的语言能力，同样也要注意学生思维品质和学习能力的培养。因此，合理分配朗读在课堂中的时间占比是新手教师制定教学计划时必须考虑的重点内容。此外，进一步观察新手教师和专家教师的朗读教学发现，在朗读环节，新手教师更在意学生的声音是否洪亮，专家教师则更注重学生的语调语气是否得体。例如，在ET4教师的课堂上，教师会对学生的朗读进行针对性点评，并且给予正确的示范。

编码11.1、11.2、11.3、11.4指课堂中的沉默或者混乱现象。其中编码11.1和11.3的沉默或混乱现象是有助于教学的，编码11.2和11.4的沉默或混乱现象是无助于教学的。从序对数值反映情况来看，在有助于教学的沉默（11.1，11.1）这一序对上新手教师和专家教师不存在显著的差异，但是在有助于教学的混乱（11.3，11.3）这一序对上，专家教师明显高于新手教师。由此说明专家教师由于课堂掌控能力较强，在课堂上会给予学生更多的自由语言训练时间，而新手教师为了保证良好的上课秩序，较少给予学生自由语言训练时间。由此也就产生了新手教师在有助于教学的混乱这一部分表现明显弱于专家教师。（11.2，11.2）表示持续的无助于教学的沉默现象产生，从数值统计结果来看，专家教师和新手教师均存在这一现象，且数值接近。结合视频内容观察发现，专家教师产生这一现象的原因主要在于多媒体操作问题，而新手教师除了多媒体操作问题外，还存在由于不了解学情，课堂中封闭性问题的设置超出了学生的最近发展区，导致学生无法理解教师的问题而产生了无助于教学的沉默。在无助于教学的混乱（11.4，11.4）这一序对中，新手教师在此部分获得一定数值。因此本研究对5位新手教师的课堂内容重新进行了观察，试图找出引发这一现象的原因。通过视频观察显示NT1教师在课程的最后部分播放了视频，但是在视频播放中教师又试图给学生讲授知识。但是学生此刻的注意力已被视频吸引，因此即使该教师说了两遍"listen to me carefully"，学生依旧在看视频，并没有听教师讲解。NT5教师产生这一现象的原因在于在课程的后半段角色扮演部分，当学生表演完毕后教师没有及时组织教学，因此出现了表演完的学生回座位、部分学生举手、部分学生聊天的现象。由此说明新手教师不合理的课堂组织容易造成无助于教学的混乱现象产生。

4.3.3.3 曲线分析

课堂作为有机的整体，具有连贯性和持续性，而动态折线图能形象直观地传达出师生课堂互动随时间的推移而发生的动态变化。本研究共观察了 10 节课堂教学，但是这 10 节课中专家教师和新手教师在人数上并不对等，专家教师 3 人，新手教师 5 人，且每堂课时长存在一定的差异，最短时长为 21 分 42 秒，最长时长为 53 分 51 秒。因此如果全部绘制曲线图进行比对，难以有效的反映出师生课堂互动随时间的推移而发生的动态变化。

考虑到样本的可比对性，本研究在专家课堂和新手课堂中分别选取了一节具有代表性的课堂进行曲线图绘制。并且考虑到时长对于曲线图分析造成的影响，在样本的选择上时间尽量保持对等。根据此限定条件，在曲线图分析部分，本研究最终选取了 ET3 和 NT1 的课堂视频进行研究。在样本选取结束后，本研究以 1 分钟为单位对英语课堂改进型 FIAS 所记录的参数进行分析计算，最终绘制出图 4-6 和图 4-7。从两个曲线图来看，专家教师和新手教师在教师言语、学生言语以及沉默或混乱这三个维度所形成的高峰次数不存在明显的差异。其中专家教师的高峰次数分别为 13、14、11，新手教师的高峰次数分别为 13、14、12。

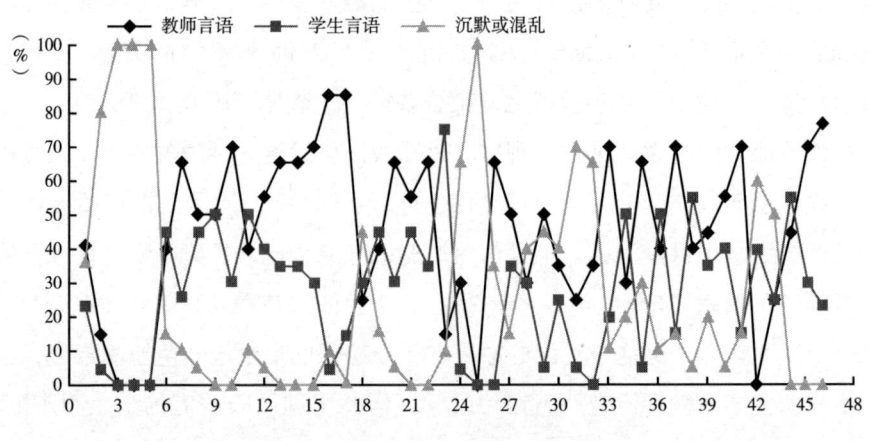

图 4-6 专家教师师生言语互动曲线

第四章　言语互动视角下中小学英语教师语言能力发展

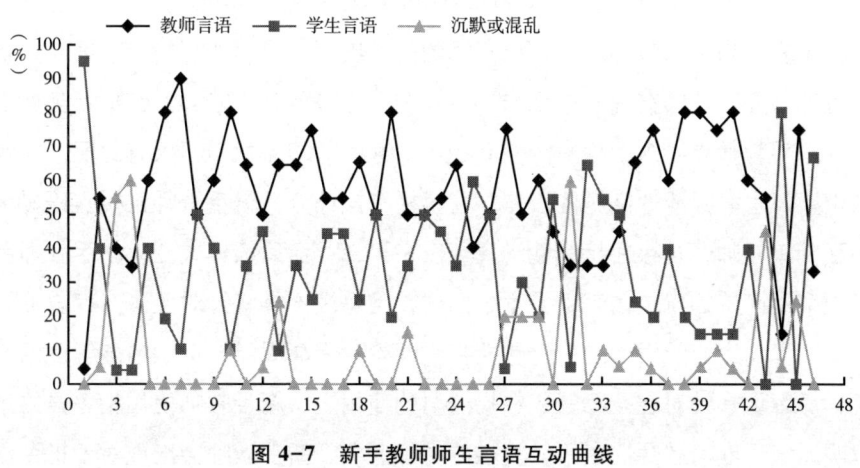

图 4-7　新手教师师生言语互动曲线

但是观察其显著高峰的分布发现，以 70% 作为划分标准，专家教师在教师言语部分仅有 1 次显著高峰，而新手教师却在此部分形成了 9 次显著高峰。由此说明在新手教师的课堂上，新手教师的课堂言语明显超过专家言语。在学生言语部分，以 50% 作为划分标准，专家教师和新手教师课堂中的学生言语均形成了 7 次高峰，说明不论是专家教师的课堂还是新手教师的课堂，教师均注重在课堂中体现学生的主体地位，学生的课堂言语得到了充分的保障。然而值得注意的是，在课程的后半部分，从 34 分钟开始，专家教师的课堂学生言语有 4 次超过 50% 的显著高峰，而新手教师的课堂与 34 分钟之前相比，学生言语出现了明显下降现象，34 分钟后唯一形成的 1 次高于 50% 的言语高峰却是教师带领学生唱歌，且歌曲内容与本节课教学毫无关系。然而英语作为语言类课程，在课程的设置上，课程的后半部分应该是学生的语言产出环节，合理的言语互动曲线图应该是学生言语在此形成多次高峰，从比较结果来看，新手教师在此部分的表现不太理想。此外，在沉默或混乱部分，新手教师和专家教师均形成了两次显著的高峰，然而不同的是专家教师的显著高峰处于 100%，而新手教师的高峰处于 60%。由此说明专家教师课堂沉默或混乱的持续时间与新手教师相比更长。结合视频分析发现，专家教师和新手教师这一阶段的沉默或混乱均是有助于教学的。

综上所述，通过独立样本 Mann-Whitney U 检验、矩阵分析、曲线分析。在新手教师与专家教师师生言语互动的差异层面，得出如下结论。第一，新手教师与专家教师在提问类型与讲授模式上存在显著性差异。在提问类型部分，新手教师更喜欢使用封闭性问题。专家教师的课堂中不仅有封闭性问题的设置，也有开放性问题的设置。在讲授模式部分，新手教师讲授言语显著多于专家教师，且存在持续性讲授现象。第二，在反馈模式上，新手教师更喜欢采用简单的肯定语来给予学生回应，且反馈不具有针对性。专家教师则倾向于多角度给予学生回应，包括肯定回答、澄清观点、接纳情感等反馈方式，反馈更具针对性。第三，在指令语的使用上，新手教师使用指令语的频率明显高于专家教师。对于较复杂的课程任务，新手教师会出现对于指令语进行长时间解释的现象，专家教师则更喜欢给予学生演示示范。第四，在学生言语部分，在学生的反应性说话上专家教师的课堂和新手教师的课堂不存在明显的差异；而在朗读部分，新手教师的课堂朗读比率约是专家教师的 1 倍，并且在朗读中新手教师的关注点在于声音的洪亮程度，而专家教师的关注点则在于言语的得体性；在主动性说话部分，专家教师的课堂学生主动言语比率显著高于新手教师。第五，在沉默或混乱部分，新手教师的课堂与专家教师的课堂在有助于教学的沉默上不存在明显差异，但是在有助于教学的混乱部分，新手教师的课堂明显低于专家教师。此外，新手教师的课堂与专家教师的课堂均存在无助于教学的现象，然而专家教师的课堂这一现象产生的原因主要是多媒体播放问题，而新手教师的课堂还存在课堂内容设置问题；在无助于教学的混乱上，少部分新手教师的课堂由于组织不合理造成这一现象的短暂产生。

4.4 主要结论和策略建议

4.4.1 研究的主要结论

通过课堂观察和课堂内容转码、编码、数据整理后，本研究对于所得数据进行了独立样本 Mann-Whitney U 检验、矩阵分析及曲线分析。最终通过对新手教师和专家教师的对比分析后得出以下结论。

4.4.1.1 课堂气氛

在课堂气氛层面，与专家教师相比，新手教师的课堂气氛融洽程度较低。从矩阵分析的数值比较可以看出，专家教师积极整合格区域数值高于新手教师。进一步分析这两个区域的数值发现专家教师在积极整合格区域的各个序对均有一定数值，而新手教师在该区域主要集中在（2，2）序对，缺少（1，3）、（2，1）、（3，1）序对。由此说明新手教师更喜欢对学生进行简单制式的鼓励，较少出现针对性的点评，缺乏利用或澄清学生观点以及接纳学生情感的言语现象。事实上，表扬的滥用并不能对学生的学习起到良好的促进效果。而过度使用无针对性的点评语使得学生难以认识到自己在学习上的不足。此外，新手教师对于课堂的掌控能力还较欠缺，课堂教学更像是其备课内容的再现。新手教师难以做到根据课堂的具体情境灵活调整授课方案。因此新手教师极少出现利用或者澄清学生观点的言语现象。

在缺陷格分析部分，专家教师的缺陷格数值不足新手教师的一半，且产生这一区域数值的主要原因是指令性言语的使用，而新手教师除了频繁的指令性言语使用外，还出现了批评学生的言语。诚然，动机和兴趣是小学阶段英语教学的重点。作为一门新的语言，英语对于小学生而言既陌生又好奇，基于小学生身心发展的特点，为了提升课程的趣味性和吸引力，TPR 教学、角色扮演、朗读等教学活动是英语课堂中较为频繁的，而这就不可避免会产生指令语。因此，适度的指令性言语出现是小学英语课堂中的正常言语现象，对于课堂规范具有重要意义。然而，新手教师在指令语的使用上显著高于专家教师也说明了其在课堂指令语的使用和频率方面仍显不足，进一步反映出其课堂组织能力不足。

4.4.1.2 课堂结构

在课堂结构层面，与专家教师的"学生中心型"课堂相比，新手教师的课堂属于"教师中心型"。根据师生活动比计算结果，新手教师在课堂上能够做到降低自我话语比率、提升学生的课堂参与度。进一步观察师生活动比，结果显示 4/5 的新手教师师生活动比大于 2，教师占据课堂主导地位，学生课堂参与度较低。从曲线分析的结果来看，新手教师的教师言语比例在整节课中基本处于言语高位。在学生言语比例部分，新手教师的课堂与专家教师的课堂学生言语高峰不存在明显差异，但是从高峰分布的时间来看，新手教师学生言语高峰集中在课程的前半部分，与之相反，专家教师的学生言语高峰则集中在课程的后半部分。从稳态格的分析来看，新手教师言语集中在编码 2、4.2、5 和 6 这四类上。专家教师虽然这四类言语也较为集中，但数值明显低于新手教师。此外，专家教师课堂中第 3 类言语也较多。在学生言语方面，新手教师的课堂学生言语集中为朗读，而专家教师的课堂学生言语集中为主动性说话。

基于师生活动比、曲线分析、稳态格分析发现，新手教师的课堂为"教师中心型"，教师处于课堂的主导地位，学生参与度较低，尤其是在课程后半部分的产出环节，学生参与度不管是数量还是质量上都表现欠佳。此外，虽然新手教师有意识地提升学生在整堂课中的参与度，但是学生主动言语比例极低。学生朗读比例却约是专家教师的 1 倍。由此可见，在提升学生课堂参与度上，新手教师在学生言语比例的分布上不太合理。

4.4.1.3 影响模式

在影响模式层面，新手教师倾向于对学生施加直接影响，而专家教师则更倾向间接影响。从教师间接影响与直接影响的比率来看，有 3 位新手教师直接影响的比率大于间接影响。通过 Mann-Whitney U 检验进一步分析发现，新手教师与专家教师在间接影响上存在显著性差异。结合视频教师言语表现分析发现，在新手教师的课堂上，教师多讲授，甚至部分教师出现了持续性讲授行为。并且在课堂组织上，新手教师指令性言语使用较为频繁。由于部分课堂指令较为复杂，也存在教师重复以及解释指令语的现象。

从影响效果来看，在教师进行持续性讲授的时候，部分学生出现了走神现象，尤其是教室后排的部分学生趴在了桌子上。观察教师的指令性言语发现，该类言语虽然在一定程度上可以引起学生的注意，但是过度频繁地使用指令语，尤其是教师在对指令语进行解释的过程中，学生出现明显的迷茫或者无兴趣状态，这与专家教师对指令多是示范的方式形成了鲜明的对比。

从福勒和布朗对于教师专业发展的研究结果来看，教师的成长分为关注生存、关注情境和关注学生三个阶段。而新手型教师则恰恰处于关注生存阶段。生存忧虑使得新手教师更为关注对学生的管理。而指令性言语可以在课堂管理上营造师生互动和谐的假象，尤其在有观摩的情况下，对于新手教师而言频繁大量的使用指令语可以避免课堂上的混乱现象。而专家型教师处于关注情境或关注学生阶段，更加注重教学的质量。观察视频可以发现，专家教师课堂中指令性言语明显少于新手教师，结合有助于教学的混乱来看，专家教师课堂上有助于教学的混乱是新手教师的 1.7 倍。

4.4.1.4 提问类别

在提问类别层面，与专家教师相比，新手教师封闭性问题显著多于开放性问题。从稳态格数值统计结果来看，新手教师的封闭性问题明显多于专家教师，专家教师的封闭性问题约是新手教师的 1/2。而在开放性问题方面，有 1 位新手教师的课堂上无开放性问题的设置，有 2 位新手教师的开放性问题设置极少。专家教师的开放性问题设置达到了新手教师的 4 倍之多。结合视频观察问题类型发现，新手教师的部分封闭性问题为假问题，即不需要学生思考，仅用 yes 或 no 就可以进行回答。且此种回答是教师预设范围内的回答，与学生此刻的想法并没有太大的关联，因此，这类问题并不能对学生思维品质培养起到促进作用。与专家教师不同的是，对于课堂上所设置的开放性问题，在学生表达观点后，新手教师较少对于学生的想法进行进一步的追问，学生观点表达内容较少，时间短暂，部分学生仅能用个别单词来表达自己的想法。

对于小学英语课堂而言，开放性问题和封闭性问题在课堂的设置上同等重要，相辅相成。封闭性问题答案的唯一性和确定性使教师对于课堂有更好的把控。而开放性问题答案的不确定性，加上全英语的授课环境，以及现在小学生知识广度和深度的增加，对教师自身语言能力以及课堂管理能力均提出了更高的要求。因此，这也是新手教师不太愿意在课堂上设置或者过多的设置开放性问题的主要原因。

4.4.2 小学英语课堂师生言语互动的优化策略

4.4.2.1 优化反馈模式，营造融洽课堂气氛

语言课堂的学习不仅要注意教师的言语输入，同样也需要考虑学生的言语输出。对于刚接触英语的小学生来说，面对教师的提问，词汇式回答、短语式回答甚至是语法错误式回答并非鲜见。如果教师在语言教学中一味强调语言的流利性和准确性，持续对学生进行言语纠错，势必会造成学生的情绪紧张，反而不利于学生的言语输出。教师应该根据教学目标调整反馈模式。例如，如果教学目标是学习某一语法点，那么言语的准确度则是教师本节课所需要强调的。但是纠错不只是告诉学生是什么，必须明确学生此刻的错误是语言失误所产生还是没有掌握语言点而产生。通过对错误类型的判断，教师应该给予针对性的纠错方案。教师应该对于学生的回答给予更有针对性的反馈，例如在做跟读练习时，可以表扬学生的发音很好，但是也要注意语音语调等。这可以让学生知道自己的优势和存在的不足，从而能够进一步提升英语学习效果，促进师生课堂中的积极情感互动。

4.4.2.2 合理分配师生言语比率，凸显学生主体地位

随着社会的不断发展，教师的角色也在不断地发生着变化。语言教学的目的在于让学习者习得语言，从而能够在真实的情境中使用语言。因此，新时代的英语教师在课堂中应该扮演的角色不只是课堂的控制者、点评者、组织者、提词者和参与者，更是学生学习的促进者、引导者和研究者。因此，英语教师应该明晰自己的角色定位，采取教师主导、学生主体的教学模式。避免课堂中教师言语比率过高、学生缺少表达的机会和时间。语言课堂中，如果学生言语比率过低，对于学生语言的学习势必会产生不利的影响。教师在进行课程内容的设置时，应该充分考虑到具体的学情，并据此制定合理的授课方案，让学生站在语言学习的中央，给予其更多的语言表达机会。

4.4.2.3 简化指令性言语，注重课堂组织技巧

出于小学生语言能力的局限性和身心发展的特点，课堂中指令性言语的

使用成为良好课堂纪律的保障。但是过度频繁地使用指令性言语,在一定程度上也体现出了教师课堂组织能力的不足。通过此次课堂观察分析发现,造成新手教师过度使用指令性言语的原因之一在于教学任务安排得过于复杂,为了保证课堂组织的有效性,新手教师会选择在任务开始前对指令性言语进行持续解释的现象。然而小学生语言能力较为有限,长时间全英文复杂学习任务的解释对于其学习难以起到很好的促进作用。因此新手教师在备课伊始就应该对过长的指令语进行简化,尽量用短语发布指令。而对于难以简化指令的任务,可以选择演示的模式来传递指令,避免长时间指令解释现象的产生。在演示时可以采取教师个人演示、教师与学生共同演示或者学生演示的模式。

4.4.2.4 注重开放性问题,培养学生思维品质

英语学科核心素养明确提出培养学生思维品质。提问作为师生课堂活动中的主要言语之一,对于学生思维品质的培养而言影响深远。封闭式问题由于省时高效,且能够营造出进步氛围的假象而在课堂上有被滥用的现象。然而从思维品质的培养来看,封闭性问题的表现欠佳。与之相反,开放性问题由于没有固定的答案,容易引发学生的思考。学生在回答此类问题时,需要运用逻辑、证据、例子等说明自己的观点,教师可以根据学生的回答给予相应的分析和评估,这有利于学生批判性思维的培养。因此,英语教师在教学时不仅要注意使用封闭性问题检测学生对知识点的掌握情况,也要注意通过开放性问题的设置,激发学生主动言语的产生,从而促进学生思维品质的提升。

同时,开放性问题的设置可以促进学生的思考,对学生的思维品质培养可以起到很好的作用。但并不是说开放性问题设置的越多,课堂效果就越好。小学英语课堂上,既需要注重开放性问题的设置,也要注意封闭性问题的重要作用,两者相辅相成,缺一不可。开放性问题过多,学生语言本体知识的学习会有所欠缺;封闭性问题设置过多,学生的思维品质难以得到很好的培养,因此,寻求两者的平衡是教师在课堂问题设置中应深入思考并不断反思的部分。

4.4.3 课堂言语互动的研究不足与展望

通过对新手教师和专家教师在师生言语互动各维度的分析发现，专家教师之间存在一定的共性，而专家教师与新手教师在课堂气氛、课堂结构、影响模式和提问类别上存在一定的差异性。然而，本次研究所存在的不足同样不容忽视。首先，由于此次研究时间较短，且编码工作耗时较长，本研究的样本量较小、学校覆盖较少。因此，此次研究结果不能全面反映小学英语课堂中新手教师和专家教师在师生言语互动上的全貌。其次，本研究的工具是笔者在对弗兰德斯互动分析系统深入学习并阅读其他学科对于该系统的改进后，结合目前小学英语教学现状改编的。改进后的英语课堂 FIAS 分析系统的学科合理性还需要不断经过实践的检验。最后，本研究的编码需要研究者每 3 秒对所观测的课堂现象进行行为判断，并根据各编码的判断原则对当前课堂言语行为赋予相应的编码。但是在此次编码过程中，不免出现了在一个 3 秒内有两个或以上的言语类型，根据弗兰德斯的编码原则，研究者需要记录下该时间段内最突出的言语行为。但是在这类言语行为的判断上，难免出现观察者主观判断的现象。

基于研究所存在的不足，在后续的研究中，笔者将进一步扩大研究样本范围，提升研究结果的代表性。同时，结合中学英语课堂教学实际，进一步延展至中学层面的课堂言语互动研究。此外，笔者将进一步结合当前英语教学现状，不断改进编码体系，使得改进后的分析体系更加具有学科代表性。希望通过后续的研究与探索，能够引起广大中小学英语教师，尤其是新手教师对于小学英语课堂师生言语互动的关注，从而不断提升自身的综合语言能力素养，进而改善课堂中师生的言语互动状况。

第五章　中小学英语教师职前阶段的语言能力发展

作为当今世界各国课程改革的风向标，核心素养是一种完整的育人目标体系，勾勒了新时代创新型人才的形象，规约着学校教育的方向、内容和方法。中小学一线教师需要在"核心素养—课程标准（学科素养/跨学科素养）—单元设计—学习评价"的链环中落实课程育人的目标与任务。① 英语学科核心素养则是党的教育方针在英语学科教育中的具体化和细化，包含了语言能力、文化意识、思维品质和学习能力四大要素，它们之间相互渗透、融合互动、协调发展。② 然而，传统的中小学英语教师职前培养在分段教育中并未真正实现"英语+教育"的有效兼顾、高度融合与内在衔接，在专业教育中会漠视或偏离英语学科核心素养所关涉的语言能力、文化意识、思维品质和学习能力。因此，中小学英语教师职前培养阶段的语言能力发展，不仅需要吻合未来优秀英语教师的规格与要求，更要回应核心素养背景下中小学英语教育的改革与发展。

---

① 钟启泉、崔允漷，2018，《核心素养研究》，华东师范大学出版社，第 2 页。
② 梅德明、王蔷，2018，《普通高中英语课程标准（2017 年版）解读》，高等教育出版社，第 44 页。

5.1　中小学英语教师职前阶段语言能力发展的背景分析

5.1.1　核心素养视域下中小学英语教师职前培养面临的挑战

5.1.1.1　需求导向与学科专业发展的不相适应

学科核心素养背景下的基础教育英语课程改革，对中小学英语教师提出了更高的专业要求。从英语学科专业层面而言，《普通高中英语课程标准（2017年版）》明确提出，语言能力是英语学科素养的基础要素，语言能力的提高蕴含文化意识的增强、思维品质和学习能力的提升，有助于学生拓展国际视野和创新思维方式，开展跨文化交流。这既体现了语言与文化、语言与思维以及语言学习的本质及内在关联，也符合外语教育自身的规律及特点等。反观当前中小学英语教师职前培养，英语语言技能的训练与提升，不仅占据了大量的学习时间段，而且"费时低效"；英语语言知识的学习与拓展，往往停留在浅层的识记与再现，对于语法、语篇、语境、语用、语料等专业知识的学习缺乏深层的理解与应用；文化意识尤其是跨文化意识的培养，往往局限于个别课程学习或活动体验，缺乏相对系统的认识与思考；对思维品质与学习能力的关注则更为欠缺，而这两个方面的提升必须融入语言能力发展之中，这对于当前中小学英语教师的职前课程改革与教学实践来说是相当大的挑战。

从教育学科专业层面而言，《中小学教师专业标准》明确提出，教师需要具有良好的职业道德，掌握系统的专业知识和专业技能。专业理念与师德主要包括"职业理解与认识"、"对学生、对教育教学的态度与行为"和"个人修养与行为"；除了本体性的学科知识之外，教师专业知识主要包括"教育知识"、"学科教学知识"和"通识性知识"；专业技能则包括"教学设计与实施"、"教育教学评价"、"班级管理与教育活动"、"沟通与合作"和"反思与发展"。这是国家对中小学合格教师专业素质的基本要求，是教师实施教育教学行为的基本规范，是引领教师专业发展的基本准则，也是教师培养、准入、培训、考核等工作的重要依据。反观当前中小学英语教师的职前培养，并未真正地将专业标准落实到人才培养方案之中，课程体系建设、教学创新实践、教育评价反馈等方面缺乏对标性的改革举措。

5.1.1.2 学科融合与专业兼顾的顾此失彼

英语学科与教育学科是中小学英语教师专业发展的两大学科基础，两者的交叉融合是教师职前培养综合改革的根本所在。然而，传统的英语教师职前培养往往会陷入英语学科与教育学科对立统一的逻辑陷阱。将英语学科与教育学科对立起来，分段教育或是分模块课程教学都会造成二者割裂，无法实现内在的融合；将英语学科与教育学科统一起来，孰重孰轻、顾此失彼的矛盾又似乎难以真正缓解。事实上，以英语学科为本，职前培养的中心任务在于促进中小学英语教师语言能力发展，实现"语言与文化""语言与思维"的内在融合，并突出语言学习的专业性与指导性；以教育学科为重，职前培养的中心任务则在于促进中小学英语教师的教学专业发展，实现"道德素养""知识素养""能力素养"的全面提升。

学科融合与专业兼顾的关键在于分段教育的内在契合与有机衔接。在以英语作为母语的英、美等国，往往也是将英语学科作为本科层次英语教师职前培养的"本体学科"，而硕士层次的职前培养则定位于教育学科。[①] 在研究生层次的分段教育中，本科阶段的主体学科是英语学科，其专业质量的衡量标准定位于语言能力发展；硕士阶段的主体学科是教育学科，其专业质量的衡量标准定位于教学专业发展。但当前我国中小学英语教师职前培养的重心仍然在本科层次，而非硕士层次。本科阶段的英语教师职前培养，如果要实现分段教育基础上的学科融合与专业兼顾，无论在学习时间、学习空间、学习方式等方面都很难真正克服学科专业间的冲突与失调。

5.1.1.3 师资队伍与专业平台建设的封闭单一

教师职前人才培养质量提升的关键在于优质的师资队伍，而师资队伍建设的关键在于凸显"教师教育者"的专业身份。教师教育者即"教师的教

[①] 李辉，2011，《对英语教育专业建设的思考及其改革策略》，《外语教学》第 6 期，第 50 页。

师"，是依据基础教育发展要求和中小学教师专业标准，遵循教师成长的内在规律，承担教师职前培养和在职发展的专业人员。教师教育者不仅要让受教育者获得学科和教育教学知识，还要通过教师教育者的示范和受教育者的反思性实践让他们学会教学。① 就当前英语教师职前培养而言，教师教育者主要指高校承担英语教师教育的专业教师，而承担实践教学指导的中小学一线英语教师和部分英语教研员并未被真正纳入教师教育者的队伍序列，并缺乏相对稳定的专业参与。高校英语教师教育者，一般有纯英语学科背景教师、纯教育学科背景教师、学科教学背景教师三种类型，分别承担不同类型的专业教育任务。其中，纯英语学科与纯教育学科背景教师的专业教学活动缺乏交叉融合，而学科教学背景教师的数量总体不足，缺乏对基础教育英语课程改革的专业引领。因此，开放性、专业性的"教师教育者"师资队伍建设任重道远。

教师职前培养人才质量提升需要优质的平台依托，具体包括学科专业平台、课程教学平台、实践教学平台以及面向基础教育的教研修平台等。平台作为信息时代被广泛运用的概念，既指代实体的公共空间与流动渠道，也指代虚拟的合作框架。② 就当前教师职前培养的实体平台建设而言，师范院校的专业平台建设总体优于非师范院校，但存在重复性、层级性与非共享性等问题；非师范院校教师教育平台建设存在投入不足、特色不显、服务不周等现实问题。就虚拟平台建设而言，尽管可以实现教师教育平台建设的共享性、便捷性和互动性，但由于缺乏总体的规划设计和有效的合作框架，前景虽好、近况不佳。

5.1.1.4　课程教学改革的倒逼现象

《普通高中英语课程标准（2017年版）》的颁布意味着中小学英语课程改革进入了快车道与深水区，而与以往课标相比，教学层面的变革尤其突

---

① 赵明仁，2017，《教师教育者的身份内涵、困境与建构路径》，《教育研究》第6期，第95页。
② 胡杨洋、邢红军，2016，《平台学科：教育学的学科隐喻与教师教育的突围》，《现代大学教育》第4期，第9页。

出。具体而言,第一,新版课标更加强调语言学习的整体性而非碎片化的英语教学活动。在教学活动中更关注语篇形式和主题意义,强调制定指向核心素养发展的单元整体教学目标。第二,新版课标将以前的六种类型教学活动发展成为学习活动,提出了六要素整合的英语学习活动观,明确了英语学习活动是英语课堂教学的基本组织形式,是落实课程目标的主要途径。第三,新版课标强调帮助学生在活动中习得语言知识,运用语言技能,阐释文化内涵,比较文化异同,评析语篇意义,形成正确的价值观念和积极的情感态度。第四,新版课标所提出的英语学习活动主要围绕语言、文化和思维而展开,由浅入深,凸显学科的育人价值。上述基础教育领域英语教学改革的趋向与变化,对英语教师职前培养阶段的课程建设与教学改革提出了现实的挑战。

反观当前中小学英语教师职前培养,往往过于强调英语的工具性而忽略其人文性。本科阶段课程教学的关注点依然集中在语言技能教学方法和对学生语言技能的培养。这种以语言技能为中心的实用性的外语教育理念及在这种理念下形成的教学模式,久而久之,就形成了对外语专业的基本认知模式和思维定式。[①] 教育类课程教学状况更加不容乐观,传统的老三门(教育学、教育心理学、英语教学法)依然在相当部分院校占据主导地位,理论不能上升高度、实践不能指向应用,见习、实训、实习等教育实践活动的效果也不尽理想。中小学英语教师职前培养阶段的课程教学改革已经呈现出较为明显的倒逼现象。

5.1.2 固守或变革:中小学英语教师职前培养的瓶颈突破

5.1.2.1 以英语学科素养为本:选拔与培养的双管齐下

中小学英语教师职前培养的综合改革,既要遵循高等教育发展的内在规律,也需要回应或引领基础教育的改革趋向。学科专业发展是高等学校人才培养的根基,学科素养是高等教育人才培养规格的基本诉求。对于中小学英

---

① 查明建,2018,《英语专业的困境与出路》,《当代外语研究》第 6 期,第 12 页。

语教师职前培养而言，英语学科素养的内涵应是在语言能力发展的基础上，实现语言与思维、语言与文化的内在契合，并关注到语言学习与教学的特殊规律及特点。与基础教育阶段所关涉的英语学科素养相比而言，最大的区分在于，其一，语言能力、文化意识与思维品质的层级性更高，应转向专业学习者的等级。例如，中小学英语教师语言能力发展的等级可以指向"中国英语语言能力等级"的第8~9级。其二，基础教育阶段的英语学科核心素养重在学习能力提升，而中小学英语教师职前培养阶段的学科核心素养则强调在语言学习基础上教学能力的提升，并在这个专业品质层面实现英语学科与教育学科的内在交融。

优质生源的选拔，既是高等教育人才培养质量提升的重要前提，也是人才培养模式综合改革的内在需求。当英语学科背景的优秀生源都功利性地倾向于英语翻译专业、商务英语专业等学科领域，也就会在一定程度上加剧英语教师职前培养的"先天不足"。因此，本科层面中小学英语教师职前培养工作也要享受相关招生政策的"红利"，扩大"免费师范生"等政策的适用范围，在培养经费保障、毕业生人事入编等方面予以倾斜性支持，同时加强招生环节语言能力评测工作的科学性，从而能够保证获得更多的优质生源。硕士层面的中小学英语教师职前培养，已经呈现出人才选拔的竞争性优势，但需要将人才的选拔工作聚焦英语学科素养的科学评测，同时兼顾教育专业综合素养的考察，从而保证英语教师职前培养的优质人才输入。

英语学科素养的综合提升，则需要实现人才培养的理念更新与创新实践。语言能力发展的关键在学习初期的专业指导、过程中的自主学习、阶段性与动态性的语言能力评测；人才培养工作的难点在于如何将文化意识与思维品质的培养融入语言能力的发展之中，这对于英语教师职前培养同样具有相当大的专业挑战。此外，人才培养工作的综合改革需要能够克服语言技能提升"费时低效"、语言知识学习浅层化与碎片化等困境，在课程建设、教学变革、实践创新、评估反馈等方面，采取更为灵活多样、切实有效的改革举措。

5.1.2.2 以教育专业素养为重：分阶段兼顾与协同创新

教育专业素养的系统提升服务于教学专业发展的需求与导向，而教学专业发展从动态的角度而言，可以看作教师个体对专业内涵进行主动辨识、合理建构、不断生成的发展历程；从静态的角度而言，可以看作教师个体在不同发展阶段所能达成的专业能力标准。就中小学英语教师专业发展而言，英语学科素养解决"教什么"的问题，教育专业素养则解决"如何教""如何成长"的问题，二者的交融在于学科教学专业素养。因此，中小学英语教师所应具备的教育专业素养包括一般性和学科性两个层面，一般性指向于教师专业发展的共性特征，学科性指向于英语教师专业发展的独特之处。从专业发展的动态角度而言，英语教师专业发展需要在一般性教育专业素养提升的基础上，聚焦英语学科教学专业素养的持续提升；需要在英语学科与教育学科专业知识学习的基础上，获得持续的英语教育教学实践经验，进而获得较为全面的教育专业素养，这对职前阶段的培养而言是相当大的挑战。从专业发展的静态角度而言，一般性教育专业素养指向的能力标准已经基本成熟，即《中小学教师专业标准》，英语学科教学专业素养指向的能力标准则尚未建立，缺乏明确的专业指向性，这就会从根本上影响中小学英语教师职前培养的质量提升。

教育专业素养的系统提升需要在分阶段兼顾的基础上，实现内在的有机衔接。英语教师职前培养的分阶段兼顾，首先是在时间上分为若干阶段，进而在不同阶段开展重心不同的针对性培养，形成类型丰富、各有特色的培养模式，如硕士阶段的"4+2""4+1+1""4+1+0.5+0.5"等、本科阶段的"2+2""3+1""2+1+0.5+0.5"等职前培养模式。[①] 其次是在空间上分为不同场域，大学场域下的课堂教学、专业实训、社会实践等，中小学场域下的见习、实习和研习等，专业场域下的集体教学、实践教学以及专业切磋与交流等，生活场域下的个体学习、合作学习、生活实践等。教师职前培养阶段

---

① 孙二军，2008，《高师院校教师教育模式改革的分类特征及思考》，《国家教育行政学院学报》第 7 期，第 64 页。

的内在衔接就是要强调英语学科与教育学科的衔接、不同时间段的衔接、不同场域活动的衔接、教育理论与实践的衔接、大学与中小学的衔接等。衔接的目的是要体现人才培养系统设计的层级性与关联性。中小学英语教师职前培养，如果没有科学、合理的人才培养方案以及切实可行的人才培养举措，就会头绪多、任务重，导致人才培养过程中的兼顾不周、衔接不畅、顾此失彼，从而最终影响英语教师教育人才培养的质量与效能。

教育专业素养的分阶段兼顾与内在衔接，需要多方面的协同创新。就政策环境而言，需要加快推进英语教师教育相关专业标准的制定，如英语教师职前培养指导性方案的制定、中小学英语教师语言能力标准的制定等，为英语教师职前培养营造良好的外部空间；就专业平台而言，高水平师范院校需要共享优质的课程教学平台，示范性的中小学要与高校携手打造优质的实践教学平台，英语教学的相关专业组织要与高校联手打造优质的专业展示、切磋与交流的平台，高校、中小学、基层英语教研部门则要共同聚焦核心素养背景下的英语课程改革以及教师研修平台，从而不断推进多方协同的中小学英语教师人才培养的创新实践。

5.1.2.3 以师资队伍建设为要：教学、研究与培训有机结合

只有好的"教师教育者"，才会有好的教师职前培养。就英语教师职前培养而言，教师教育者包括高校教师、基础教育领域的英语教育专家和教研员、一线中小学英语教师。高校教师是主力军，全面负责职前培养各个环节的专业教育活动；基础教育领域的英语教育专家和教研员是课程改革的引领者与践行者，其工作重心是将新的教育理念与改革实践传递给职前的师范生，并对其专业学习予以引领与激发；一线中小学英语教师则是专业指导者，主要负责实践教学层面"手把手"的专业指导与训练。三者的协同创新是保证英语教师职前人才培养质量的关键所在。然而，在传统的英语教师职前培养过程中，基础教育领域的英语教育专家和教研员、一线中小学英语教师并未真正参与人才培养的全程，并未被真正纳入"教师教育者"的师资队伍序列。这就需要增强英语教师职前培养的"开放性"与"整合性"，切实加大"教师教育者"师资队伍建设力度，为英语教师职前培养的综合

改革"保驾护航"。

当前,英语教师教育中职前培养与基础教育脱节的现象越来越严重,因此,要推动基础教育的发展和改革,就必须反思教师职前教育现状,通过探讨基础教育需求与教师职前培养的联系与互动,建立平行的"同事"关系和"伙伴"联系,并进行对接研究。[①] 对接工作的关键在于实现"教学、研究与培训"的有机结合。首先,高校教师不仅承担职前阶段的专业教学工作,而且主动承担面向基础教育英语课程改革的教研科研任务,并积极从事中小学英语教师专业培训工作。这不仅有利于提升高校英语教师的专业化水平,而且能够最大化地发挥高校教师的"专业优势"。其次,基础教育领域的英语教育专家、教研员需要更多地参与职前培养,在人才培养方案的顶层设计、专业教学活动的实施以及专业能力评测等方面释放"专业能量"。再次,一线中小学英语教师不是被动的"参与者",而是常态化的"专业教学者",不仅对师范生的实践教学专业活动予以指导与训练,而且能够参与师范生日常的专业学习活动,分享"专业经验"。最后,三者的有机结合需要有好的专业平台依托,高校、教育科研机构和中小学需要实现真正的合作共赢,尤其对于高校而言,需要积极承担英语教师职前培养与职后培训的相关工作,并引导高校教师投身于教学、科研与培训工作,最大化地整合各方力量,共同促进高层次、高规格的师资队伍建设。

5.1.2.4 以课程教学改革为先:教与学的方式转变

英语学科素养与教育专业素养的双重提升需要体现在英语教师职前培养阶段的课程建设之中,并转变传统的教学方式,提升学生专业学习的科学性、基础性、专业性与实践性。当前英语教师职前课程教学改革面临的突出难题在于时空范畴内的两种素养提升的"顾此失彼",以及英语语言能力发展的"费时低效",这就需要以英语课程教学改革为先,变革固有的教学模式,充分利用信息整合技术的优势,提升专业教学的质量与效能。具体而言,第一,

---

① 弓青峰,2014,《教师职前培养与基础教育需求对接研究》,《教育理论与实践》第31期,第41页。

降低语言技能学习的课程比重，课内侧重技能学习指导，课外则加强语言技能学习的评测与反馈；第二，增加语言文化学习的课程比重，加强跨文化意识与能力的培养，并与基础教育阶段所关涉的文化意识紧密相连；第三，丰富英语学习第二课堂的教学组织形式，营造英语学习的专业氛围，在专业展示、切磋、交流的过程中，提升英语综合素养；第四，注重语言学习与思维训练的有机结合，在课程教学中强化学生的批判性与逻辑性思维，并使其展现在语言理解与表达能力的提升之中；第五，强调线上线下混合教学理念在英语教学中的应用，利用信息整合技术不断提升专业英语的学习效能。

教育专业素养的全面提升则要克服传统课程教学中"重理论、轻实践，重识记、轻应用，重传授、轻反思"等现象，变革专业教学方式，提升职前教师专业学习品质。具体而言，第一，变革教育理论类的课程教学模式，以建构主义为指导、以问题本位为方式，引导学生开展主动学习、合作学习与研究性学习，提升其专业理性思维能力；第二，创新教育实践层面的课程教学活动，在时间上合理安排并有效衔接教育见习、实训、实习和研习等活动，在空间上将专业学习切换到中小学的真实情境，在实操性的专业学习与训练中提升其专业胜任力；第三，加大英语学科教学层面的课程建设力度，围绕英语教学设计、实施与评价，改造专业核心课程，并将见习、实训和实习工作穿插或贯穿其中，提升专业学习的实效性；第四，创建专业学习社群，打破年级、学科、校际的壁垒，建立适宜专业展示、切磋与交流的专业平台，在丰富多彩的专业活动中提升专业学习效果；第五，加强专业学习的咨询、指导与反馈，重视英语教师职前阶段学习生涯与职业生涯的规划，并在评价反馈与互动交流中营造专业学习氛围。

5.1.3 渐进与超越：中小学英语教师职前培养的改革之策

在中小学英语教师职前培养阶段真正实现"英语学科素养"与"教育专业素养"的双重提升与深度融合，无论是本科阶段兼顾型模式或是研究生阶段的分离型模式，都需要在人才培养理念、培养目标、课程体系、教学实践以及教育评价等方面予以现实回应。

人才培养方案的优化设计。人才培养方案是对人才培养目标、培养过程、培养方法等的基本设计,是保证课程教学质量和人才培养规格的关键,是组织教学过程、安排教学任务、确定教学编制的基本依据,是教学管理的核心和主体。[①] 中小学英语教师职前人才培养方案的顶层设计,需要参照和借鉴国外 TESOL 以及国内重点师范大学相关专业的建设经验,并结合不同类型院校的实际情况,明晰"英语学科素养为本、教育专业素养为重"的人才培养主线与思路,合理布局不同类型的课程结构,科学制定专业教学计划,并重视不同阶段的学科融合与专业衔接,在保证人才培养质量的基础上,突出中小学英语教师职前培养的方向与特色。

课程教学模式的实践探索。中小学英语教师职前课程教学的模式探索,需要确立分类指导、服务需求的逻辑起点,以"英语能力等级标准"、"教师专业标准"和"中小学英语课程标准"等为参照系统,逐步确立不同类型课程教学活动的指导思想、理论依据、目标内容、组织形式、教学建议及评估反馈机制等,并充分体现当前基础教育领域课程教学改革的最新趋向,诸如"以学生为本"的课程教学理念,主题式、情境式、问题本位的教学设计与实施,以及慕课、微课等信息整合技术应用等,从而提升中小学英语教师职前课程教学模式探索的科学性、专业性、指向性、操作性及灵活性等。

"三位一体"协同育人的机制创新。《中共中央　国务院关于全面深化新时代教师队伍建设改革的意见》明确提出,实施教师教育振兴行动计划,建立以师范院校为主体、高水平非师范院校参与的中国特色师范教育体系,推进地方政府、高等学校、中小学"三位一体"协同育人。中小学英语教师职前培养既需要高水平的外语类院校积极参与,也要求地方政府、高等学校与中小学能够站在语言发展战略的高度上,加强对基础教育领域英语课程改革的支持。政府能够予以政策与经费层面的倾斜性支持,高等学校包括教

---

① 朱健、刘巨钦,2014,《改革人才培养方案 培养高素质应用型人才》,《中国高等教育》第5期,第59页。

研机构能够予以教科研层面的智力支持,中小学则能够予以教育实践层面的专业示范,并聚力于中小学英语教师教学、科研与研修工作的协同创新。

专业能力发展的评测与反馈。教师专业能力发展是一个动态的变化过程,也需要静态的能力标准参照,从而实现专业发展内涵的主动辨识与合理建构。中小学英语教师的专业能力主要包括英语语言能力与教学专业能力两个层面,前者需要在《中国语言能力等级》、英语专业四八级能力标准等的参照下,指向于中小学英语教育实践所需要的语言能力诉求,并予以明晰与细化;后者需要在《中小学教师专业标准》的基础上,结合英语教育教学的专业特性,予以深化与细化,切实提升英语教学的专业能力素养。在科学研制专业能力标准的基础上,需要对英语教师的专业能力做出科学的评测,并通过合理、及时、有效的反馈,不断提升中小学英语教师职前培养的专业学习效能。

5.2 中小学英语教师职前阶段语言能力发展的现状分析

5.2.1 调查研究的设计与实施

5.2.1.1 调查研究的设计

(1) 调查研究的目标与内容

基于 CSE 量表和基础教育英语课程标准等,本书所涉及的调研工作主要运用自评的方法,知悉和探讨我国中小学英语教师职前阶段的语言能力发展现状与问题,以及听力、阅读理解、口头表达、书面表达、组构能力、语用能力、翻译能力、课堂用语能力单项技能的基本状况。在量化分析和质性访谈的基础上,立足当前中小学英语教师职前阶段语言能力发展的现状、问题与成因等,集中探讨中小学英语教师职前阶段语言能力提升的综合改进策略。

问卷调查的主要内容包括三个方面:第一,当前英语相关专业本科高年级学生和硕士研究生英语语言能力位于 CSE 量表哪一级别,整体语言能力的状况及存在的突出问题。第二，在听力、阅读理解、口头表达、书面表达、组构能力、语用能力、翻译能力、课堂用语能力单项技能方面，哪些技能的整体状况较好？哪些技能的整体状况较弱？单选技能的差异性及其存在的突出的问题。第三，中小学英语教师职前阶段的语言能力在不同个体特征上有何差异？当前中小学英语教师职前阶段语言能力发展的专业需求和建议举措。

（2）调研问卷与访谈提纲的编制

本研究的调研工具为自评问卷。自评是指学习者对自身所掌握的知识和技能做出评价，在外语教学领域应用广泛。[①] 采用《中国语言能力量表》附录中的量表，根据研究对象的特点，选取综合语言能力和听力、阅读理解、口头表达、书面表达、翻译能力、组构能力、语用能力、课堂用语能力单项技能量表。再根据教师话语特点，对自评量表中的语言表述进行修改，增添课堂用语能力量表。全部问卷共计45题。根据CSE量表能力等级的设定和专家判断法，本研究所选取对象一般处于CSE量表六级、七级，因此选择六、七两个级别的自评表。将CSE六级、七级自评量表分为两份问卷，分两次发放。

调研问卷由以下三个部分组成。第一部分为研究对象的基本情况，主要包括性别、年级、受教育情况。其中受教育情况分五个小项：本科阶段专业［英语、英语（师范）、商务英语、翻译和非英语专业］、硕士阶段专业（学科教学英语、翻译硕士、外国语言文学学硕、教育学学硕、其他类专硕/其他类学硕）、本科阶段的院校（部属师范院校、地方师范院校、国内外语院校、国内其他院校、国外院校）、硕士阶段的院校（部属师范院校、地方师范院校、国内外语院校、国内其他院校、国外院校）、通过最高的英语等级考试（专业八级、专业四级、大学四级、大学六级、其他）。第二部分为英语语言能力自我评价部分，共有35项，1~2题为综合语言能力评价，对应

---

① de Vellis R. F. 2012. *Scale Development: Theory and Applications* (3rd ed.), Thousand Oaks, CA: Sage.

能理解多种话题材料、参与教育教学领域多种话题的讨论等；3~4题为听力能力评价，对应能听懂英语教育领域相关的口语表达、听懂语速正常的专业对话等；5~7题为阅读理解能力评价，对应能把握较复杂、专业领域的材料，能读懂语言较复杂的文献材料，能准确检索目标信息等；8~10题为口头表达能力评价，对应能就社会热点话题或教育教学专业领域内熟悉的话题开展讨论、能对指定话题发表个人见解、能进行日常口语交流和协商等；11~13题为书面表达能力评价，对应能就社会热点问题或现象进行论证、撰写教育教学的论文摘要、进行常见文体的写作等；14~17题为组构能力评价，对应能正确使用语法、语篇知识，理解语篇中复杂结构的表意功能，运用常见的语法结构组织信息，使用有效的衔接手段等；18~20题为语用能力评价，对应能理解对方表达的意图、能在交流中选择不同的语言形式、能就不同话题与他人交流等；21~25题为翻译能力评价，对应口译和笔译能力等；26~35题为教师课堂用语能力等，包括课堂话语分析、言语行为和课堂指令语、反馈语、提问语等。第三部分为英语教师职前语言能力发展的需求，是一道开放性问题，主要请受访者结合自己英语学习经历，谈谈对英语教师职前语言能力发展的需求，以及从学校层面如何更好地促进未来英语教师语言能力发展的建议。此外，采用李克特五级量表，"1"代表"完全不符合"，"5"代表"完全符合"。

  提纲主要关涉以下几个方面的质性访谈：第一，作为当下的英语学习者（专业英语学习者），结合本科阶段以来的英语专业学习活动，谈论一下对语言技能、语言知识、语言交际、语言文化、语言思维、语言学习等概念的认识与体会。除此之外，还有哪些重要的概念是英语语言能力发展中必须要充分重视的。第二，英语语言能力一般分为理解能力、表达能力、翻译能力、语用能力等。其中，英语理解能力一般分为理解口头语言信息的能力（听力理解能力）、理解书面语言信息的能力（阅读理解能力）；英语表达能力一般分为口头语言表达信息的能力（口语表达能力）和书面语言表达信息的能力（书面表达能力）；英语翻译能力一般分为口译能力和笔译能力（关涉跨文化交际）；英语语用能力一般分为语用理解能力和语用表达能力。

请结合以上英语语言能力的基本框架,谈谈你的认识、自我评价及需求建议。第三,作为未来的英语教学者(面向中小学阶段),结合自身学习经历与专业实践,谈论一下对课堂指令语、课堂提问语、课堂反馈语、课堂言语行为、课堂言语互动、课堂言语环境、课堂话语分析、课堂反思话语等的认识、体会与思考。第四,面向核心素养背景下的中小学英语课程改革、教学研究、实践创新等主题,在职前培养阶段通常对哪些专业话语有关注、了解和探讨,已有课程教学和专业学习是否对其都有充分体现?在这些方面需要什么样的专业指导与支持,有什么更好的专业建议?

(3) 调研问卷的前测与完善

在这三个部分问卷设计完成后,研究者选取某外国语大学英语(师范)本科和学科教学(英语)硕士专业部分学生进行了前期试测。此次试验性调查的主要目的是对问卷进行信度、效度测试,并进一步调整问卷(包括题目调整、卷面设计等)。发放问卷前征得了学生的同意。

调查分为两个阶段,分别是问卷信息反馈和座谈。将问卷信息反馈作为信度分析的数据来源。同时将与 10 位骨干教师的座谈内容作为改进问卷设计的参考。活动过程中共发放问卷 100 份,在 10 分钟时间内大多数受访者完成了全部内容。共收回有效问卷 98 份。SPSS 22.0 分析显示:第二部分英语语言能力自我评价的克朗巴哈系数(Cronbach's alpha)信度为 0.965,表明数据有较高的信度。在效度分析中,所有研究项对应的共同度值均高于 0.4,说明研究项信息可以被有效地提取。另外,KMO 值为 0.883,大于 0.6,说明数据可以被有效提取信息。另外,5 个因子的方差解释率值分别是 22.888%、21.944%、18.263%、6.911%、5.308%,旋转后累积方差解释率为 75.313%(>50%),意味着研究项的信息量可以被有效地提取出来。对问卷中翻译能力量表的部分语言表达进行了调整,使其清晰度更高。

5.2.1.2 调查研究的实施

(1) 调查研究的抽样原则与抽样对象

研究对象的选定是教育研究的核心步骤之一,依据研究目的、内容和性质确定。当研究对象数量巨大时,要收集到所有对象的资料基本上是难以实现的。这时需要使用抽样程序——界定总体、制定抽样方案、抽取样本。抽样一般遵循的原则包括代表性、目的性、可测性、可行性和随机性等。本研究采用便利抽样法，调查问卷回收后，项目组进行了验收、校对等工作，其中数据录入、统计由专职人员完成，差错率严格控制在 0.05% 以内。

研究对象为英语相关专业本科高年级学生（大三、大四年级）和硕士生，其中本科生专业包括英语、英语（师范）、商务英语、翻译、非英语专业。硕士为英语教育专业相关硕士，包括学科教学英语、外国语言文学学硕、翻译硕士、教育学学硕、其他类（专硕和学硕）。

（2）调研问卷的发放与收集

考虑到问卷内容的有效性和科学性，将能力等级量表六级和七级问卷分两次测试，两份问卷发放时间前后间隔两周。两次问卷发放份数、研究对象及研究范围基本保持相同，每套问卷填写时间为 5~10 分钟。

调查过程中共发放问卷 950 份，第一次问卷收回 936 份，剔除无效问卷后有效问卷为 888 份，有效率为 94.87%；第二次问卷收回 810 份，剔除无效问卷后有效问卷为 747 份，有效率为 92.22%；两次问卷所发群体一致，受调查学生来自陕西省七所大学，均开设了英语及其相关专业。调查过程中研究者对 50 位教师汇报的信息进行了验证，结果显示信息可靠性达到 94%。

（3）调研回收数据的基本情况

数据收集结束后，对问卷和测试结果进行数据处理，数据统计分析在统计软件 SPSS 22.0 上完成。分析每类研究对象的自评结果，包括单项技能和整体水平（整体水平由所有细目的均值代表）。学生能做到某一级别语言能力描述语的 70% 则认为其达到了该等级。[①] 李克特五级量表中自评数值最低为 "1"（完全不符合）、最高为 "5"（完全符合），按照 70% 的标准，某级别上自评数值达到 3.5 则表示达到了该等级。对参加英语能力问卷调查的学生背景信息及 CSE 六级量表和 CSE 七级量表自评结果分别进行整理报告（见表 5-1 和表 5-2）。两次填写问卷的受访者，在性别比例、本硕学

---

① Hasselgreen A. 2003. Bergen "Can Do" Project. Strasbourg: Council of Europe.

生占比、专业分布、院校分布、通过英语等级考试的比例等方面基本相同。具体而言,首先,在性别比例上高度一致,男性比例基本在8%以下,这反映了我国高校英语专业长期存在男女生性别比例失衡;其次,调研对象以职前阶段的高年级学生和硕士研究生为主,其中参与本次调查的本科三年级学生最多,分别占样本总量的45.95%和41.23%;再次,调研对象以本科师范专业和教育硕士为主,其中本科阶段英语(师范)专业的学生相对较多,分别占比58.56%和59.57%;硕士阶段教育硕士学科教学(英语)专业的学生较多,分别占比17.34%和44.15%;最后,从受访者就读学校类型来看,本科和硕士均以国内外语院校为主(分别占比41.24%和81.91%)。目前已通过的英语等级考试中,49.47%的同学已通过英语专业四级、八级,29.92%的同学已通过大学四级、六级,表明该样本学生具有一定的英语能力。

表 5-1　CSE 六级层面的问卷调查样本基本情况

单位:人,%

类别	分组	人数	百分比	类别	分组	人数	百分比
性别	男	68	7.66	学历	本科	542	61.04
	女	820	92.34		硕士	346	39.96
年级	大三	408	45.95	目前已通过的英语等级考试	专业四级	313	33.44
	大四	134	15.09		专业八级	150	16.03
	研一	193	21.73		大学四级	172	18.38
	研二	133	14.98		大学六级	108	11.54
	研三	20	2.25		其他	193	20.62
本科专业	英语	215	24.21	硕士专业	学科教学英语	154	17.34
	英语(师范)	520	58.56		翻译硕士	14	1.58
	商务英语	78	8.78		外国语言文学学硕	107	12.05
	翻译	26	2.93		教育学学硕	38	4.28
	非英语专业	49	5.52		其他类	51	13.56

表 5-2 CSE 七级层面的问卷调查样本基本情况

单位：人，%

类别	分组	人数	百分比	类别	分组	人数	百分比
性别	男	47	6.29	学历	本科	448	59.97
	女	700	93.71		硕士	299	40.03
年级	大三	308	41.23	目前已通过的英语等级考试	专业四级	299	40.03
	大四	140	18.74		专业八级	81	10.84
	研一	202	27.04		大学四级	106	14.19
	研二	72	9.63		大学六级	127	11.54
	研三	25	3.35		其他	134	10.84
本科专业	英语	173	23.16	硕士专业	学科教学英语	132	44.15
	英语（师范）	445	59.57		翻译硕士	0	0
	商务英语	14	1.87		外国语言文学学硕	38	12.71
	翻译	20	2.68		教育学学硕	68	22.74
	非英语专业	95	12.72		其他类	61	20.40

5.2.2 调研数据与文本的基本分析

5.2.2.1 CSE 六级量表问卷样本学生自评结果分析

（1）CSE 六级量表自评描述性数据统计

总体而言，通过英语语言能力的量表自评，处于职前阶段的调研对象基本达到了 CSE 六级的语言能力标准。表 5-3 列出了样本对象在 CSE 六级自评中各单项技能和整体水平的均值、标准差、中位数及达标学生比例。其中，"达标学生比例"是指自评数值在 3.5 及以上的人数比例。数据显示，整体语言能力的均值为 3.571，达到了均值 3.5 的标准；整体"达标学生比例"超过了 50%，但刚刚过半，总体比例不高，为 58.67%。

从单项技能来看，整体语言能力均值为 3.420~3.659，达标学生比例为 45.95%~67.00%。从样本学生平均值对比来看，书面表达、阅读理解的均值低于 3.5，且"达标学生比例"相对较少，两者均低于 50%。其余单项技能均值等于或大于 3.5，其中课堂用语能力和语用能力等均值相对较高，均高于 3.6。一般而言，CSE 六级标准对语用能力的要求为"能理解正式或非正式场合中对方表达的不同意图，能在交流中选择不同的语言形式，恰当地表达自己的观点、情感、态度，熟悉目标文化及社会习俗，交际得体，效果良好"。可见该等级比较重视学生是否可以根据场合恰当地表达出自己的观点、了解跨文化知识等。学生能力达到该要求可能与职前阶段学校开设口语交际、跨文化课程有关。同时，通过综合语言能力的均值和整体均值相比，可见学生对自身语言能力的估计要高于实际整体语言能力。

综上所述，基于样本数据分析，职前阶段英语教师的整体语言能力刚刚达到 CSE 六级水平，书面表达和阅读理解相对较弱，未能达到 CSE 六级。样本对象语言能力评估最好的单项技能为课堂用语能力，最差的是书面表达能力。在访谈过程中，有相当部分的学生认为其书面表达能力还需要大幅提升，且认为书面表达与阅读理解有关系，如果阅读理解把每一篇搞清楚，可能分析材料包括写作素材也会更多一点。究其原因主要是缺乏更为有效的语言学习指导和强有力的语言学习计划。有学生指出，"书面表达，就比如说老师上课布置一篇作文，让课下完成，这就包括后面的翻译类型。大家不会的，可能课下就直接去查了，也不会说自己思考一下，就是用自己会的方式怎么样表达出来。大家可能比较懒惰一点，包括有时候写作文也存在，一长句话不会，然后就把一长句话写上去翻译出来。我觉得大家还是一要提高自制力，对这一方面要更用心一些。因为大学老师上完课，他也不能时时刻刻在你旁边督促。我觉得这是大家的一个普遍现象"。

表 5-3 样本对象 CSE 六级量表自评描述性数据

项目	均值	标准差	中位数	达标学生比例(%)
综合语言能力	3.564	0.741	3.500	64.75
听力	3.556	0.716	3.500	66.10
阅读理解	3.473	0.712	3.333	48.09
口头表达	3.539	0.692	3.667	54.05
书面表达	3.420	0.707	3.333	45.95
组构能力	3.619	0.662	3.750	67.00

续表

项目	均值	标准差	中位数	达标学生比例(%)
语用能力	3.634	0.69	4.000	61.26
翻译能力	3.497	0.685	3.600	50.34
课堂用语能力	3.659	0.665	3.900	66.55
整体	3.571	0.615	3.629	58.67

（2）本科三、四年级学生 CSE 六级自评描述性统计

根据表 5-4 的统计结果可以看出，本科三年级整体均值为 3.496，均值未能达到 3.5；整体的"达标学生比例"为 49.02%，也稍低于 50%；各单项技能的均值为 3.333~3.751。这表明在本科三年级这个阶段学生的英语语言能力自评水平整体接近六级，但仍然存在一定的不足。其中，书面表达和阅读理解均值低于 3.4，达标学生比例也低于 50%，说明该分项能力的自评情况较差。课堂用语能力和语用能力均值高于 3.5，相对较好，这与样本整体学生反映的结果相一致。总体而言，本科三年级的组构能力、语用能力、课堂用语能力的自评水平达到了 CSE 六级，但听力、阅读理解、口头表达、书面表达、翻译能力均未达到 CSE 六级的自评水平。

本科四年级语言能力自评整体均值为 3.639，超过了均值；整体的"达标学生比例"为 64.18%，总体达标比例相对较高；单项技能的均值为 3.448~3.751，其中仅有书面表达未能达到均值。课堂用语能力、语用能力和组构能力表现相对较好，均值分别为 3.751、3.739 和 3.687，达标学生比例均超过了 65%。由此可见，本科四年级这个阶段学生的英语语言能力自评水平总体达到了 CSE 六级，单项技能方面，仅有书面表达的自评水平未能达标。

从英语教师职前培养阶段本科三、四年级语言能力自评水平的对比来看，整体均值有一定的提升。各单项技能均值均有所提升，其中语用能力进步最大，书面表达能力进步最小。这表明在英语教师职前本科阶段的语言能力自评水平持续提升，本科四年级仅有书面表达的自评水平未达到 CSE 六

级,单项技能均值、达标率远高于本科三年级学生,英语专业本科三年级到四年级这一年时间中,语言能力有大幅的提升。

表 5-4 本科三、四年级学生 CSE 六级自评描述性统计

项目	年级	均值	标准差	达标学生比例(%)
综合语言能力	三年级	3.518	0.786	58.09
	四年级	3.556	0.789	64.93
听力	三年级	3.458	0.754	57.84
	四年级	3.642	0.679	71.64
阅读理解	三年级	3.371	0.748	38.48
	四年级	3.517	0.725	52.24
口头表达	三年级	3.466	0.724	47.30
	四年级	3.595	0.661	53.73
书面表达	三年级	3.333	0.751	38.48
	四年级	3.448	0.683	47.01
组构能力	三年级	3.517	0.712	55.64
	四年级	3.687	0.617	70.90
语用能力	三年级	3.553	0.734	53.68
	四年级	3.739	0.627	67.16
翻译能力	三年级	3.444	0.710	45.10
	四年级	3.564	0.670	54.48
课堂用语能力	三年级	3.588	0.705	59.31
	四年级	3.751	0.614	71.64
整体	三年级	3.496	0.666	49.02
	四年级	3.639	0.569	64.18

(3) 硕士二、三年级学生 CSE 六级自评描述性统计

根据表 5-5 的统计结果可以看出,硕士二、三年级学生在 CSE 六级自评中各项技能和整体水平的均值、标准差及"达标学生比例"整体水平较好,普遍高于本科层次。需要说明的是,由于专硕、学硕学制不同,硕士二、三年级样本学生均为硕士应届毕业生。硕士毕业生综合语言能力均值为 3.699,

"达标学生比例"为 81.05%，超过了 80%，这说明达标的硕士研究生具有相当的普遍性和一致性；具体到硕士层面的单项语言技能层面，均值为 3.654~3.796，"达标学生比例"为 66.67%~82.35%。其中，组构能力和课堂用语能力均值较高，表明在这两项技能上学生表现较为突出，但翻译能力和书面表达、阅读理解仍是学生的弱项，这表明在硕士阶段仍需要持续提升综合语言能力，尤其是需要持续加强英语书面表达能力。受访学生亦有同样感受，"以我自身的学习经历看来，理解能力比表达能力好得多，口头表达与书面表达比较难，尤其是要准确得体地去表达出你的意思，这就比较难了"。高校英语教师也普遍认为，"职前阶段的英语写作逻辑性欠佳，在写作中会堆积杂乱无章的语言符号，语言表达思路不清、层次感不强，难以深入主题内部挖掘主题构成要素之间的关联性。目前的学生想法不多，即使有一些不成熟的想法，也很难用语言表述出来"。

表 5-5　硕士二、三年级学生 CSE 六级自评描述性统计

项目	均值	标准差	中位数	达标学生比例(%)
综合语言能力	3.699	0.621	4.000	81.05
听力	3.732	0.631	4.000	82.35
阅读理解	3.663	0.612	3.667	71.90
口头表达	3.704	0.634	3.667	69.28
书面表达	3.664	0.590	3.667	67.32
组构能力	3.796	0.611	4.000	82.35
语用能力	3.760	0.664	4.000	72.55
翻译能力	3.654	0.652	3.800	66.67
课堂用语能力	3.794	0.628	4.000	79.74
整体	3.730	0.558	3.829	77.12

综上所述，硕士层面的英语教师教育已经成为英语教师职前培养中的主要着力点，硕士阶段的英语教师职前语言能力自评水平普遍达到了 CSE 六级，单项技能也达到了 CSE 六级。究其原因，硕士层次英语教师职前阶段的语言能力水平受到"优质生源"的筛选因素的影响，具备良好的英语语言能力是英语教师硕士层次人才选拔与培养的现实之选。

(4) 本、硕学生 CSE 六级量表自评的对比分析

如图 5-1 所示，本、硕层面英语教师职前阶段的 CSE 六级量表自评均值有一定差异，且随着学历层次的提升，英语语言能力整体水平均有进步。聚焦各单项英语语言技能的自评水平，在普遍均有进步的基础上，英语阅读理解进步最大，均值涨幅为 0.184，组构能力和书面表达也有较大进步，涨幅分别为 0.162 和 0.159，表明学生在经过硕士期间的系统培养后，在英语语言理解与表达能力层面多项技能均有大幅提升。在单项英语语言技能中，英语翻译能力相对进步较小，表明在整个英语教师职前阶段，英语翻译能力的重视度与持续性有待增强。

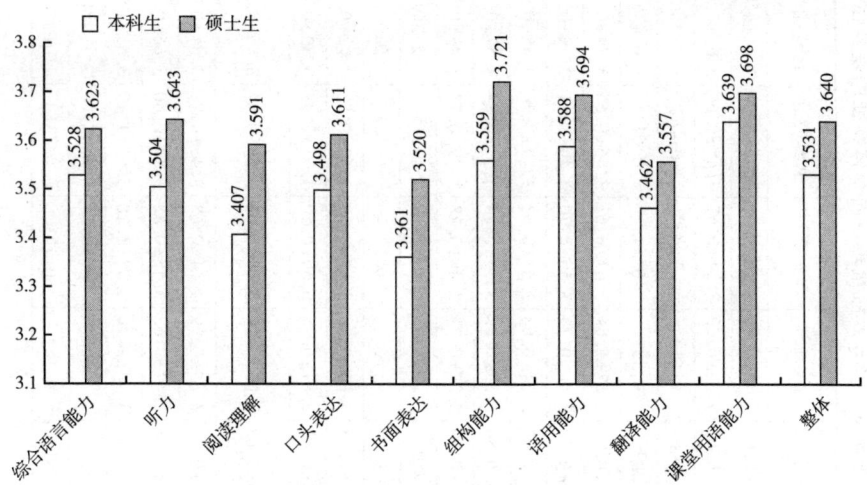

图 5-1　本、硕学生 CSE 六级量表自评均值对比

(5) CSE 六级自评水平在不同个体特征的差异性分析

为进一步探讨学生个体特征与 CSE 量表得分之间的关系，以对象样本 CSE 六级整体自评得分和各单项自评得分为因变量。经数据分析与验证，符合正态分布，且满足方差齐性。基于此，对性别使用独立样本 t 检验的方式，对专业、学校背景特征采用单因素方差分析（ANOVA）进行差异性分析。具体结果见表 5-6。

表 5-6　CSE 六级量表不同个体特征的差异性分析

背景特征	变量	人数	综合语言能力	听力	阅读理解	口头表达	书面表达	组构能力	语用能力	翻译能力	课堂用语能力	整体
性别	男	68	3.57±0.91	3.44±0.94	3.53±0.86	3.48±0.91	3.37±0.89	3.54±0.83	3.45±0.87	3.50±0.88	3.47±0.93	3.57±0.91
	女	820	3.56±0.73	3.57±0.69	3.47±0.70	3.54±0.67	3.42±0.69	3.63±0.65	3.65±0.67	3.50±0.67	3.67±0.64	3.56±0.73
	t 值		0.024	-1.068	0.623	-0.608	-0.467	-0.782	-1.839	0.004	-1.766	0.024
	P 值		0.981	0.289	0.535	0.545	0.642	0.436	0.070	0.997	0.082	0.981
本科专业	英语	215	3.62±0.65	3.65±0.66	3.57±0.64	3.62±0.63	3.46±0.66	3.71±0.55	3.69±0.64	3.52±0.63	3.71±0.60	3.63±0.54
	英语（师范）	520	3.55±0.78	3.53±0.72	3.44±0.73	3.50±0.70	3.40±0.71	3.59±0.68	3.62±0.69	3.49±0.69	3.66±0.66	3.56±0.62
	商务英语	78	3.58±0.69	3.60±0.67	3.51±0.68	3.63±0.67	3.49±0.70	3.68±0.67	3.70±0.73	3.61±0.67	3.69±0.71	3.63±0.63
	翻译	26	3.58±0.83	3.56±0.80	3.59±0.82	3.58±0.84	3.37±0.84	3.57±0.81	3.54±0.86	3.56±0.76	3.53±0.83	3.54±0.77
	非英语专业	49	3.41±0.71	3.31±0.89	3.27±0.77	3.46±0.78	3.39±0.77	3.43±0.80	3.43±0.78	3.22±0.82	3.47±0.81	3.39±0.672
	F 值		0.854	2.710	2.582	1.823	0.515	2.369	1.777	2.741	1.547	1.861
	P 值		0.491	0.029*	0.036*	0.122	0.724	0.051	0.131	0.028*	0.186	0.115
硕士专业	学科教学英语	154	3.63±0.60	3.70±0.53	3.60±0.58	3.67±0.59	3.53±0.58	3.72±0.51	3.76±0.56	3.61±0.56	3.76±0.53	3.68±0.47
	翻译专硕	14	3.75±0.61	3.68±0.42	3.67±0.45	3.50±0.50	3.31±0.48	3.59±0.42	3.52±0.57	3.56±0.38	3.54±0.61	3.55±0.43
	外国语言文学学硕	107	3.62±0.64	3.63±0.62	3.63±0.60	3.58±0.64	3.56±0.64	3.80±0.56	3.71±0.62	3.58±0.60	3.68±0.61	3.65±0.55
	教育学学硕	38	3.51±0.77	3.45±0.71	3.35±0.79	3.54±0.68	3.43±0.71	3.54±0.70	3.44±0.76	3.29±0.71	3.61±0.59	3.48±0.56
	其他类专硕	20	3.63±0.67	3.52±0.68	3.42±0.62	3.55±0.58	3.53±0.50	3.66±0.56	3.68±0.56	3.54±0.65	3.61±0.65	3.58±0.52
	其他类学硕	12	3.71±1.14	3.62±1.24	3.72±1.20	3.58±1.28	3.56±1.19	3.85±1.17	3.67±1.27	3.53±1.13	3.73±1.28	3.67±1.20
	F 值		0.360	1.117	1.592	0.504	0.559	1.444	1.793	1.626	0.758	0.987
	P 值		0.875	0.351	0.162	0.773	0.731	0.020*	0.114	0.152	0.581	0.425

注：* $P<0.05$；** $P<0.01$。

数据分析显示，英语教师职前阶段 CSE 六级自评总体水平和各单项英语语言技能自评水平不存在性别差异，本科阶段或硕士阶段均是如此；本科层次不同专业学生在听力、阅读理解和翻译能力上呈现显著差异。其中，post Hoc 事后检验表明，英语专业的听力、翻译专业的阅读理解、商务英语专业的翻译能力显著高于其他专业，需要对照不同专业人才培养的语言类课程设置与英语教学实践，谋求更为有效的语言提升策略；硕士层面不同专业学生在组构能力上呈现显著性差异，post Hoc 事后检验表明，其他类学硕的组构能力要优于其他专业，同样需要对照和衔接本硕层面人才培养的语言类课程设置与英语教学实践，谋求更为有效的语言提升策略。

5.2.2.2 CSE 七级量表问卷样本学生自评结果分析

（1）CSE 七级量表自评描述性数据统计

总体而言，通过英语语言能力的量表自评，处于职前阶段的调研对象尚未达到 CSE 七级的语言能力标准。表 5-7 列出了样本对象在 CSE 七级量表自评中各单项技能和整体水平的均值、标准差、中位数及达标学生比例。具体而言，样本整体英语语言能力自评水平均值为 3.445，未达到均值 3.5 的标准；单项语言技能的自评水平均值在 3.290~3.624。其中，语用能力和课堂用语能力达到了 3.5 的标准，其余单项技能均低于 3.5；整体"达标学生比例"为 49.67%，比例未过半。单项语言技能中，听力、组构能力、语用能力等"达标学生比例"超过 50%，且刚刚过半，均未达到 60%。由此可见，样本对象的职前阶段英语教师的整体语言能力未达到 CSE 七级；单项英语语言技能中，语用能力和课堂用语能力达到 CSE 七级，其余 6 项均未达到要求。其中，英语翻译能力、阅读理解等相对较弱，英语课堂语用能力相对较强。在质性访谈的过程中，有高校英语教师指出"目前在职前阶段，本科或是硕士研究生层面学生的阅读能力存在以下突出问题。首先，阅读内容依然囿于语言和文学，疏于对语言教学相关文本的阅读，如英语教师专业发展、英语课堂教学设计、英语课堂师生互动、英语课堂教学评价、英语语言认知等。鉴于此，他们缺少对语言课堂教学基本术语的了解和掌握，导致课堂教学用语过于生活化，缺乏专业性。其次，阅读层次深度不够。许多学生阅读仅仅局限在字词识别层面，未能透过文本的语言符号挖掘其隐含的内在东西，如作者的态度、观点、风格等。阅读依然属于浅层次，缺乏深层阅读的指导与训练，从而影响阅读背后的思维品质。阅读的目的不仅仅是获取相关信息，更重要的是将从阅读中获取的语言和文化信息灵活应用，做到学以致用。如果我们将阅读学习活动划分为学习理解类、实践应用类和迁移创新类，目前学生仅仅完成了学习理解类。对于'如何应用、如何迁移、如何创新'等缺乏深度的理解与实践"。

表 5-7　样本整体 CSE 七级量表自评的描述性统计

项目($n=747$)	均值	标准差	中位数	达标学生比例(%)
综合语言能力	3.414	0.724	3.500	55.69
听力	3.344	0.719	3.500	55.96
阅读理解	3.308	0.716	3.375	43.37
口头表达	3.417	0.686	3.333	48.86
书面表达	3.328	0.691	3.333	40.29
组构能力	3.444	0.667	3.500	55.82
语用能力	3.553	0.747	4.000	59.57
翻译能力	3.290	0.709	3.333	45.52
课堂用语能力	3.624	0.631	3.773	65.19
整体	3.445	0.594	3.485	49.67

（2）本科三、四年级学生 CSE 七级量表自评描述性统计

根据表 5-8 的统计结果可以看出，本科三年级学生整体自评水平均值为 3.343，未达到均值 3.5 的标准；整体的"达标学生比例"为 42.53%，比例尚未过半；单项英语语言技能中，仅课堂用语能力自评基本达标，其余单项均未达到要求。本科四年级整体自评水平均值为 3.490，未达到 3.5 均值，整体的达标学生比例为 52.86%，刚刚过半。单项英语语言技能自评水平均值为 3.371~3.706，口头表达、语用能力和课堂用语能力的自评水平超过 3.5 均值，其余单项均未达标。

表 5-8 本科三、四年级学生 CSE 七级自我评估描述性统计

项目($n=448$)	年级	均值	标准差	中位数	达标学生比例(%)
综合语言能力	三年级	3.317	0.755	3.000	33.77
	四年级	3.471	0.729	3.500	57.86
听力	三年级	3.265	0.714	3.500	27.60
	四年级	3.446	0.751	3.500	60.00
阅读理解	三年级	3.219	0.682	3.125	31.82
	四年级	3.395	0.706	3.330	49.29
口头表达	三年级	3.337	0.697	3.333	44.48
	四年级	3.514	0.655	3.670	53.57
书面表达	三年级	3.235	0.710	3.000	34.74
	四年级	3.395	0.645	3.330	44.29
组构能力	三年级	3.322	0.700	3.250	37.66
	四年级	3.493	0.625	3.500	55.71
语用能力	三年级	3.419	0.797	4.000	51.95
	四年级	3.621	0.694	4.000	61.43
翻译能力	三年级	3.236	0.694	3.167	31.49
	四年级	3.371	0.700	3.400	50.00
课堂用语能力	三年级	3.514	0.670	3.700	56.82
	四年级	3.706	0.547	3.800	70.71
整体	三年级	3.343	0.624	3.364	42.53
	四年级	3.490	0.578	3.506	52.86

从本科三、四年级学生自评水平数据的纵向对比来看，整体均值有一定提升，涨幅为 0.147；各单项英语语言技能自评水平均有所提升，其中语用能力进步最大，涨幅为 0.202；翻译能力进步最小，涨幅为 0.135。总体来说，本科层面英语教师职前阶段整体英语语言能力自评水平未达到 CSE 七级；单项英语语言技能中，口头表达、语用能力和课堂用语能力的自评水平达到了 CSE 七级，课堂用语能力相对最强，阅读理解相对较弱，应当引起重视。

（3）硕士二、三年级学生 CSE 七级自评描述性统计

考虑到调研时间为硕士一年级学生刚入学阶段，与本科四年级自评结果

差异较小,且学生刚入学尚无明确的职业规划。因此,对于硕士生,选用二、三年级学生自评数据进行对比分析。总体而言,硕士二、三年级的研究生尚未达到 CSE 七级要求,单项英语语言技能中,组构能力、语用能力、课堂用语能力的自评水平达到 CSE 七级要求。如表 5-9 所示,硕士二、三年级学生整体均值为 3.489,未达到均值标准 3.5;单项英语语言技能中,组构能力、语用能力、课堂用语能力的自评水平超过 3.5 标准,达到了 CSE 七级,其余单项均未达标;"达标学生比例"中,仅有组构能力、语用能力、课堂用语能力超过了 60%;具体来说,英语阅读理解最弱,均值为 3.331,达标学生比例为 41.24%;语用能力、课堂用语能力、组构能力相对较强。有高校英语教师也指出"因为我一直带的翻译和写作,我感觉在表达能力上,学生句法或语篇的能力都是有的,但是就是练习太少,不能够达到比较高的一个水准。如果看他们的论文的话,语言知识、句法问题还是比较多,衔接也是,这个是他们欠缺的"。

表 5-9 硕士二、三年级学生 CSE 七级自我评估描述性统计

项目($n=97$)	均值	标准差	中位数	达标学生比例(%)
综合语言能力	3.503	0.569	3.556	58.76
听力	3.398	0.597	3.502	50.52
阅读理解	3.331	0.667	3.338	41.24
口头表达	3.405	0.746	3.667	51.55
书面表达	3.354	0.685	3.333	38.14
组构能力	3.534	0.641	3.750	64.95
语用能力	3.742	0.696	4.000	69.07
翻译能力	3.351	0.653	3.400	42.27
课堂用语能力	3.659	0.652	3.800	75.26
整体	3.489	0.554	3.545	54.64

(4) 本、硕学生自评数据均值对比

如图 5-2 所示,英语教师职前阶段整体语言能力有所提升,相较于本科阶段,研究生群体 CSE 量表自评分均值涨幅为 0.072,但整体均未达到 CSE 七级,这同样表明,经过 1~2 年的学习,硕士学生语言水平有一定进步,但仍未能提升一个等级。该结果符合 Hasselgreen 和 Caudwell 的研究发现:语言学习者通常需要花数年时间从《共参框架》的一个级别过渡到更高的级别。[①] 在本、硕两个阶段的衔接过程中,单项英语语言技能中语用能力进步最大,涨幅为 0.222;口头表达有所减弱,降幅为 0.021,这应当引起必要的重视,需要引导学生自主地提升口语表达能力;组构能力经过硕士期间的学习,从 CSE 六级进步到 CSE 七级,这是单项技能中唯一从一个级别过渡到更高级别的。此外,从综合语言能力自评数据与整体语言能力数据对比来看,学生对自身综合语言能力的评价要稍高于实际整体语言能力。

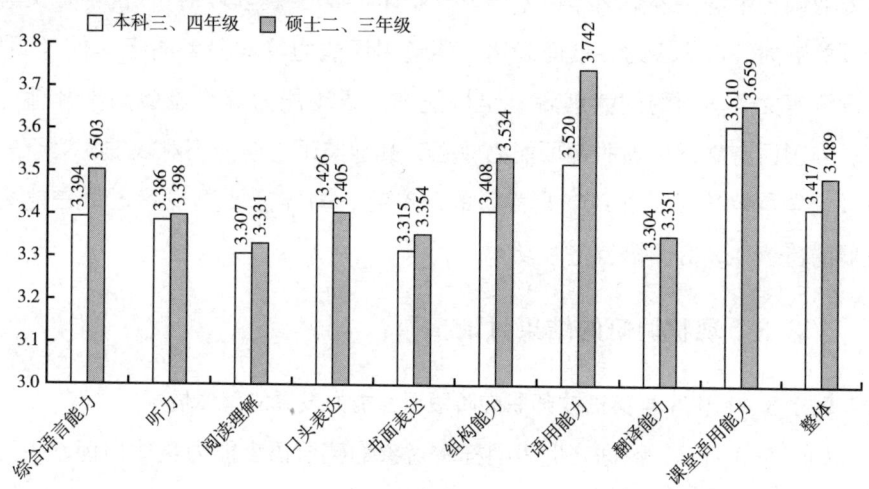

图 5-2 本、硕层面英语语言能力自评数据均值对比

(5) CSE 七级量表得分不同个体特征的差异性分析

将对象样本 CSE 七级整体自评得分和各单项自评得分作为因变量,经数据分析与验证,同样符合正态分布,且满足方差齐性。对性别使用独立样本 t 检验的方式,对专业、学校背景特征采用单因素方差分析(ANOVA)

[①] Hasselgreen A., Caudwell G. 2016. "Assessing the Language of Young Learners (British Council Monographs 1)." Sheffield: Equinox.

进行差异性分析,如表 5-10 所示,首先,不同性别的学生的翻译能力有显著差异,其中男性高于女性,这与六级层面的数据分析结果有所不同。其次,不同专业本科生在听力、阅读理解、口头表达、书面表达、组构能力、语用能力、翻译能力、课堂用语能力等层面均有差异,需要正视和回应不同专业背景学生本科阶段语言能力发展状况。Post Hoc 事后检验表明,本科英语专业在听力、阅读理解、口头表达、书面表达、组构能力、语用能力、翻译能力、课堂用语能力上均高于非英语专业;英语专业的听力、阅读理解、书面表达、组构能力、翻译能力等均高于英语(师范),英语(师范)专业背景学生的英语语言能力发展需要引起足够重视。最后,除翻译能力外,不同专业硕士生均在各单项存在差异。Post Hoc 事后检验表明,外国语言文学学硕的听力、口头表达、书面表达、课堂用语能力等均显著高于其他学硕;外国语言文学学硕的阅读理解、组构能力、语用能力等均显著高于其他专硕;外国语言文学学硕的各项能力较强,其他类硕士能力相对较弱。对于教育硕士学科教学(英语)专业背景的研究生,同样需要重视英语语言能力发展的持续性,夯实语言基本功。

5.2.3 现状调研的结果讨论

5.2.3.1 中小学英语教师职前阶段语言能力发展的整体情况

如图 5-3 所示,数据分析表明样本对象的英语语言能力整体自评水平达到了 CSE 六级,未达到 CSE 七级;单项英语语言技能中,听力、口头表达、组构能力、语用能力、翻译能力、课堂用语能力达到了 CSE 六级,其中,语用能力和课堂用语能力的自评水平整体较高。具体而言,本科三年级学生未达到 CSE 六级,本科四年级学生和硕士研究生普遍达到 CSE 六级水平;本、硕两个层面的学生均未达到 CSE 七级水平。基于此,可以将中小学英语教师语言能力水平在 CSE 六级和七级之间设置合理的能力梯度,并与职前培养各个阶段的英语教学与学习紧密结合,考虑将 CSE 六级作为一般英语语言能力水平的必要性标准,将 CSE 七级作为一般英语语言能力水平的发展性标准,从而更好地促进语言学习与语言能力的提升。

第五章 中小学英语教师职前阶段的语言能力发展

表 5-10 CSE 七级量表不同个体特征的差异性分析

背景特征	变量	人数	综合语言能力	听力	阅读理解	口头表达	书面表达	组构能力	语用能力	翻译能力	课堂用语能力	整体
性别	男	47	3.62±0.91	3.53±0.85	3.39±0.88	3.52±0.93	3.48±0.93	3.62±0.87	3.70±0.93	3.52±0.85	3.60±0.80	3.55±0.81
	女	700	3.40±0.71	3.33±0.71	3.31±0.67	3.41±0.67	3.32±0.67	3.43±0.65	3.54±0.73	3.32±0.67	3.60±0.61	3.44±0.58
	t 值		1.987	1.853	0.623	0.783	1.194	1.473	1.415	1.996	0.040	0.912
	P 值		0.047*	0.064	0.536	0.437	0.238	0.147	0.157	0.046*	0.968	0.366
本科专业	英语	173	3.56±0.69	3.49±0.71	3.48±0.69	3.60±0.63	3.47±0.65	3.57±0.64	3.66±0.73	3.42±0.71	3.74±0.57	3.58±0.56
	英语（师范）	387	3.38±0.71	3.33±0.68	3.28±0.68	3.41±0.65	3.31±0.67	3.43±0.64	3.53±0.72	3.28±0.67	3.62±0.60	3.43±0.56
	商务英语	14	3.43±0.58	3.39±0.49	3.31±0.51	3.55±0.45	3.33±0.54	3.48±0.49	3.64±0.63	3.43±0.44	3.64±0.43	3.49±0.36
	翻译	20	3.45±0.99	3.35±0.93	3.33±0.94	3.38±0.94	3.32±0.94	3.25±0.97	3.40±1.05	3.17±0.92	3.48±0.92	3.35±0.87
	非英语专业	95	3.30±0.76	3.13±0.80	3.11±0.85	3.13±0.80	3.16±0.80	3.31±0.75	3.48±0.84	3.08±0.81	3.45±0.79	3.26±0.70
	F 值		2.563	4.087	4.549	7.401	3.299	3.015	1.436	3.728	3.804	4.807
	P 值		0.037*	0.003**	0.001**	0.000**	0.011*	0.018*	0.220	0.005**	0.005**	0.001**
硕士专业	学科教学英语	132	3.55±0.56	3.56±0.50	3.47±0.61	3.54±0.56	3.45±0.57	3.57±0.57	3.72±0.62	3.41±0.68	3.79±0.46	3.59±0.45
	外国语言文学学硕	38	3.76±0.79	3.77±0.56	3.71±0.64	3.82±0.49	3.61±0.63	3.86±0.50	3.79±0.62	3.54±0.70	3.89±0.50	3.76±0.50
	教育学学硕	68	3.44±0.68	3.24±0.78	3.27±0.79	3.34±0.77	3.34±0.75	3.51±0.65	3.37±0.72	3.23±0.74	3.58±0.77	3.25±0.40
	其他类学硕	58	3.26±0.70	3.28±0.71	3.07±0.84	3.17±0.80	3.21±0.78	3.32±0.75	3.41±0.80	3.19±0.74	3.51±0.71	3.30±0.67
	其他类学硕	3	2.67±1.53	3.26±0.72	3.11±0.19	2.89±0.38	2.78±1.35	3.83±0.29	3.00±0.00	3.33±0.61	3.43±0.23	3.25±0.40
	F 值		4.951	5.193	5.879	7.350	3.110	4.734	3.208	2.123	4.073	5.346
	P 值		0.001**	0.000**	0.000**	0.000**	0.016*	0.001**	0.013*	0.078	0.003**	0.000**

注：* P<0.05；** P<0.01。

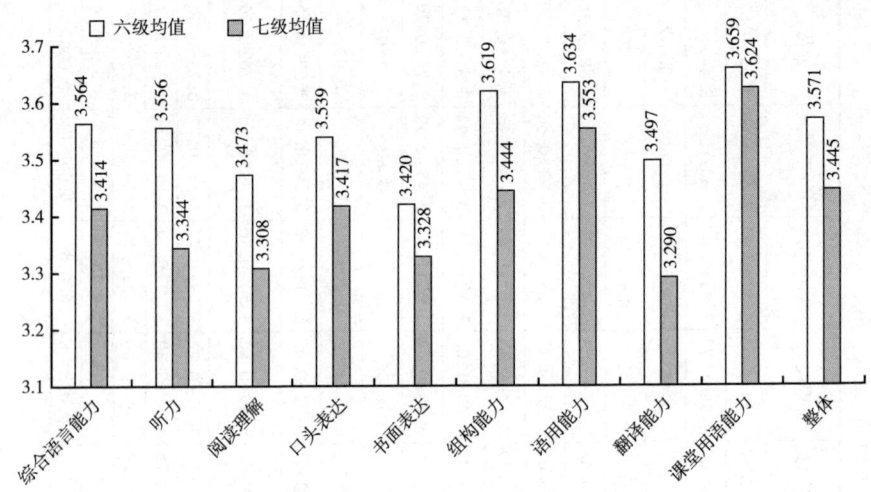

图 5-3 样本学生 CSE 六、七级量表结果对比

5.2.3.2 中小学英语教师职前阶段语言能力发展的分项情况

聚焦单项语言技能方面,课堂用语能力和组构能力表现相对突出;书面表达相对欠缺,表现为本科阶段均未达标,均值基本为不同年级单项技能中最低的;阅读理解、翻译能力相对较弱,应当引起重视。在质性访谈的过程中,长期从事高校英语教学的教师普遍认为中小学英语教师职前阶段的语言能力发展存在较为突出的问题,主要表现为英语语言表达能力亟待提升,重点关注到写作能力缺失,这与问卷调研结论是一致的。有高校英语教师指出,"目前我带的是三年级学生的写作课。我觉得从学生的写作来看,其实存在很多问题,例如一个简单句中会出现两个到三个谓语动词,串句、残句等现象比比皆是"。究其原因,对英语写作的学习投入度不足,学生研究能力与思维能力缺失,读写相关的低层次阅读,尤其是英文文献的阅读能力较弱。

同时,高校英语教师普遍意识到口语表达能力存在专业性不足,这与学生的自我认知状态存在一定的偏差。有高校英语教师指出,"我现在带的学生主要是本科二年级学生,我发现他们的口语大多非常薄弱,他们的口语锻炼机会是非常少的,其实有很多同学到大二都不敢开口说英语,即使有少部分同学开口说,也没有什么实质的内容。如果有时间可以去准备、查资料还好,但如果让学生即兴去表达,大多数同学是说不出来实质内容的"。与此同时,受访学生也指出,"我觉得主要原因就是之前读书的时候(大学之前)一直是被老师领着往前走,上大学之前的表达底子不太好。一方面,老师上课的时候对这个表达能力可能不是特别的重视;另一方面,那种学习的自主意识感觉不是特别的强,自己课后练习也真的是特别少,没有锻炼的机会"。

5.2.3.3 基于思维与文化的语言能力发展情况

中小学英语教师在职前阶段尤其是英语师范本科生的思维品质虽然有所发展,但是问题依然较为突出。对此,受访高校英语教师指出主要表现在以下两个方面:"其一,理解能力不足。理解能力应该属于思维品质的最基础性能力,决定着师范生对语言等信息的分析、识别、概括等能力。理解能力主要体现为师范生对学习主题的理解浅层化和碎片化。其中,浅层化是指对主题的理解仅仅局限在表层,未能深入主题内在,挖掘构成主体的各个要素之间的关系;碎片化即对主题的理解产生了互不关联的看法,看法之间缺乏关联性。其二,信息知识面太窄。虽然我们也鼓励他们多阅读、思考,但是他们阅读面还是有待扩大。目前知识仅仅局限于其所在的这个教育专业多一些,跨学科的知识整体少一点。事实上,我们用的课程资源,教材的聚焦性太强了,缺乏一些新的、前沿的专业知识信息输入"。

语言和文化分不开,这也能够体现语言学习背后的文化沟通与文化自信。受访的高校英语教师指出,"在英语教师职前阶段,其文化知识与文化意识整体较弱,甚至可能连一些基础的文化知识储备都没有。其实不仅是西方文化,对于我们国家自己的优秀传统文化都很欠缺。在英语职前教师阶段需要持续加强文化知识储备,深入了解和理解中外文化,才有可能去谈文化差异、文化沟通更深一层次的内容。文化理解、文化意识都是在有了文化储备之后加上自己的思维和理解。比如说文化沟通,需要在文化知识储备的基础上去学习一些沟通的技能、技巧。从文化知识到文化意识，再到文化自信，需要融入学生语言能力发展全过程，并逐步予以培养"。

5.2.3.4 基于英语语言能力发展的学习需求

如图5-4所示，英语教师职前阶段的语言学习需求同样侧重于语言表达能力的持续提升以及相应的学习指导与服务。例如，口语能力的培养是普遍关注的话题，有不少调研对象指出目前的口语课程，以及语音、语调培养相关课程较少，希望学校能开创更多口语交流环境和开设更多口语课程，以提升自己的口语表达能力。同时，在语言能力发展的过程中会主动地与未来的教学专业活动结合起来，这也与当前基础教育课程改革趋势相吻合。学生普遍希望有更多机会将英语语言技能、教育学相关理论运用到实践中，有更多模拟授课和跟岗实习的机会。有调研对象提出，"我认为自己的英语听、说、读、写能力还不错，但去学校实习的时候，我还是不敢讲课，这是我现阶段最大的困扰"。"我在教师招聘考试中总是可以顺利通过笔试，但到面试的时候自己的竞争力就不强了。"此外，调研对象普遍有意愿将语言能力发展与文化意识及思维品质的提升紧密结合，有较为强烈的学习需求。例如有调研对象指出，"我现在对一些传统文化的记忆可能还来源于自己初高中的学习，有一些内容都记不清了，希望能有这方面专业、系统的学习"。

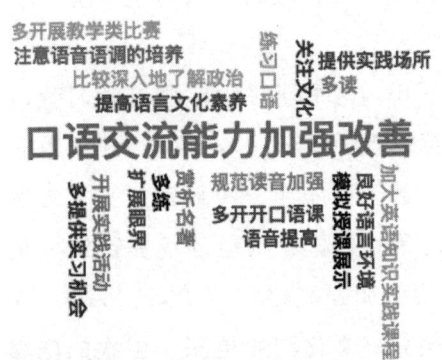

图5-4 样本学生对其自身语言能力发展需求的词云图

5.3 中小学英语教师职前阶段语言能力发展的提升策略

5.3.1 立足标准参照的英语语言能力发展策略

英语语言能力发展是中小学英语教师职前培养的前提与基础，需要有相应的语言能力标准与专业标准作为参照，科学有效地开展英语语言学习，这也是顺应基础教育课程改革趋势的内在要求。中小学英语教师的职前培养至少应该有一个语言能力标准，既指向一般语言能力发展（所有专业英语学习者），也指向专业语言能力发展（中小学英语教学的特定语言能力）。基于数据分析与访谈结果，当前英语教师职前阶段一般语言能力层面介于CSE六级和七级之间，可以以CSE作为一般语言能力发展的基准，开展相应的语言教学与学习活动，并对各个单项语言技能的学习与训练进行科学规划与专业支持。同时，针对中小学英语教师的专业语言能力，尤其是课堂言语能力，开展有针对性地学习指导与训练，助力实现英语语言知识体系与教育教学知识体系的有效对接、英语语言能力与课堂教学语言能力的有效对接，从而帮助其实现语言能力素养有效转化为教学实践素养。基于此，需要面向基础教育阶段的英语课程改革，针对本科阶段与硕士阶段的英语教师人才培养规格，层级递进地提升未来英语教师的"语言能力"，在时间层面注重英语语言学习环节的过程递进性，强调正式学习与非正式学习相结合；在空间层面强调英语语言学习方式的专业指导与科学训练，强调体验式学习与研究性学习相结合，实现语言能力发展的动态指导与评价反馈，并实现英语语言能力发展与英语教学专业实践的长效互动。

在中小学英语教师职前培养的过程中，要注重英语语言学习的顶层设计，在人才培养方案中尤其是人才培养目标层面，科学体现CSE的专业指导性，科学对接普通高中和义务教育阶段的英语课程新标准。可以围绕"双层面、四向度、六领域"的中小学英语教师语言能力发展框架，谋划"语言、教学、实践"三层级的英语语言能力发展策略。首先，分阶段推进

"双层面"的语言能力发展。本科阶段的第一、二学年，通过正式与非正式相结合的英语学习活动，夯实英语语言基本功，本科阶段的第三、四学年，通过深度学习与跨界学习相结合的语言学习活动，提升英语教学语言能力。硕士层面的语言学习则偏重于非正式学习与跨界学习的有机结合，重在评测指导与互动分享，实现英语语言能力的层级提升。其次，多角度推进"四向度"的语言能力发展。在夯实英语语言基本功的基础上，围绕英语学科核心素养的改革趋向，将知识倾向、交际倾向、文化倾向和社会功用倾向的语言学习活动融入英语教师职前阶段人才培养工作的全过程，采取合理定位、科学指导与积极干预相结合的改革举措，提升英语语言的综合素养。最后，全方位推进"六领域"的语言能力发展。聚焦"英语语言观、语言知识结构、语言技能水平、语用能力、跨文化意识和思维品质"六个领域，注重语言与文化、语言与思维、语言与学校的内在契合，在观念体系、知识体系、能力体系几个层面，将语言能力发展与教学专业实践有机结合，在英语教师职前阶段真正实现"乐教、能教、善教"的人才培养目标，真正落实英语语言能力发展的专业性、持续性与实践性。

5.3.2 立足课程建设与教学改革的语言能力发展策略

中小学英语教师职前阶段的课程建设与教学改革需要注重英语语言学习的发展性与持续性，需要加强英语语言学习的专业性与跨界性，将文化意识、思维品质和学习能力融入中小学英语教师的语言能力发展之中，这高度吻合了基础教育阶段英语课程改革的基本趋向，也高度符合高校英语师范专业认证工作的基本要求。

首先，模块化设置课程结构。本科层面英语教师职前培养的"语言类"课程模块需要包括语言技能类课程、语言文化类课程、思维创新类、跨界学习类课程。其中，英语语言技能类课程包括传统的语音、词汇、基础英语、高级英语、翻译、写作等，强调语言技能的科学指导与有效训练，当前尤其需要重视英语阅读能力与表达能力的全面提升（基于调研数据分析的结果）；语言文化类课程包括传统的英美国家文化、英语报刊选读等，强调文化意识的持续引导与全面渗透,当前尤其需要重视"人与自我""人与自然""人与社会"的文化主题情境;思维创新类课程包括传统的演讲、辩论等,强调思维品质的培养,当前尤其需要重视批判性思维、逻辑性思维和发散性思维的英语语言学习活动;跨界学习类课程,包括传统的信息技术及外语通识课等,强调跨学科素养的拓展与语言综合素养的提升,当前尤其需要紧扣跨学科外语教育的改革趋势,注重相关学科专业的学习与交流。此外,非语言类课程本身就体现了跨界学习的特点,但其更加重视作为教师专业素养的全面拓展与丰富。

其次,多样态促进课程建设。语言类与非语言类模块的课程建设都需要注重"线上与线下""显性与隐性"相结合的改革思路,注重英语教师语言能力及其他专业素养的全面提升。其中,语言类课程需要围绕英语语言能力发展的主线,创造性地开展相关课程建设工作。例如围绕英语阅读能力,教师要引导学生阅读内容多样化,既要阅读英语语言学方面的文本,更要阅读教育学、哲学、心理学、社会学等文本(英语版本)。同时,教师要在阅读教学中设计一些关联性问题,将字词识别和内涵挖掘有效贯通,并鼓励学生开展阅读应用活动,将阅读内容由单一的语言和文学范畴延伸到教育教学、心理学、哲学等学科,通过广泛阅读,熟知课堂教学基本用语,做到课堂教学用语专业化,而非生活化,真正实现阅读理解和应用的有效对接,达到学以致用。

最后,多层面推动教学改革。在英语课堂教学中通过多层面、递推式的教学活动来提升未来教师的语言能力素养,既要有教师"教"的活动,更要有学生"学"的活动以及良好的师生言语互动。教师"教"的活动主要是语言学习指导与教学资源供给,教师通过专业示范与支持服务,促进学生语言能力的持续发展;学生"学"的活动包括自主学习、小组研读以及实践创新活动等,促进学生语言学习品质的持续提升;师生言语活动,则是要注重优化课堂指令语、课堂反馈语以及课堂话语分析等活动,提升其语言学习的专业效能,旨在帮助英语师范生将习得的语言与教学知识等转化为专业学习行动与专业实践。

5.3.3 立足评测反馈与持续追踪的语言能力发展策略

在中小学英语教师职前阶段，需要充分重视英语语言能力发展的动态性，需要有常态化的语言能力测评活动，并通过及时反馈与积极干预，促进英语教师职前阶段的语言学习品质的全面提升，使其打下坚实的语言基本功。在调研的过程中，高校英语教师普遍认为学生英语学习会存在不同程度的盲目性，且很难在本科阶段后期或研究生期间保证足够的英语学习投入度，这对语言能力发展而言是必须予以正视的问题。基于此，需要围绕英语语言能力发展开展常态化、动态化的语言评测活动，并追踪学生的语言能力发展情况，开展有针对性的语言指导活动，从而提升英语语言学习质量与效能。

首先，以《量表》（CSE）、专业四八级（CTE4/8）为基准，分阶段开展英语语言评测活动，并与日常课程考核评价紧密结合，从而动态把握职前阶段语言能力发展的基本状况及存在的突出问题。英语教师职前阶段的英语评测应该及早进行、科学推进，并把相关评测数据电子化，利用信息技术手段动态监测职前阶段的语言学习状况及学生的英语语言能力水平。有高校教师就指出，"我非常建议在学生刚入学就进行语言评测，这样就能够及早了解情况、发现问题。在一个学生完成大二学习任务，即将开始大三阶段学习的时候，就需要通过动态数据看看这个学生的英语语言能力水平。如果这个学生连最基本的语音都过不了关，那我们靠最后的两年是不能培养出优秀的学生的"。

其次，以 CSE、普通高中与义务教育阶段的英语课程标准等为基准，分层次开展英语语言能力等级评测活动，并与英语教师资格认定考试工作相关联，从而持续提升职前阶段英语教师语言能力发展的专业性与实践性。有高校英语教师就指出，"比如可以对听说读写等各项语言能力进行一个分级的考核。学生想要毕业，就必须要达到几级，才能进行下一步的学习。针对各项语言技能，通过语言测评工具开展科学评价与及时反馈。听力测试的时候，测试题型可以是知识型的、应用型的、思辨型的，学生做完之后，然后就能看出来他哪里薄弱、哪里需要提高"。

最后,以科学的语言测评为手段,以动态的语言能力追踪为抓手,注重英语学习规划,激发其英语能力发展的主动性。将语言测评与水平追踪等工作与日常的英语教学结合起来,帮助学生树立正确的英语学习观,并结合自身的语言能力水平,科学制定符合实际的英语学习规划,持续激发其英语学习的热情,持续增强其正式学习与非正式学习效能,实现英语语言能力发展与教学专业素养的协同提升,从而更好地顺应基础教育阶段英语课程改革趋势,培养有理想信念、有道德情操、有扎实学识、有仁爱之心的优秀英语师资。

第六章 中小学英语教师职后阶段的语言能力发展及策略

英语语言能力的可持续发展,既是中小学英语教师职前培养工作不应忽视的重要方面,也面临着诸多现实的困境。在英语学科核心素养视域下,唯有教师具有将文化意识、思维品质与学习能力融入自身的语言能力发展之中,才能够更好地推进基础教育英语课程改革。然而,当前有相当部分中小学英语教师的语言能力处于停滞甚至损耗的状况,这需要引起足够的重视,需要在英语教师职后培训的工作中予以积极回应与有力支持。基于此,在问卷调研与质性访谈两个层面,试图全面知悉中小学英语教师语言能力发展的现状与问题,进而谋划促进中小学英语教师语言能力发展的改革策略。

6.1 中小学英语教师职后阶段语言能力发展的现状分析

6.1.1 调查研究的设计与实施

6.1.1.1 调查研究的设计

(1) 调查研究的目标与内容

基于 CSE 量表和基础教育英语课程标准等,本书所涉及的调研工作主要运用自评的方法,知悉和探讨我国中小学英语教师职后阶段的语言能力发展现状与问题，以及听力、阅读理解、口头表达、书面表达、组构能力、语用能力、翻译能力、课堂用语能力共八个单项技能的基本状况。在量化分析和质性访谈的基础上，立足当前中小学英语教师职后阶段语言能力发展的现状、问题与成因等，集中探讨中小学英语教师职后阶段语言能力提升的综合改进策略。

问卷调查的主要内容包括：第一，当前一线中小学英语教师的英语语音能力位于 CSE 量表哪一级别，整体语言能力的状况及存在的突出问题；第二，在听力、阅读理解、口头表达、书面表达、组构能力、语用能力、翻译能力、课堂用语能力八个单项技能方面，哪些技能的整体状况较好，哪些技能的整体状况较弱？单选技能的差异性及其存在的突出问题；第三，中小学英语教师职后阶段的语言能力在不同个体特征上有何差异？当前中小学英语教师职后阶段语言能力发展的专业需求和建议举措。

（2）调研问卷与访谈提纲的编制

本研究的调研工具为自评问卷。采用《量表》附录中的量表，根据研究对象的特点，选取综合语言能力和听力、阅读理解、口头表达、书面表达、翻译能力、组构能力、语用能力、课堂用语能力共计八个单项技能量表。根据教师场域话语特点，对自评量表中的语言表述进行修改，增添课堂用语能力量表。全部问卷共计 57 题。根据 CSE 量表能力等级的设定和专家判断法，本研究所选取对象一般位于 CSE 量表六级、七级，因此选择六、七两个级别的自评表。将 CSE 六级、七级自评量表分为两份问卷，分两次发放。

调研问卷由三部分组成：第一部分为研究对象的基本情况，包括样本的性别、年龄、教龄、职称、学历、毕业院校、所教年级、所在学校类型和所获荣誉称号。第二部分为教师英语语言能力自我评价部分，共有 45 项，本研究选用的 CSE 六级和七级两份问卷的具体内容的语言表述稍有差异。1~4 题为综合语言能力评价，对应能理解多种话题材料、参与教育教学领域多种话题的讨论等，这部分题是教师对自身语言能力的整体评价；5~7 题为听力能力评价，对应能听懂英语教育领域相关的口语表达、听懂语速正常的专业对话等；8~11 题为阅读理解能力评价，对应能够不间断地阅读多种主题的英语材料、能把握重要相关信息,并对语言和内容进行简单的评析等;12~15题为口头表达能力评价,对应能就社会热点话题或教育教学专业领域内熟悉的话题开展讨论,能对指定话题发表个人见解,能进行日常口语交流和协商,在CSE七级量表的问卷中,强调教师可以做正式的学术汇报等;16~19题为书面表达能力评价,对应能就社会热点问题或现象进行论证,撰写教育教学的论文摘要,进行常见文体的写作,CSE七级量表中还有教师能够编写情节复杂的故事等;20~24题为组构能力评价,对应能正确使用语法、语篇知识,理解语篇中复杂结构的表意功能,运用常见的语法结构组织信息,使用有效的衔接手段,CSE七级量表中还有教师应理解和使用隐喻表达方式等;25~28题为语用能力评价,对应能理解对方表达的意图,能在交流中选择不同的语言形式,能就不同话题与他人交流等,这里需要指出的是,CSE七级量表中的语用能力题目为25、26题,强调教师能够领会不同场合对方的表意意图;26~35题为翻译能力评价,对应口译和笔译能力等;36~45题为教师课堂用语能力,包括课堂话语分析、言语行为和课堂指令语、反馈语、提问语能力的自评等。第三部分为两道开放性问题。第一道题是关于中小学教师对其自身语言能力发展的学习需求;第二道题为请教师谈谈对"将文化意识、思维品质和学习能力融入语言能力发展中"这一观点的看法,以及对中小学英语教师语言素养提升的意见和建议。此外,采用李克特五级量表,"1"代表"完全不符合","5"代表"完全符合",按照70%的标准,某级别上自评数值达到3.5则表示教师达到了该等级。

提纲主要关涉以下质性访谈:第一,在新课标颁布的背景下,请结合英语教育教学工作,分享一下您对"语言技能、语言知识、语言交际、语言文化、语言思维、语言学习"等概念的认识与体会。除此之外,还有哪些重要的概念是英语语言能力发展中必须要充分重视的?第二,您觉得身边的英语教师尤其是新入职的教师,在语言技能方面的整体情况如何,在语言知识方面的整体情况如何,您觉得在职后阶段是否还需要持续提升英语教师的语言技能与语言知识水平?第三,在英语理解与表达能力方面,对当前中小学英语教师的思维品质和文化意识的整体评价,在已有的课程教学中是否充分体现、效果如何，在这方面有无专业学习的需求，亟待何种专业支持？第四，围绕英语理解能力、表达能力、翻译能力和语用能力等方面，您持有什么样的英语教学观，在已有的课程学习中是否充分体现、效果如何，在这方面有无专业学习的需求，亟待何种专业支持？第五，请结合课程教学活动，谈谈您对"课堂指令语、课堂提问语、课堂反馈语、课堂言语行为、课堂言语互动、课堂言语环境、课堂话语分析"等方面的认识、体会与思考。第六，结合核心素养视域下的课程改革与教学实践，围绕英语语言能力的持续发展，您对英语教师职后培训有什么意见和建议？

6.1.1.2 调查研究的实施

（1）调研问卷的发放与收集

问卷收集通过问卷星平台进行，对受访者分别发放 CSE 六级和 CSE 七级两份调查问卷，两份问卷发放间隔时间为两周，每份填写时间为 3~5 分钟。回收问卷 1725 份，剔除筛选项问题和作答时间过短的问卷，有效回收问卷为 1668 份，问卷有效率为 96.7%。

数据分析在 SPSS26.0 上完成，步骤如下：第一，信效度分析，经验证两份问卷的整体和单项技能的克朗巴哈系数（Cronbach's alpha）均大于 0.8；效度检验中问卷总 KMO 值为 0.810，大于 0.6，表明该问卷有较高的信度和效度；第二，用描述性分析分析样本教师的语言能力自评结果，包括单项技能和整体水平（整体水平由所有细目的均值代表）；第三，差异性分析，采用独立样本 t 检验和单因素方差分析的方式对样本的背景情况进行差异性分析。

（2）调查对象的基本情况

经过筛选共 1668 名符合条件的教师参加调研。调查对象现在或曾经是中小学英语教师（不包括短暂实习），样本具体背景情况如表 6-1 所示。具体而言，第一，从性别结构来看，女性为 1500 人，男性为 168 人，女性教师占 89.93%，这与我国中小学教师性别严重失衡的现状是一致的。[①] 根据

---

① 徐梦杰、张民选，2021，《中小学教师性别失衡问题及对策研究》，《教育发展研究》第 Z2 期，第 107~115+124 页。

表 6-1 中小学英语教师语言能力发展调研样本的基本情况

单位：人，%

项目	类别	数量	百分比	项目	类别	数量	百分比
性别	男性	168	10.07	所在学校类型	城市学校	701	42.03
					城区学校	491	29.44
	女性	1500	89.93		乡镇学校	352	21.10
					乡村学校	124	7.43
年龄	24 岁及以下	39	2.34	教龄	1~2 年	177	10.61
	25~30 岁	313	18.76		3~5 年	191	11.45
	31~35 岁	331	19.84		6~8 年	170	10.19
	36~40 岁	287	17.21		9~11 年	171	10.25
	41~45 岁	330	19.78		12~15 年	190	11.39
	46~50 岁	186	11.15		16~20 年	273	16.37
	50 岁以上	182	10.91		21 年及以上	496	29.74
学历	专科及以下	20	1.20	职称	初级	541	32.43
	本科	1185	71.04		中级	841	50.42
	硕士	459	27.52		高级	277	16.61
	博士	4	0.24		正高级	9	0.54
所获荣誉称号	全国优秀教师	17	1.00	教学类型	英语相关	1500	89.93
	特级教师	11	0.66		非英语通用语	11	0.66
	省级优秀教师	138	8.70		小语种	5	0.30
	市级优秀教师	337	20.21		非语言类	1	0.06
	其他荣誉称号	1295	77.64		实践教学工作	151	9.05
所教年级	小学三年级以下	114	6.83	毕业院校	部属师范	405	24.28
	小学四至六年级	231	13.85		地方师范	512	30.70
	初中	810	48.56		国内外语	453	27.16
	高中	501	30.04		国内其他	265	15.89
	职业中学	12	0.72		国外院校	33	1.98

2018 年世界经济合作与发展组织（OECD）所有成员国家的数据，在过去十余年中，在各学段中女教师比例都不断攀升，各学段 30 岁以下教师群体中男性比例均低于 50 岁以上该群体的比例。第二，从年龄和教龄分布情况来看，24 岁及以下年龄段人数较少，占比为 2.34%；参与调研的教师在各个年龄层均有分布；教龄在 21 年及以上的教师占比最高，为 29.74%。第三，从学历和毕

业院校来看，本科所占比例最高，为 71.04%，专科及以下相对较少，占比仅为 1.20%。这表明我国中小学教师的师资来源仍以本科为主。其中，国外院校相对较少，占比仅为 1.98%；师范类院校占比较高，部属师范大学和地方师范大学合计占比 54.98%。第四，从职称分布来看，中级职称教师占比最高，为 50.42%；正高级教师相对较少，占比仅为 0.54%。第五，从所教年级和从事教学类型来看，样本中初中老师占比最大，为 48.56%；职业中学的老师相对较少，占比为 0.72%。第六，绝大多数教师从事英语相关课程教学，占比为 89.93%；从事实践教学工作的教师为 151 人，占比 9.05%。第七，在所在学校类型上，城市学校占比最高，为 42.03%；乡村学校教师相对较少，占比为 7.43%。

本次问卷调研与质性访谈的重点是专家型中小学英语教师，故在调查研究的过程中遴选了全国优秀教师、特级教师、省市级教学名师、省市级学科带头人、省市级教学能手等优秀英语师资。依据教师所获荣誉称号的基本情况，对相关背景数据采用了多重响应分析，具体情况见表 6-2 所示，其中拟合优度检验为 $\chi^2 = 7924.823$，$P = 0.000$，这表明选项之间有差异，选择最多项为其他项；样本中有较多教师获得国家级、省、市、区荣誉，有着较为丰富的教学经验，这表明本研究具有代表性和科学性。后续对于上述专家型中小学英语教师进行了深度的质性访谈。

表 6-2　所获荣誉称号的中小学英语教师多重响应分析

单位：人，%

所获荣誉称号	数量	响应率	所占百分比
全国优秀教师	17	0.94	1.00
特级教师	11	0.61	0.66
省级优秀教师	7	0.39	0.42
省级教学名师	16	0.89	0.96
省级学科带头人	25	1.39	1.50
省级教学能手	97	5.37	5.82
市级教学名师	47	2.60	2.82
市级学科带头人	35	1.94	2.10
市级教学能手	255	14.13	15.29
其他	1295	71.75	77.64
总　计	1805	100	108.21

6.1.2 基于CSE六级量表的中小学英语教师自评结果分析

6.1.2.1 CSE六级问卷样本语言能力整体状况分析

如表6-3所示，样本教师在CSE六级语言能力自评中单项语言技能和整体语言能力水平的均值、标准差及达标教师比例呈现出较好的状况。其中，"达标教师比例"是指自评数值在3.5及以上的人数比例。数据显示，样本教师整体语言能力均值为4.06，高于均值3.5的标准；单项语言技能的均值为3.49~4.23，仅有翻译能力未能达到3.5均值，其余单项技能均已达标；课堂用语能力均值最高，为4.23。同时，综合语言能力和八项单项语言技能"达标教师比例"均超过50%，整体数值较高。这就能够表明样本教师整体英语语言能力水平达到了CSE六级，除翻译能力外，单项语言技能也达到了CSE六级。通过综合语言能力与整体语言能力水平均值对比来看，当前中小学英语教师对自身语言能力的估测与实际测评结果基本持平。

表6-3 CSE六级问卷样本整体状况的描述性统计

项目($n=1668$)	均值	标准差	达标教师比例(%)
综合语言能力	4.08	0.73299	86.09
听力	3.96	0.74908	76.80
阅读理解	3.88	0.78502	76.74
口头表达	3.95	0.71792	78.42
书面表达	3.91	0.77084	82.07
组构能力	4.13	0.66715	88.01
语用能力	4.06	0.69066	86.39
翻译能力	3.49	0.91552	52.58
课堂用语能力	4.23	0.63029	92.69
整体水平	4.06	0.70221	81.24

6.1.2.2 英语语言能力在不同群体的差异性分析

为进一步了解中小学英语教师语言能力发展的影响因素，本研究以语言能力为因变量,对性别采用独立样本 t 检验的方式,对年龄、教龄、职称、学历、毕业院校、所教年级、所在学校类型等背景特征用单因素方差分析方式进行差异比较。上述不同群体中小学英语教师的英语语用能力自评水平呈现出较为显著的差异。

(1) 基于性别、年龄、教龄的 CSE 六级语言能力水平的差异性分析

性别因素并未呈现出显著的差异。如表 6-4 所示,两组数据服从正态分布且满足方差齐性,因此对性别两组之间的差异对比使用独立样本 t 检验方式进行差异比较。数据分析表明,不同性别的中小学英语教师在整体水平和各单项技能中均未表现出显著差异。

年龄因素呈现出显著差异,并具有递减的反比例特征。如表 6-5 所示,年龄差异在听力、阅读理解、口头表达、书面表达、组构能力、语用能力、翻译能力、课堂用语能力和整体水平上均呈现出显著差异。经多重比较(LSD)分析,25~30 岁的教师在听力、阅读理解、口头表达、书面表达方面的能力要显著高于 36~40 岁;24 岁及以下的教师的组构能力、语用能力和整体水平等方面的能力要显著高于 36~40 岁,翻译能力显著高于 46~50 岁;50 岁以上教师的课堂用语能力显著高于 36~40 岁。总体来说,35 岁及以下教师的听力、阅读理解、口头表达、书面表达、翻译能力要优于 36 岁以上教师;40 岁以上教师的课堂用语能力优于其他年龄段的教师。

教龄因素与年龄因素整体均呈现出显著差异,但又有所不同。具体如表 6-5 所示,不同教龄在听力、阅读理解、口头表达和翻译能力上呈现显著差异。教龄 3~5 年的教师听力显著高于教龄 21 年及以上的教师;1~2 年教龄的教师口头表达和翻译能力显著高于教龄 21 年及以上的教师,阅读理解高于 12~15 年教龄的教师。总体来说,教龄 1~5 年的教师在听力、阅读理解、口头表达、翻译能力上显著高于其他教师。

由此可见,英语语言能力的发展水平与年龄、教龄因素呈现反比例的特征,中小学英语教师群体确实存在英语语言能力递减态势。尤其是新入职的中小学英语教师语言能力状态最佳,35 岁及以下、教龄在 5 年以下的教师听力、阅读理解、口头表达、翻译能力要优于 35 岁以上教师;随着年龄和

教龄的增长，其语言能力发展可能会呈现停滞甚至倒退的状态。但课堂用语能力则恰恰相反，随着年龄和教龄的增长而持续增强，40岁以上的中小学英语教师课堂用语能力要高于其他教师。基于此，需要持续加强英语语用能力发展的专业支持服务，促进英语语用能力素养的全面提升。

（2）基于学历、毕业院校类型、职称的CSE六级语言能力水平的差异性分析

如表6-6所示，不同学历在整体水平和八个单项技能中均呈现显著差异。由于样本中学历为博士和专科及以下的教师样本量过小，在差异性分析中将其剔除。经事后多重比较（LSD）分析发现，硕士学历教师的综合语言能力和单项技能均显著高于本科学历教师。

不同毕业院校类型在整体水平和八个单项技能中均呈现显著差异。经事后多重比较（LSD）分析发现，国外院校毕业的教师在各单项技能和整体水平上均显著高于其他院校；国内院校对比来看，毕业于国内外语院校的教师在听力、阅读理解、口头表达、书面表达、组构能力、语用能力、翻译能力、课堂用语能力上显著高于地方师范院校教师。

如表6-7所示，不同职称的教师在阅读理解、口头表达、书面表达、组构能力、语用能力、翻译能力、课堂用语能力以及整体水平上呈现显著差异。其中，正高级教师数据较少（$n=9$），不具有统计学差异性分析意义，因此将该项数据剔除。经事后多重比较（LSD）分析发现，在阅读理解、口头表达和翻译能力上，有着较为明显差异的组别平均值得分对比结果均为"初级>中级；高级>中级"。在书面表达、组构能力、语用能力、课堂用语能力以及整体水平上，均值得分对比结果均为"高级>初级；高级>中级"。综上可以得出结论，高级职称在阅读理解、口头表达、翻译能力上显著高于中级职称；高级职称在书面表达、组构能力、语用能力、课堂用语能力上显著高于初级职称。

综上，高级职称教师的整体水平高于初级和中级职称教师；单项技能方面，初级职称教师的阅读理解、口头表达、语用能力、翻译能力高于中级职称教师。

第六章 中小学英语教师职后阶段的语言能力发展及策略

表6-4 CSE六级问卷中性别与语言能力的差异性分析

项目	变量	人数	综合语言能力	听力	阅读理解	口头表达	书面表达	组构能力	语用能力	翻译能力	课堂用语能力	整体水平
性别	男	168	4.12±0.73	4.01±0.75	3.894±0.73	3.88±0.79	3.973	4.19±0.66	4.12±0.67	3.61±0.93	4.23±0.66	4.02±0.63
	女	1500	4.07±0.73	3.96±4.01	3.873±0.79	3.90±0.77	3.94±3.97	4.12±0.67	4.12±0.67	3.48±0.91	4.24±0.63	3.97±0.63
	t值		−0.711	−0.783	−0.339	−0.727	−0.5	−1.223	−1.107	1.848	0.178	−0.928
	P值		0.477	0.478	0.734	0.467	0.617	0.222	0.268	0.065*	0.859	0.353

注：* $P<0.05$；** $P<0.01$。

表6-5 CSE六级问卷中年龄、教龄与语言能力的差异性分析

项目	变量	人数	综合语言能力	听力	阅读理解	口头表达	书面表达	组构能力	语用能力	翻译能力	课堂用语能力	整体水平
年龄	24岁及以下	39	4.03±0.75	4.03±0.80	4.03±0.70	4.06±0.74	3.95±0.70	4.23±0.52	4.18±0.48	3.81±0.82	4.22±0.55	4.07±0.59
	25~30岁	313	4.05±0.67	4.08±0.65	4.02±0.6	4.08±0.64	4.01±0.64	4.14±0.59	4.14±0.60	3.66±0.83	4.24±0.53	4.05±0.55
	31~35岁	331	4.05±0.80	4.01±0.78	3.96±0.80	3.98±0.76	3.99±0.72	4.14±0.69	4.10±0.71	3.58±0.90	4.21±0.67	4.00±0.67
	36~40岁	287	4.01±0.74	3.86±0.79	3.75±0.81	3.74±0.82	3.83±0.77	3.99±0.72	3.96±0.75	3.35±0.94	4.13±0.72	3.85±0.68
	41~45岁	330	4.07±0.77	3.91±0.84	3.79±0.81	3.85±0.82	3.94±0.73	4.15±0.69	4.04±0.73	3.41±0.96	4.25±0.65	3.95±0.66
	46~50岁	186	4.16±0.65	3.92±0.72	3.79±0.81	3.80±0.80	3.91±0.73	4.16±0.67	4.03±0.69	3.32±0.96	4.30±0.55	3.95±0.61
	50岁以上	182	4.22±0.68	3.99±0.68	3.88±0.75	3.89±0.72	4.00±0.70	4.21±0.63	4.09±0.64	3.48±0.86	4.33±0.61	4.02±0.59
	F值		2.194	2.854	4.805	6.516	2.148	2.910	2.284	5.797	2.632	3.092
	P值		0.041*	0.009**	0.000**	0.000**	0.045*	0.008**	0.034*	0.000**	0.015*	0.005**

续表

项目	变量	人数	综合语言能力	听力	阅读理解	口头表达	书面表达	组构能力	语用能力	翻译能力	课堂用语能力	整体水平
教龄	1~2年	177	4.06±0.73	4.06±0.74	4.04±0.70	4.07±0.69	4.01±0.68	4.14±0.61	4.14±0.62	3.74±0.83	4.22±0.55	4.05±0.60
	3~5年	191	4.06±0.64	4.07±0.65	3.98±0.68	4.03±0.65	3.99±0.64	4.16±0.58	4.12±0.60	3.62±0.81	4.22±0.55	4.03±0.54
	6~8年	170	4.01±0.77	4.02±0.70	3.99±0.72	4.03±0.67	3.99±0.64	4.13±0.67	4.10±0.69	3.54±0.87	4.22±0.64	4.00±0.61
	9~11年	171	4.03±0.83	4.00±0.79	3.92±0.81	3.94±0.81	3.95±0.79	4.09±0.74	4.07±0.74	3.55±0.93	4.19±0.73	3.98±0.71
	12~15年	190	4.06±0.73	3.91±0.81	3.80±0.78	3.83±0.77	3.86±0.74	4.05±0.69	4.01±0.70	3.40±0.96	4.21±0.64	3.91±0.64
	16~20年	273	4.12±0.76	3.95±0.81	3.83±0.84	3.89±0.80	3.97±0.74	4.16±0.68	4.10±0.72	3.43±0.94	4.28±0.68	3.98±0.66
	21年及以上	496	4.11±0.70	3.89±0.75	3.77±0.82	3.78±0.82	3.91±0.73	4.13±0.68	4.00±0.70	3.38±0.94	4.25±0.61	3.93±0.63
	F值		0.759	2.368	4.456	5.673	1.046	0.692	1.639	4.874	0.563	1.512
	P值		0.602	0.028*	0.000**	0.000**	0.393	0.656	0.133	0.000**	0.760	0.170

注：* P<0.05；** P<0.01。

表6-6 CSE六级问卷中学历、毕业院校类型与语言能力的差异性分析

项目	变量	人数	综合语言能力	听力	阅读理解	口头表达	书面表达	组构能力	语用能力	翻译能力	课堂用语能力	整体水平
最高学历	专科及以下	20	4.17±0.85	3.98±0.92	3.86±0.92	3.79±0.99	3.94±0.84	4.05±0.81	4.04±0.90	3.57±1.06	4.24±0.72	3.97±0.76
	本科	1185	4.04±0.75	3.90±0.76	3.80±0.80	3.84±0.78	3.88±0.73	4.09±0.68	4.02±0.70	3.41±0.94	4.22±0.64	3.92±0.64
	硕士	459	4.16±0.68	4.12±0.69	4.08±0.69	4.09±0.69	4.12±0.64	4.22±0.61	4.18±0.63	3.68±0.83	4.28±0.59	4.10±0.58
	博士	4	4.19±0.94	3.92±0.79	3.94±0.97	3.88±0.92	4.13±0.72	4.10±0.66	4.00±0.82	3.96±0.78	4.17±0.59	4.05±0.73
	F值		3.180	9.468	14.717	12.289	13.275	4.226	5.854	9.858	1.253	9.002
	P值		0.023*	0.000**	0.000**	0.000**	0.000**	0.006**	0.001**	0.000**	0.289	0.000**

续表

项目	变量	人数	综合语言能力	听力	阅读理解	口头表达	书面表达	组构能力	语用能力	翻译能力	课堂用语能力	整体水平
毕业院校类型	部属师范	405	4.12±0.73	4.00±0.76	3.93±0.79	3.95±0.78	3.99±0.73	4.17±0.68	4.09±0.69	3.55±0.91	4.25±0.64	4.01±0.65
	地方师范	512	4.00±0.75	3.82±0.78	3.69±0.83	3.75±0.80	3.81±0.74	4.03±0.68	3.97±0.71	3.35±0.93	4.17±0.64	3.86±0.64
	国内外语	453	4.10±0.73	4.03±0.70	3.97±0.71	3.98±0.72	4.02±0.65	4.17±0.64	4.11±0.64	3.56±0.87	4.27±0.59	4.03±0.59
	国内其他	265	4.08±0.72	3.99±0.72	3.93±0.77	3.95±0.76	3.98±0.74	4.14±0.68	4.07±0.72	3.48±0.93	4.23±0.65	3.99±0.65
	国外院校	33	4.30±0.58	4.40±0.58	4.36±0.59	4.35±0.58	4.33±0.58	4.38±0.53	4.42±0.53	3.99±0.78	4.51±0.51	4.34±0.52
	F值		2.604	8.831	12.868	9.563	8.526	4.633	5.574	6.873	3.215	8.244
	P值		0.034*	0.000**	0.000**	0.000**	0.000**	0.001**	0.000**	0.000**	0.012*	0.000**

注：* P<0.05；** P<0.01。

表 6-7　CSE 六级问卷中职称与语言能力的差异性分析

项目	变量	人数	综合语言能力	听力	阅读理解	口头表达	书面表达	组构能力	语用能力	翻译能力	课堂用语能力	整体水平
职称	初级	541	3.99±0.78	3.96±0.77	3.92±0.78	3.94±0.76	3.91±0.73	4.10±0.68	4.06±0.69	3.55±0.90	4.19±0.63	3.97±0.65
	中级	841	4.07±0.72	3.94±0.75	3.82±0.80	3.85±0.78	3.92±0.72	4.10±0.68	4.03±0.71	3.42±0.93	4.22±0.65	3.94±0.64
	高级	277	4.26±0.65	4.02±0.69	3.95±0.75	3.99±0.74	4.08±0.67	4.26±0.57	4.17±0.61	3.56±0.88	4.36±0.56	4.08±0.56
	正高级	9	4.53±0.67	4.30±0.86	4.25±0.86	4.31±0.79	4.36±0.87	4.44±0.83	4.36±0.66	3.94±0.77	4.44±0.60	4.32±0.64
	F值		9.417	1.419	3.561	3.799	4.954	5.184	3.420	3.851	5.176	4.519
	P值		0.000**	0.236	0.014*	0.010*	0.002**	0.001**	0.017*	0.009**	0.001**	0.004**

注：* P<0.05；** P<0.01。

(3) 基于所教年级、所在学校类型的 CSE 六级语言能力水平的差异性分析

根据表 6-8,教师所教年级在整体水平和各单项能力上均呈现显著差异。由于职业中学教师的样本量($n=12$)较少,在差异性分析中予以剔除。经事后多重检验(LSD)分析,小学三年级以下教师听力、阅读理解、口头表达、语用能力、翻译能力、课堂用语能力及整体水平均高于其他年级教师;高中教师的书面表达、组构能力高于其他年级教师。

根据表 6-9,不同学校类型在整体水平和各个单项技能上均呈现显著差异。经事后多重比较(LSD)分析发现,城市学校教师的整体水平和单项技能显著高于其他类型学校。总的来说,城市学校和城区学校的教师语言能力显著高于乡镇和乡村学校教师。

6.1.3 基于 CSE 七级量表的中小学英语教师自评结果分析

6.1.3.1 CSE 七级问卷样本语言能力整体状况分析

如表 6-10 所示,CSE 七级问卷中样本教师整体语言能力的均值为 3.77,超过 3.5 均值的标准;八项技能的均值在 3.199~4.114,整体达标教师的比例是 69.5%,超过半数。从单项技能来看,七项技能的均值超过 3.5 的标准,最高的是课堂用语能力,均值达到了 4.114,达标教师比例为 89.5%;语用能力和组构能力的均值分别为 3.854 和 3.813,达标教师的人数也相对较多;听说读写四项能力的均值接近且达标教师均超过半数,其中口头表达的达标教师比例要比其他三项高一些。单项中均值唯一低于 3.5 的是翻译能力,仅 3.199,与其他七项相比分差较大,达标教师人数也相对较少,仅占 41.7%。翻译能力的标准差最大、中位数最低,说明参与调研的教师在翻译能力方面差异较大,且翻译能力普遍较弱。CSE 七级对口译能力的要求是"能借助笔记做交替传译,译出信息密度适中、语速正常、语段较短的讲话,如商务洽谈、培训沙龙等。能运用增补、删减、显化等方法,译出源语中的重要信息和关键细节,译语逻辑连贯,表达较为得体、流畅。能及时发现误译、漏译等错误,并在后续译语中纠正或补充",可见该等级对语言使用者的翻译知识、翻译技巧均有较高的要求,而中小学英语教师的

表6-8 CSE六级问卷中所教年级与语言能力的差异性分析

项目	变量	人数	综合语言能力	听力	阅读理解	口头表达	书面表达	组构能力	语用能力	翻译能力	课堂用语能力	整体水平
所教年级	小学三年级以下	114	4.27±0.65	4.16±0.70	4.08±0.70	4.16±0.64	4.04±0.66	4.20±0.62	4.16±0.59	3.63±0.90	4.43±0.54	4.14±0.56
	小学四至六年级	231	4.07±0.81	3.96±0.82	3.80±0.87	3.91±0.85	3.88±0.84	4.01±0.81	4.02±0.79	3.41±1.00	4.21±0.74	3.92±0.74
	初中	810	4.02±0.75	3.91±0.76	3.80±0.81	3.83±0.79	3.89±0.72	4.09±0.66	4.02±0.70	3.43±0.94	4.21±0.62	3.92±0.63
	高中	501	4.12±0.68	4.01±0.70	3.98±0.69	3.95±0.70	4.04±0.65	4.22±0.61	4.12±0.63	3.59±0.82	4.23±0.60	4.03±0.58
	职业中学	12	4.27±0.59	4.06±0.89	4.04±0.82	4.19±0.79	4.29±0.71	4.50±0.51	4.48±0.70	3.56±1.14	4.62±0.48	4.24±0.58
	F值		3.857	3.537	6.666	5.848	5.194	6.063	3.468	3.600	4.483	5.161
	P值		0.004**	0.007**	0.000**	0.000**	0.000**	0.000**	0.008**	0.006**	0.001**	0.000**

注：* $P<0.05$；** $P<0.01$。

表6-9 CSE六级问卷中所在学校类型与语言能力的差异性分析

项目	变量	人数	综合语言能力	听力	阅读理解	口头表达	书面表达	组构能力	语用能力	翻译能力	课堂用语能力	整体水平
所在学校类型	城市学校	701	4.28±0.65	4.18±0.66	4.09±0.69	4.12±0.67	4.12±0.65	4.27±0.62	4.20±0.64	3.65±0.88	4.37±0.58	4.14±0.58
	城区学校	491	4.01±0.70	3.89±0.71	3.81±0.74	3.85±0.74	3.92±0.67	4.09±0.64	4.04±0.66	3.45±0.86	4.20±0.63	3.93±0.59
	乡镇学校	352	3.87±0.79	3.76±0.82	3.66±0.88	3.69±0.85	3.75±0.79	3.97±0.69	3.90±0.73	3.33±0.97	4.09±0.62	3.80±0.66
	乡村学校	124	3.79±0.86	3.64±0.84	3.53±0.85	3.57±0.86	3.65±0.82	3.89±0.77	3.81±0.82	3.15±0.98	4.03±0.76	3.69±0.73
	F值		36.469	39.601	38.541	38.194	31.774	24.238	22.700	17.571	22.396	37.190
	P值		0.000**	0.000**	0.000**	0.000**	0.000**	0.000**	0.000**	0.000**	0.000**	0.000**

注：* $P<0.05$；** $P<0.01$。

教育背景和日常英语使用环境对翻译的要求较低,这可能是教师翻译水平普遍较低的原因。综上,样本教师自我评估的语言能力整体达到CSE七级。教师自我评估最好的语言能力是课堂用语能力,最弱的是翻译能力。

表 6-10 CSE 七级问卷样本整体状况的描述性统计

项目	均值	标准差	达标教师比例(%)
综合语言能力	3.954	0.678	83.0
听力	3.762	0.722	66.4
阅读理解	3.695	0.795	67.3
口头表达	3.770	0.756	74.1
书面表达	3.712	0.748	69.6
组构能力	3.813	0.729	73.3
语用能力	3.854	0.729	79.6
翻译能力	3.199	0.997	41.7
课堂用语能力	4.114	0.638	89.5
整体水平	3.770	0.648	69.5

6.1.3.2 语言能力在不同个体特征上的差异性分析

在 CES 七级层面的调研分析中,同样以语言能力为因变量,对性别采用独立样本 t 检验的方式,对年龄、教龄、职称、学历、毕业院校、所教年级、所在学校类型等背景特征采用单因素方差分析方式进行差异比较。

(1) 基于性别、年龄、教龄的 CSE 七级语言能力水平的差异性分析

本研究针对性别差异,采用独立样本 t 检验分析中小学英语教师的语言能力。结果显示,男性教师和女性教师的语言能力基本都达到 CSE 七级,其中翻译能力的均值最低,均未达到 CSE 七级的标准。性别在语言能力整体水平和书面表达、组构能力、语用能力及翻译能力上存在差异但均不显著,在其他单项上不存在差异。此外,参与调研的男性教师的语言能力均值在任何一个维度上都高于女性教师,表明受访男性教师的整体语言水平高于

女性教师。

将教师教龄分为七个组别，对七组中小学英语教师的整体语言能力水平和单项语言技能自我评估结果进行单因素（ANOVA）方差分析，所有教龄组教师的自我评估整体均值在 3.5 以上，说明教师语言能力整体达到 CSE 七级，其中翻译能力的均值最低，未达到 3.5，说明受访教师的翻译水平不足 CSE 七级。除听力和课堂用语能力外，不同教龄在其他单项语言能力上存在显著差异。具体而言，受访教师的整体语言能力随教龄增加而减弱，只有课堂用语能力的变化曲线相反，随教师的日常使用时间增加而增强（见图 6-1）。经事后多重检验可得，教龄为 1~2 年、3~5 年、6~8 年的教师语言能力差异不显著，但他们的语言能力，尤其是听说读写译能力，显著高于 9 年以上教龄的教师（$P<0.05$）。21 年及以上教龄的专家教师课堂用语能力最强，这是他们经过长期实践而积累的能力。

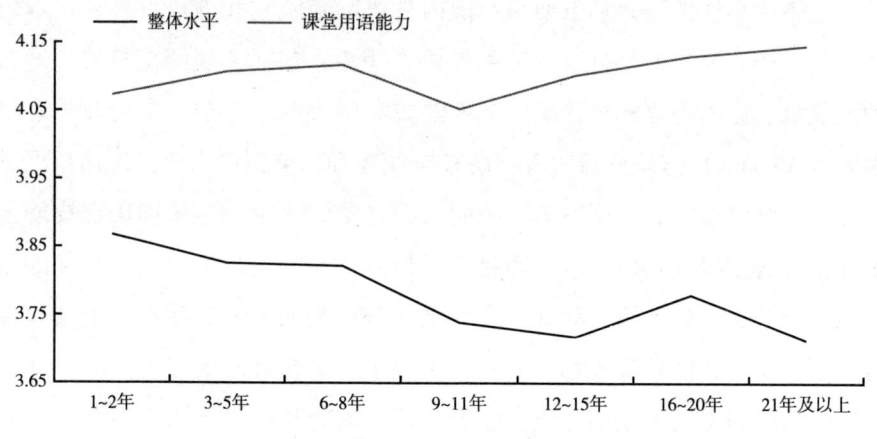

图 6-1　CSE 七级问卷整体水平和课堂用语能力随教龄变化曲线

（2）基于学历、毕业院校类型、职称的 CSE 七级语言能力水平的差异性分析

本研究设置了四个教师最高学历的组别，分别是专科及以下、本科、硕士和博士，在收回的 1668 份有效问卷中，博士样本数量太少，不具有代表性，因此将该样本剔除。对三组不同学历教师的单项技能数据进行单

因素（ANOVA）方差分析，结果表明，最高学历（硕士）在教师英语语言能力的整体水平、组构能力、语用能力和翻译能力上存在差异（$0.01<P<0.05$），在阅读理解、口头表达和书面表达方面存在显著差异（$P<0.01$），而在听力和课堂用语能力上无显著差异。在调研样本的教师群体中，专科及以下的英语教师在综合语言能力、听力和翻译能力上均值最高，但事后检验并未表明三组教师在这三项能力上存在差异。除上述三个单项技能外，中小学英语教师其他单项技能的均值都随着教师学历的增加而增加。取得硕士学位的教师的口头表达和书面表达明显高于其他两组，本科学历的教师语言能力自评情况最弱，专科及以下教师课堂用语能力最弱。由此可见，一方面需要继续增加硕士学历层面的中小学英语教师数量；另一方面需要针对不同学历的中小学英语教师进行有针对的语言学习的支持服务。

我国中小学英语教师主要来自国内外语师范院校和外语类院校，本研究对教师毕业院校的划分以师范和外语类为主，包括部属师范院校、地方师范院校、国内外语院校、国内其他院校和国外院校五类。本研究采取单因素（ANOVA）方差分析对五组院校毕业教师的英语能力自我评估数据进行分析，结果显示，不同毕业院校的教师在整体水平和各单项语言技能上均存在显著差异（$P<0.01$），毕业于国外院校和国内外语院校的教师的语言能力显著优于其他组的教师。事后检验分析表明，尤其是在听说读写译这五项技能上，国外院校和国内外语院校毕业的教师成绩显著高于其他院校的教师；而这五组教师在组构能力、语用能力和课堂用语能力上没有显著差别（见表6-11）。这是因为国内外语院校的课程设置和培养目标以语言能力的训练为主，而师范类院校的课程侧重于教育学和课程教学，对语言能力的培养占比较小；国外高校通常有较高的入学语言要求，且全英语的语言环境对教师语言能力的提升也能起到促进作用。综上，毕业于国内外语院校和国外院校的教师在语言运用技能方面明显较强，在语言知识和课堂用语方面无差异。

表 6-11　不同毕业院校综合语言能力成绩事后检验结果

组别	组别	均值差（I-J）	显著性
不同毕业院校综合语言能力	部属师范院校	0.355	0.041*
	地方师范院校	0.405	0.018*
	国内外语院校	0.280	0.106
	国内其他院校	0.373	0.031*

注：*P<0.05。

在受访的样本群体中，根据职称将教师分为初级、中级、高级和正高级四个组别，并对四组教师的 CSE 七级自评数据进行单因素（ANOVA）方差分析。中小学英语教师语言能力的整体自我评估均值超过 3.5，说明受访教师的语言水平整体达到 CSE 七级。四个职称组的综合语言能力和翻译能力在 $P=0.001$ 水平上（$P<0.01$），说明这两项能力存在显著差异。通过事后检验分析，比较初级、中级、高级、正高级四组职称的教师的能力差异（$P<0.05$），正高级教师的口头表达和课堂用语能力与其他三组教师存在较显著的差异（$0.01<P<0.05$），但在其他单项能力上不存在差异。数据表明，不同职称的中小学英语教师的语言能力存在差异。中小学英语教师的综合语言能力、口头表达、书面表达、组构能力、语用能力和翻译能力均随职称的升高而增强；阅读理解基本无差异；然而，听力则随着职称的升高而下降，究其原因可能是教师在大学毕业后缺少输入型语言技能的训练。同时，正高级教师的语言能力总体高于初级、中级和高级教师，其翻译能力的优势最显著，口头表达和课堂用语能力等也显著优于其他三组教师。

（3）基于所教年级、所在学校类型的 CSE 七级语言能力水平的差异性分析

中小学英语教师的语言能力自评水平在所教年级和所在学校类型层面存在显著差异。按照三年一档将教师所教年级分为五个组，包括小学阶段二组和初中阶段、职业中学各一组，采用单因素（ANOVA）方差分析对四组教师的 CSE 七级自我评估数据进行分析。受访教师的整体水平达到 CSE 七级，小学三年级以下教师整体均值最高，职业中学教师整体均值最低。从单项语言技能看，听力最弱的是小学三年级以下的教师和职业中学的教师，均值都

是 3.73，刚刚达到 CSE 七级标准；高中教师的听力最好，均值超过 4；这可能是因为高中英语课文语篇的难度最大，英语教师日常需要输入的听力材料最多且难度最大，使其听力技能有一定提升。在阅读理解、口头表达、书面表达、组构能力和翻译能力方面，小学三年级以下教师的语言能力相对较强；小学四至六年级和初中的教师这五方面的能力最弱，同时，教师所教年级在听力和口头表达上存在显著差异（$P<0.05$）。事后检验结果显示，小学三年级以下受访教师的听力、口头表达显著高于除职业中学外的其他三组教师，这一现象可能与目前小学阶段英语授课方式有关。

按照学校所处地理位置，将所在学校类型分为城市学校、城区学校、乡镇学校和乡村学校，对四组教师的 CSE 七级自我评估数据进行单因素（ANOVA）方差分析，具体结果如表 6-18 所示。城市学校教师的整体水平及各单项能力都显著高于其他地区的教师（$P=0.000$），乡村学校的英语教师各项能力均处于最低，刚达到 CSE 七级标准，语言能力的均值从城市到乡村递减。通过 Post Hoc 事后检验分析，在四组学校类型中，教师的语言能力两两之间存在差异，城市（区）学校显著高于乡镇（村）学校。

6.1.4　CSE 六、七级自评调研数据的对比分析

6.1.4.1　CSE 六、七级样本对象语言能力自评水平的对比分析

考虑到样本对象中的中小学英语教师对自身综合语言能力的估测稍高于实际结果，经过 CSE 六、七级数据的比对分析，应该说当前中小学英语教师语言能力自评水平整体已达到了 CSE 七级，且呈现出较为均衡的态势，具体如图 6-2 所示。在单项英语语言技能中，六、七级的评价均差距不大，整体较为均衡，仅有翻译能力自评水平未达到 CSE 六级，其余单项技能均达到了 CSE 七级。其中，翻译能力整体较为薄弱，既有职前阶段翻译能力发展状况欠佳的原因，也与职后阶段缺乏翻译相关专业学习、训练与应用等因素相关；课堂用语能力比较突出，表明中小学英语教师对其课堂用语的具体使用整体较为自信，教学经验越丰富的中小学英语教师，课堂用语能力越强。

表 6-12　CSE 七级问卷中性别与语言能力的差异性分析

项目	变量	人数	综合语言能力	听力	阅读理解	口头表达	书面表达	组构能力	语用能力	翻译能力	课堂用语能力	整体水平
性别	男	184	4.05±0.71	3.83±0.76	3.80±0.81	3.86±0.83	3.82±0.80	3.93±0.81	3.98±0.81	3.36±1.0	4.14±0.73	3.86±0.73
	女	1484	3.94±0.67	3.75±0.72	3.68±0.79	3.76±0.75	3.70±0.74	3.80±0.72	3.84±0.72	3.18±0.99	4.11±0.63	3.76±0.64
	t 值		2.105	1.345	1.977	1.656	2.138	2.362	2.400	2.385	0.538	2.099
	P 值		0.031*	0.179	0.48	0.98	0.033*	0.018*	0.017*	0.017*	0.591	0.036*

注: * P<0.05; ** P<0.01。

表 6-13　CSE 七级问卷中年龄、教龄与语言能力的差异性分析

项目	变量	人数	综合语言能力	听力	阅读理解	口头表达	书面表达	组构能力	语用能力	翻译能力	课堂用语能力	整体水平
年龄	24岁及以下	37	3.87±0.66	3.83±0.68	3.788±0.65	3.85±0.62	3.78±0.65	3.82±0.66	3.81±0.68	3.48±0.78	4.06±0.66	3.81±0.60
	25~30岁	345	3.98±0.62	3.79±0.69	3.83±0.69	3.91±0.63	3.83±0.62	3.90±0.60	3.91±0.62	3.39±0.91	4.09±0.54	3.85±0.56
	31~35岁	336	4.04±0.69	3.78±0.78	3.78±0.83	3.85±0.76	3.78±0.78	3.86±0.75	3.92±0.74	3.33±0.99	4.14±0.65	3.83±0.70
	36~40岁	273	3.96±0.68	3.64±0.75	3.63±00.83	3.63±0.84	3.64±0.76	3.74±0.74	3.79±0.74	3.15±1.01	4.08±0.67	3.71±0.67
	41~45岁	290	3.92±0.69	3.58±0.81	3.53±0.85	3.71±00.86	3.57±0.81	3.69±0.79	3.76±0.78	3.02±1.02	4.05±0.68	3.64±0.71
	46~50岁	204	4.04±0.63	3.67±0.75	3.62±0.78	3.61±0.78	3.70±0.74	3.80±0.79	3.81±0.78	3.01±1.04	4.20±0.65	3.73±0.66
	50岁以上	183	4.11±0.65	3.69±0.75	3.71±0.76	3.76±0.76	3.70±0.80	3.90±0.74	3.93±0.73	3.10±1.00	4.18±0.63	3.79±0.67
	F 值		2.319	3.184	5.349	5.797	4.327	3.492	2.596	6.872	1.75	3.96
	P 值		0.031**	0.004**	0.000***	0.000***	0.000***	0.002**	0.017**	0.000***	0.007***	0.001***

续表

项目	变量	人数	综合语言能力	听力	阅读理解	口头表达	书面表达	组构能力	语用能力	翻译能力	课堂用语能力	整体水平
教龄	1~2年	187	3.88±0.69	3.84±0.72	3.84±0.74	3.94±0.65	3.89±0.63	3.94±0.61	3.92±0.68	3.47±0.86	4.07±0.55	3.87±0.58
	3~5年	241	3.96±0.65	3.82±0.71	3.80±0.75	3.86±0.68	3.76±0.69	3.84±0.68	3.89±0.63	3.36±0.94	4.11±0.56	3.83±0.60
	6~8年	185	3.99±0.65	3.85±0.7	3.77±0.78	3.84±0.71	3.76±0.75	3.85±0.7	3.89±0.72	3.31±0.95	4.12±0.69	3.82±0.65
	9~11年	156	3.90±0.73	3.74±0.75	3.66±0.84	3.75±0.83	3.68±0.82	3.76±0.81	3.79±0.81	3.24±1.03	4.05±0.71	3.74±0.72
	12~15年	172	3.95±0.65	3.72±0.74	3.64±0.86	3.75±0.75	3.65±0.75	3.72±0.76	3.79±0.75	3.08±1.04	4.10±0.69	3.72±0.68
	16~20年	210	3.95±0.60	3.74±0.69	3.70±0.75	3.77±0.72	3.68±0.74	3.83±0.67	3.89±0.68	3.24±0.94	4.13±0.58	3.78±0.61
	21年及以上	517	3.99±0.70	3.71±0.73	3.59±0.81	3.65±0.81	3.65±0.78	3.78±0.79	3.83±0.78	3.00±1.04	4.15±0.66	3.71±0.67
	F值		0.810	1.755	3.752	4.826	3.715	2.206	1.032	7.785	0.597	2.253
	P值		0.562	0.105	0.001**	0.000**	0.001**	0.041*	0.403	0.000**	0.733	0.037*

注：* P<0.05；** P<0.01。

表6-14　CSE七级问卷中学历与语言能力的差异性分析

项目	变量	人数	综合语言能力	听力	阅读理解	口头表达	书面表达	组构能力	语用能力	翻译能力	课堂用语能力	整体水平
学历	专科及以下	27	4.10±0.64	3.94±0.78	3.80±0.84	3.91±0.84	3.73±0.86	3.89±0.79	3.93±0.69	3.44±1.06	4.05±0.73	3.86±0.74
	本科	1322	3.93±0.69	3.74±0.73	3.66±0.81	3.74±0.77	3.68±0.77	3.79±0.75	3.83±0.74	3.16±1.01	4.11±0.65	3.75±0.66
	硕士	318	4.02±0.64	3.83±0.67	3.83±0.71	3.90±0.65	3.85±0.64	3.92±0.64	3.94±0.67	3.32±0.89	4.13±0.57	3.86±0.57
	F值		2.554	2.829	6.342	6.718	6.733	4.251	3.697	4.018	0.248	3.812
	P值		0.078	0.059	0.003**	0.002**	0.002**	0.018*	0.028*	0.022*	0.780	0.027*

注：* P<0.05；** P<0.01。

第六章 中小学英语教师职后阶段的语言能力发展及策略

表 6-15 CSE 七级问卷中毕业院校类型与语言能力的差异性分析

项目	变量	人数	综合语言能力	听力	阅读理解	口头表达	书面表达	组构能力	语用能力	翻译能力	课堂用语能力	整体水平
毕业院校类型	部属师范院校	344	3.96±0.67	3.73±0.72	3.69±0.78	3.74±0.75	3.72±0.74	3.83±0.71	3.89±0.71	3.18±1	4.11±0.67	3.76±0.64
	地方师范院校	602	3.91±0.69	3.72±0.74	3.63±0.81	3.7±0.77	3.64±0.78	3.75±0.76	3.78±0.76	3.14±1.03	4.07±0.66	3.71±0.67
	国内外语院校	334	4.03±0.66	3.87±0.70	3.85±0.74	3.94±0.68	3.87±0.65	3.95±670	3.98±0.68	3.35±0.9	4.22±0.57	3.90±0.58
	国内其他院校	372	3.94±0.67	3.74±0.71	3.65±0.82	3.73±0.78	3.65±0.74	3.76±0.73	3.82±0.73	3.14±1.01	4.09±0.61	3.73±0.65
	国外院校	16	4.31±0.78	4.13±0.75	4.09±0.85	4.31±0.66	4.21±0.80	4.24±0.70	4.13±0.72	3.70±0.9	4.34±0.74	4.15±0.68
	F 值		2.99	3.583	5.226	8.594	7.451	6.417	5.085	3.854	3.769	6.361
	P 值		0.018*	0.006**	0.001**	0.000**	0.000**	0.000**	0.001**	0.004**	0.005**	0.000**

注：* $P<0.05$；** $P<0.01$。

表 6-16 CSE 七级问卷中职称与语言能力的差异性分析

项目	变量	人数	综合语言能力	听力	阅读理解	口头表达	书面表达	组构能力	语用能力	翻译能力	课堂用语能力	整体水平
职称	初级	692	3.89±0.69	3.78±0.73	3.74±0.79	3.82±0.73	3.75±0.73	3.83±0.71	3.86±0.71	3.31±0.97	4.08±0.6	3.79±0.64
	中级	713	3.96±0.67	3.73±0.73	3.65±0.81	3.71±0.77	3.66±0.77	3.78±0.74	3.82±0.74	3.12±1	4.12±0.67	3.74±0.66
	高级	255	4.08±0.65	3.79±0.69	3.70±0.78	3.78±0.76	3.75±0.73	3.86±0.75	3.91±0.75	3.08±1.04	4.19±0.64	3.80±0.65
	正高级	9	4.28±0.54	3.63±0.63	3.88±0.67	4.19±0.69	4.03±0.69	4.30±0.63	4.38±0.52	3.71±0.94	4.60±0.5	4.15±0.52
	F 值		5.672	0.846	1.685	3.366	2.334	2.081	2.308	6.203	3.614	1.885
	p 值		0.001**	0.468	0.168	0.018*	0.072	0.101	0.075	0.000**	0.013*	0.130

注：* $P<0.05$；** $P<0.01$。

表 6-17 CSE 七级问卷中所教年级与语言能力的差异性分析

项目	变量	人数	综合语言能力	听力	阅读理解	口头表达	书面表达	组构能力	语用能力	翻译能力	课堂用语能力	整体水平
所教年级	小学3年级以下	126	4.05±0.59	3.73±0.68	3.87±0.67	3.95±0.59	3.81±0.63	3.93±0.65	3.97±0.66	3.41±0.90	4.26±0.59	3.92±0.55
	小学4~6年级	326	3.92±0.74	3.76±0.78	3.66±0.86	3.79±0.81	3.64±0.84	3.78±0.78	3.84±0.77	3.20±1.06	4.13±0.67	3.76±0.70
	初中	999	3.96±0.67	3.75±0.71	3.67±0.79	3.74±0.75	3.70±0.73	3.80±0.72	3.84±0.71	3.15±0.99	4.09±0.63	3.75±0.63
	高中	214	3.94±0.69	4.11±0.72	3.75±0.78	3.76±0.76	3.81±0.73	3.86±0.76	3.89±0.78	3.28±0.95	4.11±0.69	3.80±0.67
	职业中学	3	4.08±0.14	3.73±0.19	3.42±0.80	3.67±0.29	4.17±0.38	3.53±0.50	3.50±1.32	3.14±0.38	4.03±0.70	3.74±0.12
	F值		1.353	3.386	2.519	3.133	2.942	1.545	1.211	2.398	2.164	2.532
	P值		0.292	0.034*	0.083	0.044*	0.054	0.238	0.345	0.093	0.121	0.078

注:* $P<0.05$;** $P<0.01$。

表 6-18 CSE 七级问卷中所在学校的差异性分析

项目	变量	人数	综合语言能力	听力	阅读理解	口头表达	书面表达	组构能力	语用能力	翻译能力	课堂用语能力	整体水平
所在学校类型	城市学校	439	4.09±0.61	3.87±0.68	3.82±0.75	3.91±0.68	3.85±0.69	3.95±0.68	3.99±0.67	3.30±0.98	4.24±0.62	3.90±0.59
	城区学校	442	3.9±0.70	3.76±0.72	3.70±0.80	3.76±0.76	3.74±0.74	3.82±0.74	3.87±0.76	3.19±0.98	4.13±0.65	3.78±0.66
	乡镇学校	607	3.91±0.66	3.72±0.71	3.65±0.78	3.72±0.76	3.64±0.74	3.75±0.74	3.79±0.72	3.13±1.01	4.04±0.64	3.71±0.65
	乡村学校	180	3.77±0.68	3.62±0.81	3.55±0.90	3.63±0.85	3.55±0.86	3.69±0.75	3.71±0.75	3.20±1.0	4.00±0.59	3.65±0.69
	F值		11.368	6.263	6.146	9.153	9.957	8.828	9.806	2.615	11.081	10.126
	P值		0.000**	0.000**	0.000**	0.000**	0.000**	0.000**	0.000**	0.050*	0.000**	0.000**

注:* $P<0.05$;** $P<0.01$。

第六章 中小学英语教师职后阶段的语言能力发展及策略

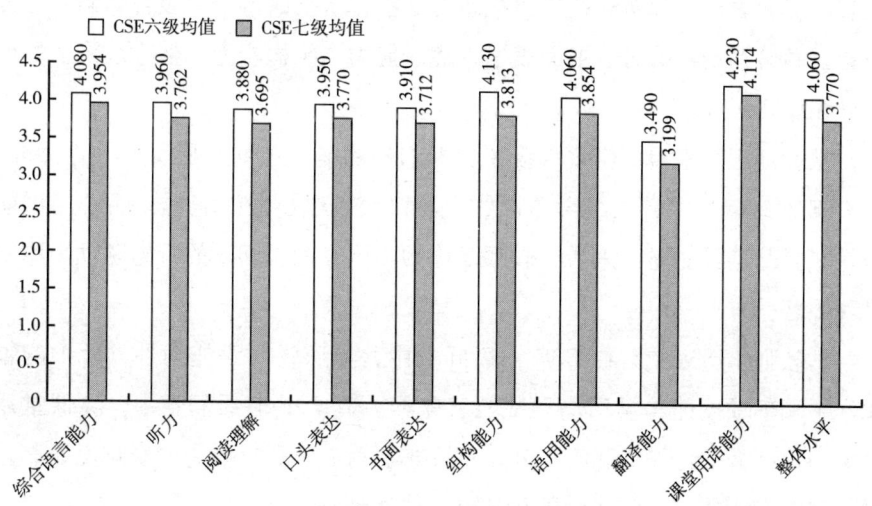

图 6-2　CSE 六、七级调研数据的对比分析

6.1.4.2　CSE 六、七级样本对象语言能力自评水平的差异分析

如表 6-19 所示，在 CSE 六、七级层面，对比不同背景特征的受访者的语言能力，表中所列出的数据为上文差异性分析中的 P 值，具有统计学差异性分析意义，P 值越小表明差异性越大；P 值大于 0.05 时，则不具备统计学差异分析意义。

从性别差异来看，在 CSE 六级问卷中，不同性别的教师的整体水平和单项技能的得分均未呈现显著差异；而在 CSE 七级问卷中，不同性别的教师在整体水平以及综合语言能力、书面表达、组构能力、语用能力、翻译能力上存在显著差异，总的来说，男性在上述方面均显著高于女性。

从教师年龄来看，在两份问卷中，不同年龄的教师在整体水平和单项技能上均存在显著差异。对比 CSE 六级和七级问卷结果，CSE 七级问卷中的 P 值大于六级问卷，表明教师年龄对语言能力的影响在 CSE 七级问卷中更显著。

从教龄来看，在 CSE 六级问卷中，教师教龄对听力、阅读理解、口头表达和翻译能力的影响存在显著差异；而在 CSE 七级问卷中，教龄对阅读理解、书面表达、口头表达、组构能力、整体水平的得分有显著影响。对比来看，两份问卷在听力、书面表达、翻译能力、组构能力、整体水平上的得分存在显著差异。

从教师职称来看，CSE 六级在除听力外的能力上均有显著差异。然而，在 CSE 七级问卷中，仅综合语言能力、口头表达、翻译能力、课堂用语能力呈现显著差异。对比来看，教师职称的不同在两份问卷的听力题项中均未呈现显著差异。

从教师学历来看，在 CSE 六级问卷中，除课堂用语能力外，教师的整体水平和单项技能与学历均呈现显著差异。在 CSE 七级问卷中，除课堂用语能力、综合语言能力和听力外，不同学历对教师语言能力的影响呈显著差异，其中学历越高，整体水平和各单项技能越高。

从教师的毕业院校来看，CSE 六级、七级两份问卷均在整体水平和各单项技能上呈现显著差异。其中国外院校的整体水平高于国内院校；国内外语院校的教师语言能力显著高于师范类院校。

从教师所教年级来看，在 CSE 六级问卷中，不同年级教师的整体语言能力和单项技能均呈现显著差异。在 CSE 七级问卷中，仅在听力和口头表达上呈现显著差异。

从教师所在学校类型来看，CSE 六、七级两份问卷中，不同学校类型的语言能力整体水平和各单项技能均呈现显著差异。

此外，在单项语言技能中，翻译能力整体最弱。如图 6-3 所示，年龄越小、教龄越短的中小学英语教师，翻译能力越强。CSE 六级中对翻译能力的表述为"能经常参与口笔译活动，并胜任口笔译工作的基本要求，口笔译能力有持续性的提升；能主动预测讲话内容，监控译语的准确性和完整性并及时修正错误等"，由此可见该等级比较重视教师实际操练口、笔译能力。这表明中小学英语教师的职后培训未能针对教师的口笔译能力提供更多的训练和使用机会，在一定程度上忽视了英语教师翻译能力的持续提升。

第六章 中小学英语教师职后阶段的语言能力发展及策略

表6-19 CSE 六、七级问卷中个体特征对语言能力影响的对比

背景特征	问卷类型	综合语言能力	听力	阅读理解	口头表达	书面表达	组构能力	语用能力	翻译能力	课堂用语能力	整体水平
性别	CSE 六级	0.477	0.478	0.734	0.467	0.617	0.222	0.268	0.065	0.859	0.353
	CSE 七级	0.031*	0.179	0.48	0.98	0.033*	0.018*	0.017*	0.017*	0.591	0.036**
年龄	CSE 六级	0.041*	0.009**	0.000**	0.000**	0.045*	0.008**	0.034*	0.000**	0.015*	0.005**
	CSE 七级	0.031**	0.004***	0.000***	0.000***	0.000***	0.002**	0.017**	0.000***	0.007***	0.001***
教龄	CSE 六级	0.602	0.028**	0.000**	0.000**	0.393	0.656	0.133	0.000**	0.760	0.170
	CSE 七级	0.562	0.105	0.001**	0.000**	0.001**	0.041*	0.403	0.000**	0.733	0.037*
职称	CSE 六级	0.000**	0.236	0.014*	0.010*	0.002**	0.001**	0.017*	0.009**	0.001**	0.004**
	CSE 七级	0.001**	0.468	0.168	0.018*	0.072	0.101	0.075	0.000**	0.013*	0.130
学历	CSE 六级	0.023*	0.000**	0.003**	0.000**	0.000**	0.006**	0.001**	0.000**	0.289	0.000**
	CSE 七级	0.078	0.059	0.000**	0.002**	0.002**	0.018*	0.028*	0.022*	0.780	0.027*
毕业院校	CSE 六级	0.034*	0.000**	0.000**	0.000**	0.000**	0.001**	0.000**	0.000**	0.012*	0.000**
	CSE 七级	0.018*	0.006**	0.001**	0.000**	0.000**	0.000**	0.001**	0.004**	0.005**	0.000**
所教年级	CSE 六级	0.004**	0.007**	0.000**	0.000**	0.000**	0.000**	0.008**	0.006**	0.001**	0.000**
	CSE 七级	0.292	0.034*	0.083	0.044*	0.054	0.238	0.345	0.093	0.121	0.078
所在学校类型	CSE 六级	0.000**	0.000**	0.000**	0.000**	0.000**	0.000**	0.000**	0.000**	0.000**	0.000**
	CSE 七级	0.000**	0.000**	0.000**	0.000**	0.000**	0.000**	0.000**	0.050*	0.000**	0.000**

注：* $P<0.05$; ** $P<0.01$; *** $P<0.001$。

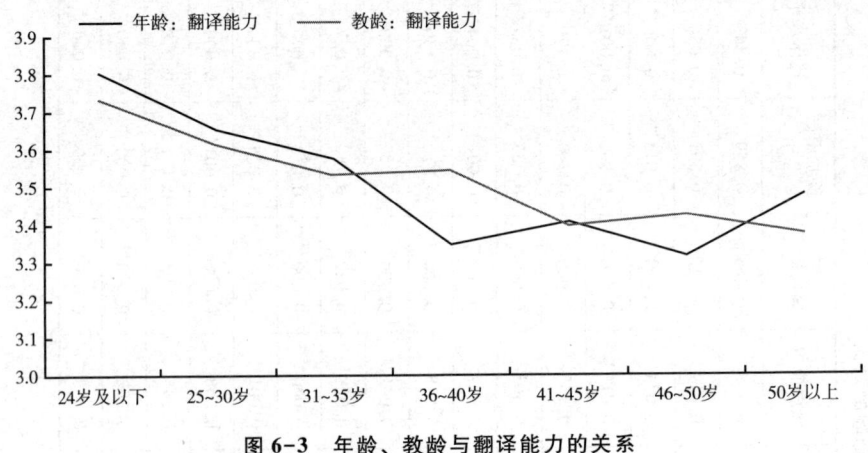

图 6-3 年龄、教龄与翻译能力的关系

6.1.4.3 CSE 六、七级样本对象语言能力发展的需求分析

在调研问卷的开放性提问部分,词频最高的是"口语能力",表明中小学英语教师对口语学习有较大的需求。在建议部分,有教师提出,"我们很多老师可能教哪个年级,久而久之语言能力也会逐渐退化到哪个阶段,这点在口语上最为明显"。同时,"不断学习、多参加培训、语言环境"也是教师较为关注的话题。有教师提出,"我们的课时量比较大,没有太多时间去参加培训,很多很好的课程,往往因为上课就错过了"。对此,有不少教师提出希望有更多有意思、有针对性的口语培训,为教师创设良好的英语语言环境,这对提高口头表达能力而言更为有效。此外,有相当部分教师希望学校或上级主管部门能够创设更多与其他学校或机构关于英语学习与交流的机会。

6.2 中小学英语教师职后阶段语言能力发展的改革策略

6.2.1 "衔接一体"的中小学英语教师语言能力发展策略

通过数据分析与质性访谈,中小学英语教师在职后阶段存在语言能力发展停滞或退化的现象，有较为明确的语言学习需求，但也存在工学矛盾的现实问题。尤其在英语学科核心素养的课程改革背景下，中小学英语教师仍然面临着"语言与文化、语言与思维、语言与学习"如何交融的专业挑战。同时，当前中小学英语职后培训更多地聚焦英语教学改革及教学专业素养的持续提升，对于英语语言能力发展有一定程度的忽视。基于此，需要突破职前与职后脱节的英语教师人才培养困境，聚焦学科核心素养视域下的英语教师语言能力发展，谋划"衔接一体"的语言能力提升策略。

事实上，当前中小学英语教师职前培养与职后培训阶段的语言学习缺乏规划性与持续性，英语语言能力发展与外语教学实践仍然处于较为割裂的状态。因此，中小学英语教师在职前阶段不仅需要有扎实的英语学科知识、熟练的英语技能、通晓古今的文化意识和抽象内隐的思维要素，更为重要的是能够将英语语言能力的发展与外语教育教学实践紧密结合，实现英语教师语言能力素养与教学专业素养的全面提升。同时，需要在职前培养过程中摒弃费时低效的单一语技能教学，在课程体系建设、课堂教学改革、语言教学评价方式等方面更多地采取"以用促学、多要素协同"的语言能力发展策略，顺应语言学习与英语学科核心素养的改革趋势，帮助教师构建科学的语言能力发展框架，为其语言学习提供科学指导与专业服务，促进正式学习与非正式学习、语言学习与专业实践的高度统一，持续地提升其语言学习的专业品质。

在中小学英语教师职后培训阶段适时地开展英语语言学习活动，促进英语教师语言能力的持续提升。一方面，可以开展有针对性的专题式语言培训活动，回应中小学英语教师职后语言学习的现实需求；另一方面，契合中小学英语教学改革，提供与之相应的英语语言学习资源，例如主题情境的中外优秀文化的语言学习资源，凸显批判性思维、逻辑性思维的英语学习训练等。事实上，面向基础教育英语课程改革的英语学习资源开发，也是职前阶段课程建设与教学改革的基本着力点，可以在"衔接一体"的专业协同中，实现语言学习的系统规划与科学指导、英语优质资源的专业共享与持续开发,这应该成为中小学英语教师教育改革与创新的应然之选。

6.2.2 "需求导向"的中小学英语教师语言能力发展策略

中小学英语教师的语言能力发展,不仅需要满足自身英语学习与教学的专业需求,而且需要满足基础教育阶段英语课程改革的专业需求。同时,中小学英语教师的语言能力发展还应满足不同群体及群体间的专业需求。尤其是对于一线中小学英语教师而言,英语一般语言能力更多的是在职前阶段形成的,语言与思维、语言与文化的契合度并未得到充分体现,如何将文化意识、思维品质和学习能力融入语言能力发展之中,同样也是中小学英语教师专业发展需要回应的现实需求。这种状况也在本次调研中得到了充分体现,一线中小学英语教师对于"语言与文化、语言与思维、语言与学习"的语言能力发展主线有着较为强烈的专业诉求与发展需求。此外,职前准教师、新入职教师、骨干教师以及专家型教师等不同群体,在英语语言能力发展层面存在显著差异,与之相应的职前培养与职后培训工作都需要充分考虑其群体特征与专业需求,从而真切地提升其语言能力综合素养,促进其自主专业发展。

事实上,中小学英语教师职前阶段与职后阶段的英语学习既是发展其英语语言能力的过程,也是提升其文化意识与思维品质的过程,语言与文化、语言与思维是互动与生成的统一体,彼此之间相辅相成。首先,基于中小学英语教师语言能力发展框架,需要协助中小学英语教师在职前培养与职后培训阶段建立起语言与文化、语言与思维、语言与学习之间的内在关联,在日常英语学习中提升英语核心能力素养;其次,基于中小学英语课程改革与教学实践的核心理念,依托主题或项目开展英语学习活动,使语言技能和英语学科知识及跨学科知识相融合,学生通过英语语言能力发展来呈现其对主题或项目的综合理解和专业实践;最后,基于英语学习的"思维品质",开展以问题为导向的质疑验证式教学及相关专业培训工作,通过分层设计开放式、主题式的专业学习方式,引导中小学英语教师通过"质疑—验证"的方式持续开展英语语言学习，更好地通过英语语言知识与能力来解决英语课程建设与教学改革中的现实问题，在持续学习与解决问题的过程中培养其批判性思维及创新能力。

6.2.3 "标准本位"的中小学英语教师语言能力发展策略

中小学英语教师的语言能力具有典型的"双专业"特征，且由于非母语情境下外语学习的特殊性，面临着更多的专业挑战。与之相应，在英语学科专业视角下，《量表》（CSE）、《普通高等学校本科英语类专业教学指南》等标准文本应该成为中小学英语教师语言能力发展的重要参照，大学英语专业四、八级以及大学四、六级等级考试应该更好地发挥其语言能力等级认定与评测的价值与作用；在教育学科专业视角下，《普通高中英语课程标准（2017年版2020年修订）》《义务教育英语课程标准（2022年版）》《普通高等学校师范专业认证》等专业标准与政策文本同样应该成为中小学英语教师语言能力发展的重要参照，中小学英语教师专业资格认定工作也应该注重英语语言能力的科学评测，从而更好地体现中小学英语教师语言能力发展的专业性与特殊性。基于此，在中小学英语教师职前培养与职后培训的不同阶段，需要树立"标准本位"的语言能力发展观，遵循政策引领、标准参照、分类评测的工作原则，全面开展以英语语言能力发展为主线的课程建设与教学改革，这也与"产出导向"的中小学英语教师语言能力发展具有内在的专业共鸣。

同时，基于"标准本位"或"产出导向"的中小学英语教师语言能力发展，需要充分重视英语语言评价反馈的重要性，重视英语语言评测的科学性与及时性。一方面，立足已有的不同类型的英语语言评测，且依据英语学科核心素养要求进行专业英语的评价工作，在考察学生语言技能的基础上，综合考量学生语言与文化、思维相结合的软实力，确保英语语言能力评价和核心素养发展目标相一致；另一方面，语言能力框架中有些素养无法通过标准化考试进行测评，可以采取过程性评价和发展性评价相结合的手段，基于语言能力框架开展多维度综合评价，如为每位同学建立电子档案袋，包括音频、视频、图片、文本和超链接等形式。电子档案袋保存的是学生动态的学习和成长证据，其评价的效度和信度比一般的纸笔考试结果更为可靠。①

6.2.4 "学习中心"的中小学英语教师语言能力发展策略

中小学英语教师职前阶段面临着英语与教育"双专业诉求"，存在顾此失彼的现实问题，这也是长期制约教师教育的现实难题——学术性与师范性的矛盾。尽管教育硕士专业学位教育将英语学科的素养提升的重心放在本科阶段，将教育专业素养提升的重心放在硕士阶段，但在本科阶段依然存在学术性与师范性的现实冲突，当前中小学英语教师职前阶段语言能力发展的整体状况并不能够满足基础教育课程改革的现实需求。以《量表》的现状调研工作为例，职前阶段的英语语言能力自评水平介于六级和七级之间，而职后阶段的英语语言能力自评水平基本达到了七级水平。这对于中小学英语教师职前阶段的语言学习提出了要求，传统的英语学习课程体系与教学模式需要变革，唯有此才能培养出更加优秀的中小学英语教师。因此，在中小学英语教师职前阶段需要树立"学习中心"的语言能力发展观，实现正式学习与非正式学习相结合，导向于未来教师自主的英语语言学习；实现由浅层学习向深层学习的转变，导向于语言与文化、语言与思维、语言与学习的交融。

中小学英语教师职后阶段同样面临着较为现实的工学矛盾，持续性的英语语言学习往往很难得到相应的投入与支持，这也是中小学英语教师在职后出现英语语言能力发展停滞或退化现象的缘由。尽管我国非常重视教师职后培训的全员化与全民性，但专业培训的重心依然放在通识性教育上，更多地停留在教师专业理念的更新上，其专业培训的实效性与针对性有待加强。通过与 20 余位资深中小学专家型英语教师的深度访谈，结合对中小学英语课堂话语的交互分析，可以发现中小学英语教师职后阶段语言学习的诉求非常

---

① Meeus W., Van Petegem P., Engels N. 2009. "Validity and Reliability of Portfolio Assessment in Pre-service Teacher Education." *Assessment & Evaluation in Higher Education* 34 (4): 401–413.

强烈，其语言能力发展需要更多地与英语教学实践、英语课程改革紧密相连，更多地需要体验式、交互式、生成式的专业学习，更多地需要共享优质的英语学习与教学资源。这为积极地促进中小学英语教师职后阶段语言能力发展提供了改革的路径，需要结合中小学英语课程改革的趋向与中小学英语课堂教学的实际，以目标驱动、问题导向和资源共享为抓手，积极谋划中小学英语教师语言能力发展的策略，从而促进语言能力发展与英语学科核心素养的高度契合，真正服务于中小学英语教育事业的"发展大计"。

附 录

附表1 《共参框架》语言能力量表总体的内容摘要

阶段	级别	内容摘要
精通阶段	C2 精通级	能轻松理解几乎所有读和听的内容。能连贯地概述各类口、笔语信息,不漏内容及其论据。表达自如、精确、流畅。能把握复杂主题中细微的含意差别
精通阶段	C1 自主级	能理解广泛领域的高难度长篇文章,并能抓住文中的隐含之意。表达自如、流畅,几乎无须费心遣词造句。在其社会、职业或学术生活中,能有效、灵活应有语言。对复杂主题表述清楚,结构合理,表现出对篇章的组织、衔接和逻辑用词方面的驾驭能力
独立阶段	B2 中高级	能理解一篇复杂文章中的具体或抽象主题基本内容,包括学习者专业领域的技术性讨论课题。能比较自如流利地跟讲本族语的人进行交际,双方都不感到紧张。能清楚、详细地谈论广泛领域的话题,能就时事发表观点,并能对各种可能性陈述其利弊
独立阶段	B1 中级	对工作中、学校里和休闲时遇到的熟悉事物,能理解别人用最清楚和标准的语言讲话的要点。在目的语国家和地区旅游时,能用所学语言应对遇到的大部分情况。能就一些熟悉的主题和自己感兴趣的领域发表简单而有逻辑的看法。能叙述一起事件、一次经历或者一个梦。能介绍自己的期待和目的,并能对计划和想法做简单的解释和说明
初学阶段	A2 初级	能理解最切身相关领域的单独句子和常用词语,如简单的个人与家庭信息、购物、四周环境、工作等。能就自己熟悉或惯常的生活话题完成简单而直接的交流。能用简单的词语讲述自己的教育经历、周边环境以及自身的需求
初学阶段	A1 入门级	能理解并使用熟悉的日常表达和一些非常简单的句子,满足具体的需求。会自我介绍和介绍他人,并能向他人提问如住在哪里、认识什么人、有些什么东西等,也能就同样的问题作答。在对话人语速慢、口齿清楚并且愿意合作的情况下,能与之进行简单的交流

资料来源:欧洲理事会文化合作教育委员会,2014,《欧洲语言共同参考框架:学习、教学、评估》,刘骏、傅荣主译,外语教学与研究出版社,第25页。

附表 2 《21 世纪外语学习标准》的 5C 指标体系

体系	指标	内容
5C 指标体系	交际：用语言交际而不仅仅是用英语交际	①学生能参与谈话，提供和获得信息，抒发情感和交换意见 ②学生理解并能解释有关各种话题的书面信息和口语信息 ③学生能向听者或读者呈现有关各种话题的信息、概念和观点
	文化：获得知识，体验多元文化	①学生能表现出一种对所学文化的行为方式和价值观念之间关系的理解力 ②学生能表现出一种对所学文化的文化表现和文化理念之间关系的理解力
	联系：联系其他学科，获取多元信息	①通过学习外语，学生能巩固并加深对其他学科知识的理解 ②学生获取信息并能识别那些只有通过学习外语及其文化才能涉及的独特的观点
	比较：通过比较，加深对语言文化本质特征的理解	①通过对所学语言和母语的比较，学生能理解语言的本质特征 ②通过对所学文化和母语文化的比较，学生能领会文化的概念
	社会：能参与国内外多元社会	①校园内外，学生都能使用该语言 ②为了让自己高兴和充实自己而使用该语言，这表明学生已成为终身学者

资料来源：包延新，2010，《美国〈21 世纪外语学习标准〉研究》，华东师范大学硕士学位论文。

附表 3 《澳大利亚国际第二语言能力量表》（ISLPR）的语言行为描述

编号	等级	语言行为简述
0	无任何基础	无法用英语进行交流
0+	机械运用语言	能在非常有限的领域、日常生活中机械地使用习惯用语
1-	具备创新潜能的语言水平	能使用典型语句，满足即时语言需要
1	基本日常语言交流水平	能基本满足日常生活中语言交流的需要
1+	顺利完成日常语言交流	能在正常的日常生活及有限的社会生活中使用语言
2	基础社交能力水平	能在基本的社交活动、日常事务及相关的职业领域中简单地使用英语
3	职业语言基础水平	能在大部分社交、日常生活及娱乐相关的正式及非正式场合，对语言没有苛刻要求的相关职业领域流利地使用英语
4	熟练运用职业语言	基本能在所有的社会、社交生活、日常生活、娱乐中及与工作相关的大部分职业领域非常流利地使用英语
5	精通	相当于以英语为母语的并且受过教育的人的英语水平

资料来源：韦鸿发，2011，《澳大利亚 ISLPR 框架下职业英语能力测试模式及开发与启示》，《高教论坛》第 11 期。

附表4 《中国英语能力等级量表》六级、七级标准比较

标准		六级	七级
语言能力	◇	能理解多种话题（包括一般性专业话题）的语言材料,把握要点及其逻辑关系,分析、判断、评价材料中的观点、态度和隐含的意义	能理解多种话题的语言材料,包括自己所学专业领域的学术性材料,准确把握主旨和要义,客观审视、评析材料的内容,理解深层含义
	◇	能在熟悉的学术或工作交流中参与多种话题的讨论,有效传递信息,比较和评析不同的意见,发表见解,表达连贯、得体、顺畅,符合相关文体规范和语用要求	能就多种相关学术和社会话题进行深入交流和讨论,有效地进行描述、说明、解释,论证和评析,表达规范、清晰、得体、顺畅
听力理解能力	◇	能听懂信息量大,与个人专业领域相关的口头表达,如讲座、报告、讨论等,概括主要内容,街接手段等方式,如整体框架、衔接手段等	能听懂有关政治、经济、历史、文化等抽象话题的论述,评价说话者的观点与立场
	◇	能听懂语速正常的职场对话,如商务谈判、工作交流、求职面试等,理解说话者的观点和意图	能听懂语速较快且含有双关语、隐喻等修辞手段的对话,理解话语中的隐含意义
阅读理解能力	◇	在读语复杂,相关专业领域的不同类型材料,如文学作品、新闻报道、商务公文等进行简单的评析	在读语复杂,专业性较强的不同类型材料,如学术原著、科技文章、社会时评等时,能批判性分析作者观点、立场
	◇	能读懂内容较复杂的文学作品、新闻报道等材料,推断作者的情感态度	在读语复杂,专业性较强的相关作品,有关文化的内容,分析作者观点、立场
	◇	能通过浏览专业文献的索引,准确检索目标信息	在读语复杂,专业性较强的材料,能通过研读多篇同题材的材料,深刻理解隐含信息
口头表达能力	◇	能就社会热点与同题或专业领域内熟悉的话题与他人开展讨论,对他人的发言、通话等做出恰当的反应和评论	能就各种熟悉的话题与他人进行对话或讨论,恰如其分地表达发言愿望并保持发言权
	◇	能就与社会文化和学习相关的指定话题发表有一定深度的个人见解,语言丰富,表达流畅,思路清晰	能就抽象的话题发表个人观点,并根据交际场景调整表达策略和表达方式
	◇	能在处理日常生活见面、突发情况时,进行有效的口头交流或协商	能进行正式的学术汇报,并根据提问做出进一步解释,表达准确、清晰、连贯

续表

标准	六级	七级
书面表达能力	◇ 能就社会热点问题现象,运用多种论证方法阐明观点,论据充分,有逻辑性 ◇ 能撰写本专业的论文摘要,符合学术规范 ◇ 能进行常见文体的写作,如新闻报道、书评等,语言表达得体、篇章结构符合文体特征要求	◇ 能就抽象话题展开论述,自然、恰当地运用复杂句式和多样的衔接手段,阐释清晰,论证有说服力 ◇ 能在学术类写作中广泛收集、分析、整合资料,并提供有力的证据来支撑自己观点或反驳不同意见 ◇ 能编写情节复杂的故事,恰当使用修辞手法,语言生动,引人入胜
组构能力	◇ 能在熟悉的简单学术或工作交流中,正确使用语法和篇章知识,表达较清楚,符合相关文体的规范和要求 ◇ 能理解语篇中复杂结构信息,层次清楚 ◇ 能运用有效的语篇衔接手段,提高表达的连贯性	◇ 能在熟悉的学术或工作交流中,有效使用语法和篇章知识,表达清楚,符合规范 ◇ 能借助常见的学术和行业词汇获取信息和交流信息 ◇ 能根据交际目的选用恰当的语篇类型,使用恰当的语言和格式 ◇ 能理解并使用常见的隐喻表达方式增强表达效果
语用能力	◇ 能理解正式或非正式场合中对方表达的不同意图 ◇ 能在交流中选择不同的语言形式,恰当地表达自己的观点、情感、态度,熟悉目标语的社会文化及社会习俗,交际得体,效果良好	◇ 能领会不同场合中对方表达的特定意图 ◇ 能就不同话题与他人交流,选择合适的语言形式,有效表达自己的观点、情感和态度,话语符合身份及社会文化规约,沟通顺畅
口译能力	◇ 能熟悉话题,较短语段做无笔记交替传译,监控译语的准确性和完整性 ◇ 能主动预测讲话内容,推测表达原文主要信息 ◇ 能及时修正错误,如产品交易会等	◇ 能借助笔记做交替传译,译出信息密度适中、语速正常、语段较短的讲话,如商务洽谈、培训沙龙等 ◇ 能运用增补、删减、显化等方法,译出源语中的重要信息和相关键细节 ◇ 译语逻辑连贯,表达较为得体、流畅。能及时发现误译、漏译、译错等错误,并在后续译语中纠正或补充
笔译能力	◇ 能翻译熟悉领域的论述性文本,如常见题材的议论文、社会生活类评论文章等,译文忠实、准确,再现原文观点与态度 ◇ 能翻译内容生活化的叙述性文本,如名人轶事、大众文学作品的生活的短篇文章等,准确传达原文主要信息,译文句式丰富,表达流畅 ◇ 能翻译常见的交流性文本,如求职信、推荐信、正式邀请函等,译文准确完整	◇ 能翻译句法结构复杂的叙述性文本,如案例或故事件陈述等非文学文本,叙事性散文、情节复杂的故事等,译文完整,语言特点和文体风格贴近原文 ◇ 能翻译评论性文章,如时事评论、科学评论文章等,符合目标语体裁规范、文篇的逻辑关系、译文再现原文 ◇ 能翻译熟悉领域的指示性文本,如实验操作步骤等,日常用品说明书等,译文术语准确,符合行业规范

附表5 《指南》三个级别教学要求的总体能力描述

级别	总体描述
基础目标	能够基本满足日常生活、学习和未来工作中与自身密切相关的信息交流的需要;能够基本正确地运用英语语音、词汇、语法及篇章结构等语言知识,在高中阶段应掌握的词汇基础上增加约2000个单词,其中400个单词为与专业学习或未来工作相关的词汇;能够基本理解语言难度中等、涉及常见的个人和社会交流题材的口头或书面材料;能够就熟悉的主题或话题进行简单的口头和书面交流;能够借助网络资源、工具书或他人的帮助,对中等语言难度的信息进行处理和加工,理解主旨思想和重要细节,表达基本达意;能够使用有限的学习策略;在与来自不同文化的人交流时,能够观察到彼此之间的文化和价值观差异,并能根据交际需要运用有限的交际策略
提高目标	能够在日常生活、学习和未来工作中就熟悉的话题使用英语进行较为独立的交流;能够比较熟练地运用英语语音、词汇、语法及篇章结构等语言知识,在高中阶段应掌握的词汇基础上增加约3000个单词,其中600个单词为与专业学习或未来工作相关的词汇;能够较好地理解语言难度中等、内容熟悉或与本人所学专业相关的口头或书面材料,理解材料内部的逻辑关系、篇章结构和隐含意义;能够以口头和书面形式较清楚地描述事件、物品,陈述道理或计划,表达意愿等;能够就较熟悉的主题或话题进行较为自如的口头和书面交流;能够较好地使用学习策略;在与来自不同文化的人交流时,能够较好地处理与对方在文化和价值观等方面的不同,并能根据交际需要较好地使用交际策略
发展目标	能够在日常生活、学习和未来工作等诸多领域中使用英语进行有效的交流;能够有效地运用有关篇章、语用等知识;能够较好地理解有一定语言难度、内容较为熟悉或与本人所学专业相关的口头或书面材料;能够对不同来源的信息进行综合、对比、分析,并得出自己的结论或形成自己的认识;能够就较为广泛的主题,包括大众关心的和专业领域的主题进行较为流利的口头和书面交流,语言符合规范;能够以口头和书面形式阐明具有一定复杂性的道理或理论;能够通过说理使他人接受新的观点或形成新的认识;能够恰当地使用学习策略;在与来自不同文化的人交流时,能够处理好与对方在文化和价值观等方面的不同,并能够根据交际情景、交际场合和交际对象的不同,恰当地使用交际策略

附表6 《指南》三个级别教学要求的语言单项技能描述

级别	语言技能
基础目标	**听力理解能力**:能听懂就日常话题展开的简单英语交谈;能基本听懂语速较慢的音、视频材料和题材熟悉的讲座,掌握中心大意,抓住要点;能听懂用英语讲授的相应级别的英语课程;能听懂与工作岗位相关的常用指令、产品或操作说明等。能运用基本的听力技巧 **口头表达能力**:能就日常话题用英语进行简短但多话轮的交谈;能对一般性事件和物体进行简单地叙述或描述;经准备后能就所熟悉的话题作简短发言;能就学习或与未来工作相关的主题进行简单的讨论。语言表达结构比较清楚,语音、语调、语法等基本符合交际规范。能运用基本的会话技巧 **阅读理解能力**:能基本读懂题材熟悉、语言难度中等的英语报刊文章和其他英语材料;能借助词典阅读英语教材和未来工作、生活中常见的应用文和简单的专业资料,掌握中心大意,理解主要事实和有关细节;能根据阅读目的的不同和阅读材料的难易,适当调整阅读速度和方法。能运用基本的阅读技巧 **书面表达能力**:能用英语描述个人经历、观感、情感和发生的事件等;能写常见的应用文;能就一般性话题或提纲以短文的形式展开简短的讨论、解释、说明等,语言结构基本完整,中心思想明确,用词较为恰当,语意连贯。能运用基本的写作技巧 **翻译能力**:能借助词典对题材熟悉、结构清晰、语言难度较低的文章进行英汉互译,译文基本准确,无重大的理解和语言表达错误。能有限地运用翻译技巧
提高目标	**听力理解能力**:能听懂一般日常英语谈话和公告;能基本听懂题材熟悉、篇幅较长、语速中等的英语广播、电视节目和其他音视频材料,掌握中心大意,抓住要点和相关细节;能基本听懂用英语讲授的专业课程或与未来工作岗位、工作任务、产品等相关的口头介绍。能较好地运用听力技巧 **口头表达能力**:能用英语就一般性话题进行比较流利的会话;能较好地表达个人意见、情感、观点等;能陈述事实、理由和描述事件或物品等;能就熟悉的观点、概念、理论等进行阐述、解释、比较、总结等。语言组织结构清晰,语音、语调基本正确。能较好地运用口头表达与交流技巧 **阅读理解能力**:能基本读懂公开发表的英语报刊上一般性题材的文章;能阅读与所学专业相关的综述性文献,或与未来工作相关的说明书、操作手册等材料,理解中心大意、关键信息、文章的篇章结构和隐含意义等。能较好地运用快速阅读技巧阅读篇幅较长、难度中等的材料。能较好地运用常用的阅读策略 **书面表达能力**:能用英语就一般性的主题表达个人观点;能撰写所学专业论文的英文摘要和英语小论文;能描述各种图表;能用英语对未来所从事工作或岗位职能、业务、产品等进行简要的书面介绍,语言表达内容完整、观点明确、条理清楚、语句通顺。能较好地运用常用的书面表达与交流技巧 **翻译能力**:能摘译题材熟悉,以及与所学专业或未来所从事工作岗位相关、语言难度一般的文献资料;能借助词典翻译体裁较为正式、题材熟悉的文章。理解正确,译文基本达意,语言表达清晰。能运用较常用的翻译技巧

续表

级别	语言技能
发展目标	**听力理解能力**:能听懂英语广播电视节目和主题广泛、题材较为熟悉、语速正常的谈话,掌握中心大意,抓住要点和主要信息;能基本听懂用英语讲授的专业课程、英语讲座和与工作相关的演讲、会谈等。能恰当地运用听力技巧 **口头表达能力**:能用英语较为流利、准确地就通用领域或专业领域里一些常见话题进行对话或讨论;能用简练的语言概括篇幅较长、有一定语言难度的文本或讲话;能在国际会议和专业交流中宣读论文并参加讨论;能参与商务谈判、产品宣传等活动。能恰当地运用口语表达和交流技巧 **阅读理解能力**:能读懂有一定难度的文章,理解主旨大意及细节;能比较顺利地阅读公开发表的英语报刊上的文章,以及与所学专业相关的英语文献和资料,较好地理解其中的逻辑结构和隐含意义等;能对不同阅读材料的内容进行综合分析,形成自己的理解和认识。能恰当地运用阅读技巧 **书面表达能力**:能以书面英语形式比较自如地表达个人的观点;能就广泛的社会、文化主题写出有一定思想深度的说明文和议论文,就专业话题撰写简短报告或论文,思想表达清楚,内容丰富,文章结构清晰,逻辑性较强;能对从不同来源获得的信息进行归纳,写出大纲、总结或摘要,并重现其中的论述和理由;能以适当的格式和文体撰写商务信函、简讯、备忘录等。能恰当地运用写作技巧 **翻译能力**:能翻译较为正式的议论性或不同话题的口头或书面材料,能借助词典翻译有一定深度的介绍中外国情或文化的文字资料,译文内容准确,基本无错译、漏译,文字基本通顺达意,语言表达错误较少;能借助词典翻译所学专业或所从事职业的文献资料,对原文理解准确,译文语言通顺,结构清晰,基本满足专业研究和业务工作的需要。能恰当地运用翻译技巧

附表7 课程标准：学科核心素养与课程目标的对比

项目		《义务教育英语课程标准(2022年版)》	《普通高中英语课程标准(2017年版2020年修订)》
核心素养	基本内涵	核心素养是课程育人价值的集中体现，是学生通过课程学习逐步形成的适应个人终身发展和社会发展需要的正确价值观、必备品格和关键能力。英语课程要培养的学生核心素养包括语言能力、文化意识、思维品质和学习能力等方面。语言能力是核心素养的基础要素，文化意识体现核心素养的价值取向，思维品质反映核心素养的心智特征，学习能力是核心素养发展的关键要素。核心素养的四个方面相互渗透、融合互动、协调发展	学科核心素养是学科育人价值的集中体现，是学生通过学科学习而逐步形成的正确价值观、必备品格和关键能力。英语学科核心素养主要包括语言能力、文化意识、思维品质和学习能力
核心素养	课程目标 语言能力	能够在感知、体验、积累和运用等语言实践活动中，认识英语与汉语的异同，逐步形成语言意识，积累语言经验，参与语意义的沟通与交流	具有一定的语言知识，理解口头和书面语篇所表达的意义，识别其他面表达意义所采用的手段，有效地使用口语和书面语进行人际交流
核心素养	课程目标 语言能力	语言能力指用语言运用和非语言知识以及各种策略，参与特定情境下相关主题语言活动时所表现出来的文化理解和表达能力。英语语言能力的提升有助于学生提升文化交流、发展思维、涵养品格、提升文明素养和社会责任能力	语言能力指在社会情境中，以听、说、读、看、写等方式理解和表达意义的能力，以及在学习和使用英语过程中形成的语言意识和语感。英语语言能力的提升有助于学生学科核心素养中其他素养的提升，开展跨文化交流
核心素养	课程目标 文化意识	文化意识指对中外文化的理解和对优秀文化的鉴赏，是学生在新时代表现出来的跨文化认知、态度和行为选择。文化意识的培育有助于学生增强国家情怀和人类命运共同体意识，涵养品格，提升文明交流互鉴的意识和能力	文化意识指对中外文化的理解和对优秀文化的认同，是学生在全球化背景下表现出的文化品格和行为取向。文化意识的培育有助于增强国家认同和家国情怀，坚定文化自信，树立人类命运共同体意识，学会做人、做事，成长为有文明素养和社会责任感的人
核心素养	课程目标 思维品质	思维品质指人的思维个性特征，反映学生在理解、分析、比较、推断、批判、评价、创造等方面的层次和水平。思维品质的提升有助于学生学会发现问题、分析问题和解决问题，对事物作出正确的价值判断	思维品质指思维在逻辑性、批判性、创新性等方面所表现的能力和水平。思维品质的发展有助于提升学生分析和解决问题的能力，使他们能够从跨文化视角观察和认识世界，对事物作出正确的价值判断

续表

项目		《义务教育英语课程标准（2022年版）》	《普通高中英语课程标准（2017年版 2020年修订）》
核心素养	学习能力	学习能力指积极运用和主动调适英语学习策略，拓展英语学习渠道，努力提升英语学习效率的意识和能力。学习能力的发展有助于学生掌握科学的学习方法，养成良好的终身学习习惯	学习能力指学生积极运用和调适英语学习策略，拓宽英语学习渠道，努力提升英语学习效率的意识和能力。学习能力的培养有助于学生成改英语学科核心素养的发展条件，做好英语学习的自我管理，养成良好的学习习惯，多渠道获取学习资源，自主、高效地开展学习
	语言能力目标	能够在感知、体验、积累和运用等语言实践活动中，认识英语与汉语的异同，逐步形成语言意识，积累语言经验，进行有效的沟通与交流	具有一定的语言意识和英语语感，在常见的具体语境中整合性地运用已有语言知识，理解口头和书面语篇所表达的意义，识别其恰当表意所采用的手段，有效地使用口语和书面语表达意义和进行人际交流
	文化意识目标	能够了解不同国家的优秀文明成果，比较中外文化的异同，发展跨文化沟通与交流的能力，形成健康向上的审美情趣和正确的价值观，加深对中华文化的理解和认同，树立国际视野，坚定文化自信	获得文化知识，理解文化内涵，比较文化异同，汲取文化精华，形成正确的价值观，坚定文化自信，形成自尊、自信、自强的良好品格，具备一定的跨文化沟通和传播中华文化的能力
具体目标	思维品质目标	能够在语言学习中发展思维，在思维发展中推进语言学习；初步从多角度观察和认识世界，看待事物，有理有据、有条理地表达观点；逐步发展逻辑思维、辩证思维、创新思维，使思维体现一定的敏捷性、灵活性、创造性、批判性和深刻性	能辨析语言和文化中的具体现象，梳理、概括信息，建构新概念，分析、推断信息的逻辑关系，正确评判各种思想观点，创造性地表达自己的意见，具备多元思维的意识和创新思维的能力
	学习能力目标	能够树立正确的英语学习目标，保持学习兴趣；在学习活动中注意倾听，乐于交流，大胆尝试；主动参与语言实践活动，在学习互助，合作互助；学会反思评价学习进展，调整学习方式；学会自我管理，提高学习效率，做到乐学善学	树立正确的英语学习观，保持对英语学习的兴趣，具有明确的学习目标，能够多渠道获取英语学习资源，有效规划学习时间和学习任务，选择恰当的策略与方法，监查、评价、反思学习内容和进程，逐步提高使用英语其他学科知识和能力

附表 8 中小学英语课程标准的能力层级划分

项目		感知与积累
义务教育 2022	一级	能感知单词、短语及简单句的重音和升降调等;能有意识地通过模仿学习发音;能大声跟读音视频材料;能感知语言信息,积累表达个人喜好和个人基本信息的简单句式;能理解基本的日常问候、感谢和请求用语,听懂日常指令等;能借助图片读懂语言简单的小故事,理解基本信息;能正确书写字母、单词和句子
	二级	能领悟基本语调表达的意义;能理解常见词语的意思,理解基本句式和常用时态表达的意义;能通过听,理解询问个人信息的基本表达方式;能听懂日常学习和生活中简单的指令、对话、独白和小故事等;能理解日常生活中用所学语言直接传递的交际意图;能读懂语言简单、主题相关的简短语篇,获取具体信息,理解主要内容
	三级	能识别不同语调与节奏等语音特征所表达的意义;能听懂发音清晰、语速较慢的简短口头表达,获取关键信息;积累日常生活中常用的习惯用语和交流信息的基本表达方式;积累常用的词语搭配;了解句子的结构特征,如句子种类、成分、语序及主谓一致;在收听、观看主题相关、语速较慢的广播影视节目时,能识别其主题,归纳主要信息;能读懂语言简单、主题相关的简短语篇,提取并归纳关键信息,理解隐含意义
		习得与建构
	一级	在听或看发音清晰、语速较慢、用词简单的音视频材料时,能识别有关个人、家庭,以及熟悉事物的图片或实物、单词、短语;能根据简单指令作出反应;体会英语发音与汉语发音的不同;能借助语音、语调、手势、表情等判断说话者的情绪和态度;能在语境中理解简单句的表意功能
	二级	意识到英语和英语学习与个人发展、国家发展和社会进步的关系,意识到语言与世界、语言与文化和思维之间有联系;具有初步的英语语感。在熟悉的语境中,较为熟练地使用已有的英语语言知识,理解多模态语篇传递的要义、主要信息和意图,辨识语篇的整体结构和文体,根据上下文推断意义;陈述事件,传递信息,表达个人见解和情感,在熟悉的人际交往中,尝试构建恰当的交际角色和人际关系
	三级	能在听、读、看的过程中,围绕语篇内容记录重点信息,整体理解和简要概括主要内容;能根据听到或读到的关键词对人物、地点、事件等进行推断;能根据读音规则和音标拼读单词;能归纳学过的语法规则;能辨识和分析常见句式的结构特征;能分析和梳理常见书面语篇的基本结构特征;能用简单的连接词建立语义联系

续表

项目		表达与交流
	一级	能围绕相关主题,运用所学语言,进行简单的交流,介绍自己和身边熟悉的人或事物,表达情感和喜好等,语言达意;在书面表达中,能根据图片或语境,仿写简单的句子
	二级	能围绕相关主题,运用所学语言,与他人进行简单的交流,表演小故事或短剧,语音、语调基本正确;在书面表达中,能围绕图片内容或模仿范文,写出几句意思连贯的话
	三级	能围绕相关主题,运用所学语言,与他人进行日常交流,语音、语调、用词基本正确,表达比较连贯;在书面表达中,能选用不同句式结构和时态,描述和介绍身边的人、事物或事件,表达情感、态度、观点和意图等
普通高中2020	一级	在听或看发音清晰、语速适中、句式简单的音视频材料时,能获取有关人物、时间、地点、事件等基本信息;能识别常见语篇类型及其结构;能理解交流个人喜好、情感的表达方式;能根据图片,口头描述其中的人或事物;能关注生活中或媒体上的语言使用
	二级	认识英语和英语学习与个人发展、国家发展和社会进步的密切关系,认识语言与世界、语言与文化和思维之间的紧密联系;具有一定的英语语感,在理解和表达中发挥英语语感的作用。在常见的语境中,较为熟练地整合性运用已有的英语语言知识,理解多模态语篇传递的要义和具体信息,推断作者的意图、情感、态度和价值取向,提炼主题意义,分析语篇的组织结构、文体特征和语篇的连贯性,厘清主要观点和事实之间的逻辑关系,了解语篇恰当表意所采用的手段;有效地陈述事件,传递信息,表达个人观点和情感,体现意图、态度和价值取向,在常见的人际交往中,建构恰当的交际角色和人际关系
	三级	深刻认识英语和英语学习与个人发展、国家发展和社会进步的密切关系,深刻认识语言与世界、语言与文化和思维之间的紧密联系;具有较强的英语语感,在英语理解和表达中有效发挥英语语感的作用。在更加广泛的语言情境中,熟练地整合性运用已有的英语语言知识,准确理解多模态语篇传递的要义和具体信息,推断作者的意图、情感、态度和价值取向,提炼并拓展主题意义,解析语篇结构的合理性和语篇主要观点与事实之间的逻辑关系,批判性地审视语篇的内容、观点、情感态度和文体特征,赏析语篇中精彩语段的表意手段;准确、熟练和得体地陈述事件,传递信息,表达个人观点和情感,体现意图、态度和价值取向,在较为广泛的人际交往中,建构恰当的交际角色和人际关系

附表 9 课程标准：相关课程内容对比

项目		《义务教育英语课程标准(2022年版)》	《普通高中英语课程标准(2017年版2020年修订)》
主题语境		包括人与自我、人与社会、人与自然三大范畴。其中"人与自我"以"我"为视角，设置"生活与学习"和"做人与做事"等主题群；"人与社会"以"社会服务与人际沟通""文学、艺术与体育""历史、社会与文化""科学与技术"等主题群；"人与自然"以"自然"为视角，设置"自然生态""环境保护""灾害防范""宇宙探索"等主题群。各主题群下设若干子主题	在"人与自我、人与社会和人与自然"这三大主题语境中，人与自我涉及"生活与学习""做人与做事"等两个主题群下的9项子主题；人与社会涉及"社会服务与人际沟通""文学、艺术与体育""历史、社会与文化""科学与技术"等主题群下的16项子主题；人与自然涉及"自然生态""环境保护""灾害防范""宇宙探索"等四个主题群下的7项子主题。所有主题语境都应包含中外文化的范畴
语篇类型		语篇类型既包括连续性文本，如对话、访谈、记叙文、说明文、议论文、应用文等，也包括非连续性文本，如图表、图示、网页等。语篇类型也可分为口语与书面等形式，还可分为文字、音频、视频、数码等模态。语篇类型体现基础性、通用性和适宜性	语篇类型是指记叙文、说明文、应用文、议论文等书面多模态形式的语篇，如文字、图示、音频、视频等。接触和学习不同类型的语篇，熟悉生活中常见的语篇形式，把握不同语篇的特定结构、文体特征和表达方式，不仅有助于学生加深对语篇的理解，还有助于他们使用不同类型的语篇通用性进行有效的表达与交流。必修课程（提高类）的语篇类型可以进一步丰富并更多关注所学语篇的内涵意义
语言知识	语音知识	语音和语义不可分，语言依靠语音实现其社会交际功能。英语的语音包括元音、辅音、重音、语调、节奏，反映其态度、意图和观点，说话者通过语音的变化表达意义，语调与节奏、意图、情感等	语音和语义不可分，语言依靠语音实现其社会交际功能。英语的语音通过语音实现语音表达重音、语调、停顿、连读、爆破、意图、情感等。学生在义务教育阶段已经获得了初步的语音意识，学习了一些语音知识，高中阶段的语音知识学习应侧重在有意义的语境中，通过学习和运用语言，感知语音知识达到语言的表意功能，逐步学习恰当地运用语音知识达到有效交际的目的

续表

项目	《义务教育英语课程标准(2022年版)》	《普通高中英语课程标准(2017年版2020年修订)》
词汇知识	词汇指语言中所有单词和固定短语的总和。词汇中的任何词语都是通过一定的句法关系和语义关系与其他词语建立起联系的,并在语境中传递信息。词汇学习不只是记忆单词的音、形、义,还包括了解一定数量的构词知识,更重要的是在语篇中通过听、说、读、看、写等活动,理解和表达与各种主题相关的信息和观点	词汇中的任何词语都是通过一定的句法关系和语义关系与其他词语建立起联系的,并在语境中传递信息。学习词汇不只是记忆词的音、形、义,更重要的是在语篇中,通过听、说、读、看、写等语言活动,理解和表达与各种主题相关的信息或观点。学生在义务教育阶段已经掌握了1500~1600个常用单词和一定数量的短语,对于词的音、形、义三者之间的关系有了初步的认识。高中阶段词汇教学除了引导学生更深入地理解和运用已学词汇外,重点是在语境中培养学生的词块意识,并通过广泛阅读,进一步扩大词汇量,提高运用词汇准确理解和表达意义的能力
语法知识	英语语法知识包括词法知识和句法知识。词法关注词的形态变化,如名词的数(体)等;句法关注句子结构,如句子的成分、语序、种类等。词法和句法之间的关系非常紧密。在语言使用中,语音、词汇、语篇和语用知识得体性一体,与语音、词汇、语篇和语用知识紧密相连,直接影响语言理解与表达的准确性和得体性	英语语法知识包括词法知识和句法知识:词法关注词的形态变化,如词的数、格、动词的时、态(体)等;句法关注句子结构,如句子的成分、语序、种类等。词法和句法之间的关系非常紧密。在语言使用中,语音、词汇、语篇和语用知识是一个"形式—意义—使用"的统一体,与语音、词汇、语篇和语用知识紧密相连,直接影响语言理解和表达的准确性和得体性。高中阶段语法学习的延伸和继续,应在更加丰富的语境中通过各种英语学习和实践活动进一步巩固和恰当运用所学阶段的语法知识,学会在语境中理解和运用新的语法知识,进一步发展英语语法意识

续表

项目	《义务教育英语课程标准(2022年版)》	《普通高中英语课程标准(2017年版 2020 年修订)》
语篇知识	语篇是表达意义的语言单位,是人们运用语言的常见形式。在使用语言、人们需要运用语篇知识将语言组织为意义连贯的篇章。语篇知识是有关语篇如何构成、如何表达意义,以及人们如何使用语篇达到交际目的的知识。语篇中各要素之间存在复杂的关系,如句与句、段与段、标题与正文、文字与图表之间的关系。语篇知识在语言表达过程中具有重要作用,有助于在语言使用者理解听到、看到或读到的语篇,以及在口头和书面表达过程中根据交流的需要选择恰当的语篇类型,设计合理的语篇结构,规划语篇的组成部分,保持语篇的衔接和连贯	语篇是表达意义的语言单位,包括口头语篇和书面语篇,是人们运用语言的常见形式。就其长度而言,较短的语篇可以是一句话甚至一个单词,而较长的语篇可以是一本书。语篇知识就是关于使用语言如何构成、语篇是如何表达意义以及人们在交流过程中如何使用语篇的知识。语篇中各要素之间存在复杂的关系,如句与句、段与段、标题与正文、文字与图表之间的关系。这些关系涉及语篇的微观和宏观结构,句子内部的语法结构、词语搭配,指代关系,句子之间的信息展开方式等,属于语篇的微观结构。语篇中段与段的关系以及语篇各部分与语篇主题之间的关系,则属于语篇的宏观组织结构。语篇宏观结构还包括语篇类型,语篇格式等
语用知识	语用知识是指在特定语境中准确理解他人和得体表达自己的知识。学习和掌握一定的语用知识有助于学生根据交际目的,交际场合的正式程度,参与交际的身份和角色,选择正式或非正式,直接或委婉,口语或书面语等语言形式,恰当地与他人沟通和交流,提升有效运用英语的能力和灵活的应变能力	语用知识是指在特定语境中准确理解他人和得体表达自己的知识。掌握一定的语用知识,参与人的身份和角色,选择正式或非正式,得体或委婉等语言形式,达到交际的目的。因此,在英语书面语或口头交流的背景下,学习和掌握一定的语用知识有利于提升高中生有效运用英语的能力和灵活应变的能力

续表

项目	《义务教育英语课程标准(2022年版)》	《普通高中英语课程标准(2017年版2020年修订)》
文化知识	文化知识既包括饮食、服饰、建筑、交通,也包括相关的知识,文学、艺术、教育,以及价值观、道德修养,审美情趣、劳动意识,社会规约和风俗习惯等非物质文化的知识。文化知识的学习不限于了解和记忆具体的知识点,更重要的是发现、判断其背后的态度和价值观	文化知识包含中外文化知识,是学生在语言学习活动中理解文化内涵、比较文化异同、汲取文化精华、坚定文化自信的基础。掌握充分的中外多元文化知识,认同优秀文化,有助于促进英语学科核心素养的形成和发展。文化知识涵盖物质和精神两个方面。物质方面主要包括饮食、服饰、建筑、交通等,以及相关的发明与创造;精神方面主要包括哲学、科学、艺术,也包括价值观念、道德修养、审美情趣、社会规约等。道德修养,有助于学生在对不同文化的比较、鉴赏中华优秀传统文化、革命文化和社会主义先进文化的认识,形成正确的价值观和道德情感,成为有文明素养和社会责任感的人
语言技能	语言技能分理解性技能和表达性技能,具体包括听、说、读、看、写等方面的技能及其综合运用。听、读、看是理解性技能,说、写是表达性技能。语言技能中的"看"通常指利用多模态语篇中的图形、表格、动画、符号,以及视频等需要使用有传统的阅读技能之外,还需要观察图表中的信息,理解符号和动画的意义。理解性技能和表达性技能在新习过程中相辅相成,相互促进	发展学生英语语言技能,就是使学生能够通过听、说、读、看、写等活动,并能利用所学语言知识、文化知识等,根据不同目的和受众,情感和态度等,通过口头和书面形式创造新语途径这些活动是学生发展语言能力、文化意识、思维品质和学习能力的重要途径。语言技能包括听、说、读、看、写五项技能。听、读、看是理解性技能,说、写是表达性技能。理解性技能和表达性技能在语言实践活动、发展语言能力、为相互促进。理解技能中的看指的是看通常语篇中的图形、表格、动画、符号以及视频等。理解多模态语篇除了需要使用传统的文本阅读技能之外,还需观察图表中的信息,理解符号和动画的意义,鉴于这种技能在新媒体时代日趋重要,本课程标准将语言在"看"的技能

续表

项目	《义务教育英语课程标准（2022年版）》	《普通高中英语课程标准（2017年版2020年修订）》
学习策略	学习策略主要包括元认知策略、认知策略、交际策略、情感管理策略等。其中，元认知策略有助于学生在学习过程中采用适宜的学习方式、方法和技术加工语言信息，提高学习效率；交际策略有助于学生发起、维持交际，提高交际效果；情感管理策略有助于学生调控学习情绪，保持积极的学习态度	学习策略指学生为促进语言学习和语言运用而采取的各种行动和步骤。学习策略的使用表现为学生在语言学习和语言运用的活动中，受同题意识的驱动而采取的学生管理自己学习过程的学习行为。有效使用学习策略有助于提高学习英语的效果和效率，有助于学生发展自主学习能力和能力。学习在全习和运用英语的过程中常用的策略包括：元认知策略、认知策略、交际策略和情感策略等。其中，元认知策略指学生为了提高英语学习效率，计划、监控、反思、评价、调整学习过程或结果的策略；认知策略指学生为了完成具体语言交际任务而采取的步骤和方法；交际策略指学生为了争取更多的交际机会、维持交际以及提高交际效果而采取的策略；情感策略指学生为了调控学习情绪，保持积极学习态度而采取的策略。通常这些策略可以组合运用以解决学习中较为复杂的问题

附表 10 《课程标准》的语言知识对比

项目			《义务教育英语课程标准（2022 年版）》		《普通高中英语课程标准（2017 年版 2020 年修订）》
语音知识	一级		◇ 识别并读出 26 个大、小写字母 ◇ 感知字母在单词中的发音 ◇ 感知简单的拼读规则，尝试借助拼读规则拼读单词 ◇ 感知并模仿说英语，体会单词和句子的重音和句子的升调与降调	必修	◇ 根据重音、语调、节奏等的变化感知说话人的意图和态度 ◇ 借助重音、语调、节奏等的变化表达意义、意图和态度 ◇ 在查阅词典时，运用音标知识学习多音节单词的发音
	二级		◇ 借助拼读规则拼读单词 ◇ 使用正确的语音、语调朗读学过的对话和短文 ◇ 借助句子中单词的重音、语调表达自己的态度与情感 ◇ 感知并模仿说英语，体会意群、语调与节奏 ◇ 在口头表达中做到语音基本正确，语调自然、流畅	选修必修	◇ 运用重音、语调、节奏等比较连贯和清晰地表达意义、意图和态度等 ◇ 发现并欣赏英语诗歌、韵文文学形式中语言的节奏和韵律
	三级		◇ 了解语音在语言学习中的意义和在语境中的表意功能 ◇ 辨识口语表达的意群，并在口头交流中按照意群表达 ◇ 根据重音、意群、语调与节奏等方面语言的变化，感知和理解说话人表达的意图和态度 ◇ 借助重音、意群、语调等方面的变化，表达不同的意义、意图和态度 ◇ 根据读音规则和音标拼读单词 ◇ 查阅词典时，运用音标知识学习单词的发音	选修提高	◇ 运用恰当的重音、语调、节奏等有效地表达意义、意图和态度等 ◇ 根据节奏和韵律创作英文诗歌 ◇ 与不同地域的人进行交流时，可以识别出其发音和语调的不同

续表

项目		《义务教育英语课程标准（2022年版）》		《普通高中英语课程标准（2017年版 2020年修订）》
词汇知识	一级	◇ 知道单词由字母构成 ◇ 借助图片、实物理解词汇的意思 ◇ 根据视觉或听觉提示，如图片、动作、动画、声音等，说出单词和短语 ◇ 根据单词的音、形、义学习词汇，体会词汇在语境中表达的意思	必修	◇ 借助词典等各种资源，理解语篇中关键词的词义和功能以及所传递的意图和态度等 ◇ 了解词汇的词根、词缀，掌握词性变化规律，并用于理解和表达有关主题的信息和观点 ◇ 在语境中，根据不同主题，运用词汇命名各相关事物，进行指称、描述行为、过程特征，说明概念等 ◇ 在义务教育阶段学习1500~1600个单词的基础上，学会使用500个左右的新单词和一定数量的短语，累计掌握2000~2100个单词
	二级	◇ 在语境中理解词汇的含义，在运用中逐步积累词汇 ◇ 在特定语境中，运用词汇描述事物、行为、过程相关特征，表达与主题相关的主要信息和观点 ◇ 能初步运用500个左右单词，就规定的主题进行交流与表达，另外可以根据实际情况接触并学习三级词汇和相关主题范围内100~300个单词，以及一定数量的习惯用语或固定搭配	选修必修	◇ 在语境中，理解具体词语的功能，词义的内涵和外延以及使用者的意图和态度等 ◇ 根据不同主题，梳理词语，并用于理解和表达相关的信息 ◇ 学习形容词与名词，动词与名词，动词与副词，名词与名词等相关的习惯搭配，逐渐积累词汇 ◇ 在比较复杂的语境中，运用恰当表达方式，描述特征，说明事物名称，描述事件发生、发展的过程等 ◇ 学习使用1000~1100个的新单词和一定数量的短语，累计掌握3000~3200个单词

续表

项目		《义务教育英语课程标准(2022年版)》		《普通高中英语课程标准(2017年版2020年修订)》
词汇知识	三级	◇ 了解英语词汇包括单词、短语、习惯用语和固定搭配等形式 ◇ 理解和领悟词汇的基本含义、词性和功能 ◇ 通过认识词根、词缀理解单词中的前缀、后缀及其意义 ◇ 在特定语境中，根据不同主题，运用词汇给事物命名，描述事物、行为，过程和特征，说明概念，表达与主题相关的主要信息和观点 ◇ 围绕相关主题学习并使用约1600个单词进行交流与表达，另外可以根据实际情况接触并学习相关主题范围内100~300个单词，以及一定数量的习惯用语或固定搭配	选修提高	◇ 运用构词法知识，扩大词汇量，结合各种主题语境，积累词块，深度学习词语，在表达各种信息时提高词语使用的准确性和丰富性 ◇ 在特定的语境中，有效运用同义词、近义词、反义词，正确理解和确切表达比较复杂的主题意义和观点 ◇ 根据话题、语境、场合和人际关系等各种因素，选择适当的词语进行比较流利的交流和人际的交流或表达 ◇ 学习使用1000个左右新单词和一定数量的短语，累计掌握4000~4200个单词
语法知识	一级	◇ 在语境中感知、体会常用简单句的表意功能 ◇ 在语境中理解一般现在时和现在进行时的形式、意义、用法 ◇ 围绕相关主题，在语境中运用所学语法知识描述人和物，进行简单交流	必修	◇ 意识到语言使用中的语法知识是"形式—意义—使用"的统一体，学习语法知识的最终目的是在语境中有效地运用语法知识来理解和表达意义 ◇ 运用所学的语法知识，理解书面和口头语篇中的基本意义，描述真实和想象世界中的人和物，情景和事件，简单地表达观点、意图和情感态度，在生活中进行一般性的人际交流 ◇ 在语篇中理解和使用过去将来时态 ◇ 在语篇中理解和使用现在完成时和现在完成进行时态 ◇ 在语篇中理解和使用动词不定式作句子中的定语、状语 ◇ 在语篇中理解和使用动词-ing形式作句子中的定语、状语和补语

续表

项目	《义务教育英语课程标准（2022年版）》	《普通高中英语课程标准（2017年版2020年修订）》
语法知识 二级	◇ 在语篇中理解常用简单句的基本结构和表意功能 ◇ 在语境中理解一般过去时和一般将来时的形式、意义、用法 ◇ 在语境中运用所学语法知识描述、比较人和物，描述具体事件的发生、发展和结局，描述时间、地点和方位等	必修 ◇ 在语篇中理解和使用动词-ed形式作句子中的定语、状语和补语 ◇ 在语篇中理解和使用由关系代词that、which、who、whom、whose和关系副词when、where、why引导的限制性定语从句 ◇ 在语篇中理解和使用简单的省略句 ◇ 通过中学习和运用语法知识，认识英语语法在哪些主要方面不同于汉语语法 ◇ 运用所学的语法知识，理解所学语篇的基本意义和深层意义，恰当地描述真实和想象世界中的人和物、情景和事件，表达观点、意图和情感态度，进行人际交流 ◇ 在语篇中正确地理解和使用过去进行和过去完成时和现在完成进行时态 ◇ 在语篇中恰当地理解和使用过去完成时态和过去完成被动语态 选修 ◇ 在语篇中正确地理解和使用动词不定式作句子中的主语和表语 ◇ 在语篇中正确地理解和使用动词-ing形式作句子中的主语、宾语和表语 ◇ 在语篇中正确地理解和使用动词-ed形式作句子中的表语 ◇ 在语篇中正确地理解和使用由关系代词which、who、whom、whose和关系副词when和where引导的非限制性定语从句 ◇ 在语篇中恰当地理解和使用五类句子成分（动词短语、名词短语、形容词短语、副词短语、介词短语）和长句 ◇ 在语篇理解中借助于类句子和where引导的主语从句和关系短语、有选择地对短句和短语进行分析

续表

项目		《义务教育英语课程标准（2022年版）》		《普通高中英语课程标准（2017年版2020年修订）》
语法知识	三级	◇ 初步意识到语言使用中的语法知识是"形式—意义—使用"的统一体，明确学习语法的目的是在语境中运用语法知识理解和表达意义 ◇ 了解句子的结构特征，如句子的种类、成分、语序及主谓一致 ◇ 在口语和书面语篇中理解、体会所学语法的形式和表意功能 ◇ 在语境中运用所学语法知识进行描述、叙述和说明等	选修提高	◇ 通过在语境中学习和运用语法知识，认识英语语法的基本体系及其特征 ◇ 熟练地运用所学的语法知识，准确地理解语篇的基本意义和深层意义，有效地描述真实和想象世界中的人和物、情景和事件，意图观点，表达态度和情感，进行流畅的人际交流 ◇ 在语篇中恰当地理解和使用倒装、强调、同位语从句等结构传递意义，以取得一定的修辞效果 ◇ 在语篇中恰当地理解和使用虚拟语气
语篇知识	一级	◇ 识别对话中的话轮转换 ◇ 知道语篇有不同类型，如对话、配图故事 ◇ 体会语篇中图片与文字之间的关系	必修	◇ 记叙文和说明文语篇的主要写作目的（如再现经历、传递信息，说明事实、想象创作）以及这类语篇的主要语言、结构特征，日常生活中常见应用文的基本格式、结构和语言特点 ◇ 新闻报道的常见语篇结构、标题特征和语言特点 ◇ 语篇中的显性衔接连贯手段，如通过使用代词、连词、省略、替代等手段来实现的指代、连接、省略、替代等衔接作用 ◇ 语篇中段首句、主题句、过渡句、过渡段的作用，位置及行文方式 ◇ 语境在语篇理解和语篇产出过程中的作用，比如，通过语境预测语篇内容，通过语篇的内容推测语境的关系，语境、语篇内容、结构、语篇内容的关系发生的语境

续表

项目		《义务教育英语课程标准（2022年版）》		《普通高中英语课程标准（2017年版 2020年修订）》
语篇知识	二级	◇ 判断故事类语篇的开头、中间和结尾，辨识时间、地点、人物，以及事件的发生、发展和结局等 ◇ 发现语篇中段落主题句与段内容之间的关系 ◇ 利用语篇的标题、图片等信息辅助语篇理解	选修必修	◇ 散文、诗歌、广告、访谈等语篇的主要目的以及这些语篇类型的语篇结构特征 ◇ 议论文语篇的主要写作目的及其主要篇章结构特征和论证方法 ◇ 文学语篇的写作风格和主要语言特征 ◇ 正式与非正式语篇、口头与书面语篇的语言特征及差异 ◇ 语篇中的信息组织方式，如语篇中新旧信息的布局及承接关系 ◇ 语法结构在组织语篇中的作用，如通过使用被动语态或调整主句复合句中主句和从句的位置，在句子中合理安排重要信息的位置，以提高语篇的连贯性 ◇ 语篇成分（如句子、句群、段落）之间的语义逻辑关系，如次序关系、因果关系、概括与例证关系
	三级	◇ 理解记叙文语篇的主要写作目的、结构特征、基本语言特点和信息组织方式，并用以描述自己和他人的经历 ◇ 理解说明文语篇的主要写作目的、结构特征、基本语言特点和信息组织方式，并用以说明事物和阐释事理 ◇ 理解常见和其他常见文语篇类型的主要写作目的、结构特点和信息组织方式，并用以传递信息 ◇ 在语篇中辨识并尝试运用衔接和连贯手段，以提升理解的准确性和表达的逻辑性	选修提高	◇ 公文、社论、书评论证文（如传递信息、论述观点、评析事实）和语篇结构特征 ◇ 实用类文体（如提议、建议、工作计划、工作报告）的语篇结构、语言特征和行文格式 ◇ 专题讲座、演讲、辩论等正式语篇口语的结构和语言特征 ◇ 语篇中语标记语的语篇功能及常见用法 ◇ 比喻、拟人、强调、反讽、夸张、对仗等修辞手段在语篇中的表达功能 ◇ 语篇连接词语的隐性衔接连贯手段，比如，在不使用but和however等连接词语的情况下实现语义转折，对比等文字表意 ◇ 多模态语篇的呈现形式和非语言手段，如语篇中的图片、表格、语音和语调形式和手段的表意功能
	三级+	◇ 理解说理类语篇的主要写作目的、结构特征、论证方法、基本语言特点和信息组织方式		

续表

项目		《义务教育英语课程标准（2022年版）》		《普通高中英语课程标准（2017年版2020年修订）》
语用知识	一级	◇ 使用简单的称谓语、问候语和告别语与他人进行得体的交流 ◇ 在语境中使用基本的礼貌用语与他人交流 ◇ 对他人的赞扬、道歉、致谢等作出恰当的回应	必修	◇ 选择符合交际场合和交际对象身份的语言形式，如正式与非正式语言，介绍、问候、告别、感谢等，保持良好的人际关系 ◇ 运用得体的语言形式回应对方观点或打断或结束交谈，并在口语交际中有效运用非语言形式，如目光、表情、手势、姿势、动作等 ◇ 根据交际具体情境，正确理解他人的态度、情感和观点，运用得体的语言形式，如礼貌、直接或委婉等方式，表达自己的态度、情感和观点
	二级	◇ 根据具体语境的需求，初步运用所学语言，得体表达自己的情感、态度和观点 ◇ 在具体语境中，如购物、就医、打电话、问路等，与他人进行得体的交流 ◇ 对他人的邀请、祝愿、请求与帮助等作出恰当的回应	选修必修	◇ 根据交际场合的正式程度，行事程序及与交际对象的情感距离，选择正式或非正式的语言形式，理解并表达道歉、请求、建议、祝愿、接受等，达到预期的交际效果 ◇ 在比较深入的跨文化沟通中，正确理解他人的行事程度，表达自己的态度或观点，直接或委婉拒绝，体现文化理解，运用得体的语言理解，运用得体的语言形式进行跨文化交际 ◇ 通过书面形式进行交际时，能根据交际对象的身份、事由，正式与非正式语言形式进行有效的跨文化沟通

续表

项目		《义务教育英语课程标准（2022年版）》		《普通高中英语课程标准（2017年版2020年修订）》
语用知识	三级	◇ 在社会情境中，使用得体的语言，使语言和非语言形式进行日常生活交流，如请求和提供帮助等 ◇ 具有一定的语用意识，尝试选择正式或非正式、直接或委婉的语言，进行社会交往，表达情感、态度等，保持良好的人际关系 ◇ 在交际情境中，正确理解他人的情感、态度和观点，运用恰当的语言形式表达自己的情感、态度和观点	选修提高	◇ 根据社会交往在场合的正式程度，行事程序以及与交际对象的情感距离，运用正式或非正式更广泛的交际的语言形式恰当地理解和表达交际意图，体现对交际对象应有的尊重和礼貌，使交际得体有效 ◇ 根据不同对象、时间、地点、情境，综合理解他人的态度、情感和观点，运用得体的语言形式表达自己的态度、情感和观点，体现文化理解，达到良好的交际效果 ◇ 熟悉英美等国家的文化特征和文化交流，有效运用得体的语言开展文化交流，体现多元思维，与不同文化背景的人进行顺利沟通

附表11 课程标准：文化知识对比

《义务教育英语课程标准（2022年版）》		《普通高中英语课程标准（2017年版 2020年修订）》
◇ 人际交往中英语与汉语在表达方式上的异同，如姓名、称谓、问候等 ◇ 不同国家或文化背景下的学校生活、家庭生活、饮食习惯等的异同 ◇ 中外典型文化标志物和传统节日的简单信息	一级 必修	◇ 了解英美等国家的主要传统节日及其历史与现实意义 ◇ 比较中外传统节日的异同，探讨中外传统节日对文化认同、文化传承的价值和意义 ◇ 了解英美等国家的主要习俗；对比中国的主要习俗，尊重和包容文化的多样性 ◇ 了解英美等国家主流体育运动，感悟中外体育精神的共同诉求 ◇ 了解英美等国家主要的文学家、艺术家、科学家、政治家及其成就、贡献等，学习和借鉴人类文明的优秀成果 ◇ 发现并理解英语篇章中包含的不同文化元素，理解其寓意 ◇ 理解常用英语成语和俗语的文化内涵；对比英汉语中常用成语和俗语的表达方式，感悟语言和文化的密切关系 ◇ 在学习活动中初步感知和体验英语语言的美 ◇ 了解英语在人们日常行为举止和待人接物等方面与中国人的异同，得体处理差异，自信大方，实现有效沟通 ◇ 学习并初步运用英语介绍中国传统节日和中华优秀传统文化（如京剧、文学、绘画、园林、武术、饮食文化等），具有传播中华优秀传统文化的意识

续表

《义务教育英语课程标准（2022年版）》	《普通高中英语课程标准（2017年版2020年修订）》	
二级 ◇ 不同文化背景下，人们的行为举止、生活习惯、待人接物的礼仪，应当规避的谈话内容 ◇ 中外重大节日的名称、时间，庆祝方式及其意涵 ◇ 简单的英语优秀文学作品（童话、寓言、人物故事等）及其蕴含的人生哲理或价值观 ◇ 为人类社会进步作出重大贡献的中外代表人物及其成长经历 ◇ 中外主要体育运动项目、赛事、优秀运动员及其成就和体育精神 ◇ 中外艺术领域有造诣的人物及其作品 ◇ 世界主要国家的基本信息（如首都、国旗和语言等）、旅游文化（重要文化标志等）和风土人情等，对文化多样性的感知与体验	必修 ◇ 了解英美等国家地理概况、旅游资源（自然及人文景观、代表性动植物、世界文化遗产等），加深对人与自然的关系的理解 ◇ 理解英美等国家政治和经济方面情况的基本内容，比较汉语中相似的典故和传说，分析异同，理解不同的表达方式所代表的文化背景 ◇ 了解常用英语词语表达方式中所含的文化内涵 ◇ 对比汉语词语相似的表达方式，丰富历史文化知识，从跨文化角度认识词语的深层含义 ◇ 在学习活动中理解和欣赏英语语言表达形式（如韵律等）的美 选修 ◇ 理解和欣赏部分英语优秀文学作品（戏剧、诗歌、小说等）；从作品的意蕴中获得美的人生态度和价值观启示 ◇ 通过比较、分析、思考，区分和鉴别语篇包含或反映的社会文化现象，并作出正确的价值判断 ◇ 了解英美等国家主要大众传播媒体，分辨其价值取向 ◇ 了解中外文化的差异与融通，在跨文化交际中初步体现实际交际的得体性和有效性 ◇ 使用英语简述中华文化基本知识，包括中华节日、中华优秀传统文化的表现形式（如京剧、绘画、园林、武术、饮食文化等）及其内涵，主动传播和弘扬中华优秀传统文化

续表

《义务教育英语课程标准（2022年版）》		《普通高中英语课程标准（2017年版2020年修订）》
◇ 世界主要国家人待人接物的基本礼仪和方式，体现文化的传承和人与人之间的相互尊重 ◇ 具有优秀品格的中外代表人物及其行为事迹 ◇ 中外优秀艺术家、其主要代表作品，以及作品中的寓意 ◇ 中外优秀科学家，其主要贡献及其具有的人文精神和科学精神 ◇ 中外主要节日的名称、典型活动、历史渊源 ◇ 中外餐桌礼仪、典型饮食及其文化寓意 ◇ 世界主要国家的名称、基本信息（如首都、地理位置、主要语言、气候特征等）、社会发展及重要标志性的地点、特征和象征意义 ◇ 中外名人的生平事迹和名言，以及其中蕴含的人生哲理 ◇ 不同文化背景下，人们关于生命安全与健康的态度和观念 ◇ 不同文化背景下，人们的理财观念和方式及其带来的影响 ◇ 中外大型体育赛事的项目名称、事实信息、历史发展、优秀人物及其传递的体育精神 ◇ 不同文化背景下，人们的劳动实践和劳动精神 ◇ 不同国家青少年的学习和生活方式	三级 选修提高	◇ 了解英美等国家的主要文化特色，吸收国外的优秀文化成果 ◇ 了解世界重要历史文化现象的渊源，认识人类发展的相互依赖性和共同价值，树立人类命运共同体意识 ◇ 了解英美等国家对外关系特别是对华关系的历史和现状，加深对祖国的热爱，捍卫国家尊严和利益 ◇ 理解和欣赏经典著、文学名著、名人传记等，感悟其精神内涵，反思自己的人生成长 ◇ 在学习活动中观察和赏析语篇包含的审美元素（形式、意蕴等），获得审美体验，形成对语言和事物的审美感知能力 ◇ 运用中外典故和有代表性的文化标志性表达意义和能力，有效进行跨文化沟通 ◇ 了解中国对外经济、政治、文化的积极影响，感悟中华文明在世界历史中的重要地位，树立中华文化自觉，坚定文化自信

附表 12 《课程标准》的语言技能对比

		《义务教育英语课程标准（2022年版）》	《普通高中英语课程标准（2017年版2020年修订）》
理解性技能	一级 一级+	◇ 理解课堂中的简单指令并作出反应 ◇ 根据图片和标题，推测语篇的主题，语境及主要信息 ◇ 在听、读、看的过程中有目的地提取、梳理所需信息 ◇ 推断多模态语篇（如动画、图像、图书及其他印刷品的封面和封底、邀请卡及贺卡）中的画面、声音、色彩等传达的意义 ◇ 借助语气、语调、手势和表情等推断说话者的情绪、情感、态度和意图 ◇ 课外视听活动每周不少于30分钟 ◇ 课外阅读量累计达到1500~2000词	◇ 从语篇中提取主要信息和观点，理解语篇要义 ◇ 理解语篇中显性或隐性的逻辑关系 ◇ 把握语篇中主要事件的来龙去脉 ◇ 抓住书面语篇中的关键概念和关键细节 ◇ 辨认书面语篇中关键词、小标题，捕捉语目标信息 ◇ 根据语篇标题预测语篇的主题和内容 ◇ 批判性地审视语篇内容 ◇ 根据上下文线索或非文字信息推断词语的意义 ◇ 把握语篇的结构以及语言特征 ◇ 识别语篇中常见的指代选择记录所需信息 ◇ 在听、看的过程中有选择地记录所需信息 ◇ 借助话语中的语气和语调理解说话者的意图 ◇ 根据话语中的重复、解释、停顿等现象理解话语的意义 ◇ 理解多模态语篇（如电影、电视、海报、歌曲、漫画）中的画面、图像、声音、符号、色彩等非文字资源传达的意义 ◇ 课外视听活动平均每周不少于30分钟 ◇ 课程阶段不少于1500词（必修阶段不少于4.5万词）
	二级 二级+	◇ 理解日常学习和生活中的简单指令，完成任务 ◇ 借助图片、图像等，理解常见主题的语篇 ◇ 在听和读的过程中，根据上下文线索和非文字信息猜测语篇中词汇的意思，推测未知文化 ◇ 归纳故事类语篇中主要情节的发生、发展与结局 ◇ 对语篇中的信息进行分类 ◇ 比较语篇中人物、事物观点间的相似性和差异性，尝试从不同视角观察、认识世界 ◇ 概括语篇的主要内容，体会主题意义 ◇ 理解多模态语篇（如动画、海报、图书及其他印刷品的封面和封底等）传达的意义，提取关键信息 ◇ 课外视听活动每周不少于30分钟 ◇ 课外阅读量累计达到4000~5000词 +阅读有配图的简单章节书，理解大意，对所读内容进行简单的口头概括与描述	必修

续表

	《义务教育英语课程标准（2022年版）》	《普通高中英语课程标准（2017年版2020年修订）》
理解性技能 三级（7年级）	◇ 根据连续指令和问题，作出适当反应，给予恰当回应 ◇ 识别口语语篇（如故事、介绍、描述、通知等）的主题、大意和要点 ◇ 识别口语语篇中说话者的情境，判定说话者的身份 ◇ 识别口语语篇中说话者的语调变化，判断意义的变化 ◇ 借助图片、影像等视觉信息理解听和观看的内容 ◇ 理解书面语篇的整体意义和主要内容 ◇ 根据书面标题或插图预测图片大概内容，故事的情节发展或结局 ◇ 提取、梳理、分析和整合书面的主要关键信息 ◇ 识别和判断书面语篇中句子之间的逻辑关系 ◇ 根据书面语篇的上下文推断生词意义 ◇ 阅读故事，整体理解主要内容，对所读内容进行简要的概括、描述与评价 ◇ 课外视听活动每周不少于30分钟 ◇ 课外阅读量累计达到4万词以上	选修必修 ◇ 区分、分析和概括话语篇中的主要观点和事实 ◇ 识别语篇中的内容要点和相应的支撑论据 ◇ 识别语篇中的时间顺序、空间顺序、过程顺序 ◇ 理解多模态语篇中文字信息与非文字信息（图表、画面、声音、符号）在建构语篇意义过程中的作用 ◇ 根据定义线索理解概念性词语或术语 ◇ 识别语篇标题线索或预测语篇的体裁和结构 ◇ 根据语境线索或图表信息推测话语篇的意义 ◇ 通过预测和设问理解语篇的隐含意义 ◇ 根据上下文推断语篇中的暗含意义 ◇ 借助语气、语调、停顿等识别说话者的讽刺、幽默等意图 ◇ 根据连接词判断和猜测语篇上下文的语义逻辑关系 ◇ 批判性地审视话语中加强或减弱语气及态度的词语 ◇ 识别视听语篇中涉及的文化现象 ◇ 课外视听活动每周不少于40分钟 ◇ 课外阅读平均每周不少于2500词（选择性必修）；课外阅读必修课程阶段不少于10万词
理解性技能 三级（8年级）	◇ 获取和梳理口语语篇的主旨要义和关键节 ◇ 识别说话者的猜评、语气等，推断对话者之间的关系 ◇ 识别说话语音、语气的变化，判断其情感和态度的变化 ◇ 识别用语较正式对话或短对话相关，语速较慢或获取关键信息的广播、电视、网络节目中谈话内容的递进和转换 ◇ 在收听观看与主题相关、语速较慢或获取关键信息 ◇ 识别主题、理解大意，获取主要信息 ◇ 梳理书面语篇的脉络，概括和发展变化，提取关键信息（观点和意图） ◇ 区分书面语篇中的事实性信息和非事实性信息 ◇ 理解并解释书面语篇中图表提供的信息	

续表

		《义务教育英语课程标准（2022年版）》	《普通高中英语课程标准（2017年版2020年修订）》
理解性技能	三级（9年级）三级+	◇ 识别和判断书面语篇中上下文之间的逻辑关系 ◇ 理解和推测书面语篇中隐含的信息和意义 ◇ 阅读短篇小说和简单的报刊文章，整体理解主要内容，对所读内容进行简要的概括、描述与评价 ◇ 课外视听活动每周不少于30分钟 ◇ 课外阅读量累计达到10万词以上 ◇ 理解和推断日常生活中说话者的意图，如请求、计划、建议、邀请、道歉、拒绝、询问、告知等 ◇ 借助语境克服生词障碍，理解口语语篇的信息和意义 ◇ 获取和梳理口语语篇中一系列事件的因果关系，预测故事情节的发展和可能的结局 ◇ 分析书面语篇常见书面语篇的基本结构特征和内容 ◇ 从书面语篇中判断和归纳作者的观点及其语篇的主旨要义 ◇ 辨别书面语篇中的衔接手段，判断书面语篇中句子之间、段落之间的逻辑关系 ◇ 根据上下文和看面语篇词汇推断书面语篇中生词的含义 ◇ 在听、读、看的过程中，针对不同的内容有选择地记录信息和要点 ◇ 根据不同目的，运用各种阅读策略获取报刊文章时，整体理解所读内容 ◇ 阅读名人传记和简短书刊文章时，整体理解所读内容 ◇ 建立语篇与语篇、语篇与个人、语篇与世界的关联，探究和发现语篇的现实意义 ◇ 课外视听活动每周不少于30分钟 + 课外阅读量累计达到15万词以上 + 根据语篇中的显性或隐性的重复、解释、停顿等现象，理解话语的意义 + 理解多模态语篇中非文字资源传达的意义	◇ 阐释和评价口头和书面语篇反映的情感、态度和价值观 ◇ 理解电影、电视、画报、歌曲、报纸、杂志等媒介语篇中的文字、声音、画面和图像是如何共同建构语篇意义的 ◇ 根据语篇的内容与自身的经历进行逻辑推理 ◇ 将语篇的内容与自身的价值取向、语篇的结构和语篇的连贯性 ◇ 批判性地审视语篇的价值取向，语篇的结构和语境的连贯性 ◇ 辨别并推论语篇中隐喻等修辞手段并理解其意义 ◇ 分辨语篇中的冗余信息 ◇ 识别语篇中的字体、字号等印刷特征传递的意义
	选修提高		

续表

		《义务教育英语课程标准（2022年版）》	《普通高中英语课程标准（2017年版2020年修订）》
表达性技能	一级 一级+	◇ 在语境中与他人互致简单的问候或道别 ◇ 大声跟读所学的简单英语歌曲，演唱所学的简单英语歌曲 ◇ 交流简单的个人和家庭信息，如姓名、家庭情况等 ◇ 表达简单的情感和喜好，如喜欢不喜欢、想要或不想要 ◇ 简单介绍自己的日常起居和生活，如作息时间、一日三餐、体育活动、兴趣爱好等 ◇ 简单介绍自己的学校和学校生活，如学校设施、课程、活动，以及同学、老师 ◇ 简单介绍自己喜欢的动物，如外形特征和生活环境等 ◇ 用简单的语句进行简单图片或事物的描述 ◇ 在教师指导下进行简单的角色扮演 ◇ 正确书写字母，仿写简单的句子 ◇ 根据图片或语境的提示，为所学单词、单句配音 ◇ 在画面画的提示下，故事或动画片段配音 ◇ 口头描述事件或讲述小故事	◇ 根据交际需要发起话并维持交谈 ◇ 清楚地描述事件的过程 ◇ 使用文字和非文字手段描述个人经历和事物特征 ◇ 在口头和书面表达中借助连接性词语，指示代词、词汇等手段建立逻辑关系 ◇ 在书面表达中借助标题、图像、表格、版式等传递信息，表达意义 ◇ 根据表达目的选择适当的语篇类型 ◇ 根据表达的需要选择正式或非正式语体结构 ◇ 根据表达的需要选择正式或非正式表达 ◇ 借助语调和重音突出需要强调的意义
	二级 二级+	◇ 运用所学的日常用语与他人进行简单交流，如向个人基本信息 ◇ 完整、连贯地朗读所学语篇，在教师指导下或借助语言支架 ◇ 围绕相关主题和所读内容进行简短叙述或简单交流，表达个人简单意见 ◇ 在教师帮助下表演小故事或小故事短剧 ◇ 简单描述事件或讲述简单的小故事 ◇ 围绕图片内容，写出几句连贯的描述	

续表

		《义务教育英语课程标准(2022年版)》	《普通高中英语课程标准(2017年版 2020年修订)》
表达性技能	三级(7年级)	◇ 模仿范文的结构和内容写几句意思连贯的话,并尝试使用描述性词语添加细节,使内容丰富、生动 ◇ 正确使用大小写字母和常见标点符号,单词拼写基本正确,根据需要运用图表、海报、自制绘本等方式创造性地表达语意 ◇ 结合相关主题进行简短演讲,做到观点明确,逻辑比较清楚,语音正确,语调自然 ◇ 结合主题看图或口头连环画,口头创编故事,有一定的情节,语言基本准确 ◇ 演唱英语歌曲,连贯地朗读英语短文,诵读英语诗歌 ◇ 完整、连贯地复述英语短文大意 ◇ 在教师指导下进行简单的角色扮演 ◇ 围绕相关主题,用简短的表达方式进行口头交流,完成交际任务 ◇ 在口头表达中使用较为准确的词语和表达法,语音、语调基本正确 ◇ 自选主题,围绕特定语境,独立写出几个意义连贯、用词基本准确,表达基本清楚的语句 ◇ 利用所给提示(如图片、图表、实物、文字等)写出简单段落传达信息,编写有情节较为完整的小故事,语言基本准确 ◇ 用简单的书面语回复简单的问候和邀请 ◇ 写出或者在正确的书面表达中正确使用常用标点符号,用词基本准确,表达基本通顺	◇ 以口头或书面形式描述、概括生活经历和事实 ◇ 以口头或书面形式传递信息、论证观点、表达情感 ◇ 通过重复、举例和解释等方式澄清意思 ◇ 运用语篇衔接意图和受众特点,提高表达的连贯性 ◇ 根据表达意图和受众特点,有意识地选择和运用语言 ◇ 根据表达的需要,设计合理的语篇结构 ◇ 在书面表达中有目的地利用标题、图标、图表、版式、字体和字号等手段有效地传递信息,表达意义 ◇ 在口头表达中运用目光、表情、手势、姿势、动作等非语言手段实现重复表达的意义 ◇ 讲话时进行必要的重复和解释 ◇ 使用语言或非语言的语调预示和结束谈话 ◇ 使用恰当的语调、语气和节奏,提高表达的自然表达和流畅性
	三级(8年级)	◇ 正确、流利地朗读短文,有逻辑地讲述短文主要内容 ◇ 独立或者小组合作完成角色扮演等活动 ◇ 在特定的情境中引出主题,并用所学语言与他人进行口头交流,恰当表达,完成交际任务	选择性必修

续表

		《义务教育英语课程标准(2022年版)》	《普通高中英语课程标准(2017年版2020年修订)》	
表达性技能	三级 (9年级) 三级+	◇ 在口头表达中结合主题使用正确的词汇、句式和语法，表意准确、得体 ◇ 以口语或书面的形式简单转述语篇的主要内容和观点 ◇ 用简单的书面语篇描写他人的经历演讲、观点或熟悉的事物等 ◇ 结合相关主题进行主题写作文 ◇ 在教师指导下起草和修改作文 ◇ 在书面表达中正确使用标点符号，用词准确，表达通顺，格式较为规范 ◇ 沟通信息，参与讨论，恰当运用一般社交场合的礼貌用语 ◇ 口头概括所读故事或简短文的大意，转述他人的简单的谈话 ◇ 围绕相关主题口头表达自己的观点、态度，并说明理由 ◇ 就口语或书面语篇的内容、观点和态度作出简单的口头评价，并说明理由 ◇ 借助语调和重音突出需要强调的意义 ◇ 根据所读语篇内容和所给条件，进行简单的口头或书面改编，创编 ◇ 根据写作要求，收集、准备素材，独立起草、修改和完成语篇 ◇ 为所给图表写作要求，用所学语言，以书面的形式描述和介绍身边的人和事物，表达情感、态度和观点 ◇ 在口头和书面表达中使用常见的连接词表示顺序和逻辑关系，连接信息，做到语意连贯 ◇ 在口头和书面表达中进行适当的自我修正，用语得当，沟通与交流得体、有效 +根据交际需要发起该话并维持该话 +使用文字和非文字手段描述个人经历、事件和事物特征 +恰当质疑语篇的内容、观点，解释不合理之处	◇ 通过口头或书面方式再现想象现象的经历和事物 ◇ 以口头或书面形式对观点、事件、经历进行评论 ◇ 通过罗列、举例、对比等方式进行论证 ◇ 借助词语和句式形象地传递自己的情感和思想 ◇ 根据需要创建出不同形式的语篇 ◇ 根据需要使用委婉语、模糊语 ◇ 使用衔接手段有效提高语篇的连贯性 ◇ 使用图像、声音、图表等非文字资源创造性地表达意义 ◇ 根据需要插话或转换话题 ◇ 在人际交往中建构必要的交际角色和人际关系	选修提高

参考文献

蔡蔚、范红，2001，《清华大学大学英语阅读课文化教学的现状分析与对策》，《清华大学教育研究》第2期。

查明建，2018，《英语专业的困境与出路》，《当代外语研究》第6期。

陈彩虹，2018，《英语学科素养之文化品格研究》，《教育理论与实践》第8期。

陈申博，1998，《外语教育中的文化教学》，北京语言文化大学出版社。

陈素琴、张丽红、王金生，2010，《跨文化交际模式下的英语教师本土文化意识》，《现代教育管理》第6期。

陈向明，2015，《扎根理论在中国教育研究中的运用探索》，《北京大学教育评论》第1期。

陈艳君、刘德军，2016，《基于英语学科核心素养的本土英语教学理论建构研究》，《课程·教材·教法》第3期。

成瑛、戴玉霞，2016，《中学英语教学中的文化安全问题及对策》，《教学与管理》第21期。

程晓堂，2014，《第二语言教学研究中的前沿问题》，北京师范大学出版社。

程晓堂，2015，《英语学习对发展学生思维能力的作用》，《课程·教材·教法》第6期。

程晓堂，2022，《改什么？如何教？怎样考？义务教育英语课程标准（2022年版）解析》，外语教学与研究出版社。

程晓堂、赵思奇，2016，《英语学科核心素养的实质内涵》，《课程·教材·教法》第5期。

崔刚，2014，《中国环境下的英语教学研究》，清华大学出版社。

大桥春美，2010，《日本中小学的英语教育现状及其启示》，《外国中小学教育》第1期。

戴炜栋，2008，《改革开放30年中国外语教育发展丛书》，上海外语教育出版社。

方海光、高辰柱、陈佳，2012，《改进型弗兰德斯互动分析系统及其应用》，《中国电化教育》第10期。

方展画，1990，《罗杰斯"学生为中心"教学理论述评》，教育科学出版社。

冯光武，2017，《把握国标精神、找准学校定位、突出专业特色——〈高等学校英语专业本科教学质量国家标准〉的实施建议》，《外语界》第1期。

傅道春，2001，《新课程中教师行为的变化》，首都师范大学出版社。

高巍，2009，《Flanders课堂教学师生言语行为互动分析系统的实证研究》，《教育科学》第4期。

高云峰，2015，《"专业化"视域下我国英语教师教育研究生学位制度研究》，《外语界》第2期。

葛炳芳，2013，《英语阅读教学的综合视野：内容、思维和语言》，浙江大学出版社。

葛炳芳，2109，《英语阅读课堂教学：阅读素养与综合视野》，外语教学与研究出版社。

龚亚夫，2011，《创建我国中小学英语教师知识与能力体系——中小学英语教师专业等级标准的制订》，《中国教育学刊》第7期。

龚亚夫，2012，《论基础英语教育的多元目标——探寻英语教育的核心价值》，《课程·教材·教法》第11期。

龚亚夫，2015，《英语教育新论：多元目标英语课程》，高等教育出版社。

龚亚夫，2019，《中国中小学英语教师专业发展参照框架》，高等教育出版社。

顾小清、王炜，2004，《支持教师专业发展的课堂分析技术新探索》，《中国电化教育》第7期。

郭宝仙，2015，《英语教师课堂教学规范研究：欧美职前外语教师标准的视角》，《全球教育展望》第4期。

郭宝仙、章兼中，2019，《如何在课堂教学中培养英语学科核心素养》，《课程·教材·教法》第4期。

郭遂红，2014，《基于教学情境的外语教师非正式学习与专业发展研究》，《外语界》第1期。

韩宝成，2006，《国外语言能力量表述评》，《外语教学与研究》第6期。

韩宝成、常海潮，2011，《中外外语能力标准对比研究》，《中国外语》第7期。

韩宝成、曲鑫，2017，《中国英语教师专业能力评价探讨》，《外语学刊》第5期。

韩刚，2011，《英语教师学科教学知识的建构》，上海外语教育出版社。

韩淑琴，2005，《外语文化主题教学法的理论、实践和思考》，《外语界》第6期。

何莉，2020，《跨界学习：促进教师专业成长的新探索》，《中小学管理》第9期。

何莲珍，2020，《新时代大学英语教学的新要求——〈大学英语教学指南〉修订依据与要点》，《外语界》第4期。

何莲珍、闵尚超、张洁，2020，《中国英语能力等级量表——听力能力量表研究》，高等教育出版社。

何莲珍、张慧玉，2017，《"中国英语能力等级量表"的语言经济学分析》，《外语教学与研究》第5期。

何莲珍、张娟，2021，《〈中国英语能力等级量表〉在补偿式教学与学习中的应用》，《外语测试与教学》第3期。

贺梦依，2009，《提问策略与大学英语课堂建设》，《中国外语》第2期。

侯松，2009，《英语教师课堂提问策略比较研究》，《河北师范大学学报》（教育科学版）第2期。

胡青球，2004，《大学英语教师课堂提问模式调查分析》，《外语界》第6期。

胡文仲、高一虹，1997，《外语教学与文化》，湖南教育出版社。

胡杨洋、邢红军，2016，《平台学科：教育学的学科隐喻与教师教育的突围》，《现代大学教育》第4期。

胡壮麟，2001，《语言学教程》，北京大学出版社。

黄源深，2010，《英语专业课程必须彻底改革——再谈"思辨缺席"》，《外语界》第1期。

黄远振，2017，《词义概念与高中英语深层阅读教学》，《课程·教材·教法》第9期。

贾爱武，2014，《外语教师专业标准研究》，中国书籍出版社。

贾国栋，2015，《继承改革成果与构建创新发展——学习〈大学英语教学指南〉》，《中国外语》第4期。

贾玉新，2006，《跨文化交际学》，上海外语教育出版社。

姜钢、何莲珍，2019，《构建系统连贯的考试体系，促进英语教育教学和评价方式改革》，《中国外语》第3期。

蒋次美，2018，《高中英语教学中文化意识培养的困境与路径》，《教学与管理》第22期。

焦峰，2010，《教师非正式学习的特征及环境构建》，《中国教育学刊》第2期。

揭薇，2019，《英语口语考试与中国英语能力等级量表对接研究——以CET-SET 4为例》，《外语界》第1期。

金艳，2020，《大学英语评价与测试的现状调查与改革方向》，《外语界》第 5 期。

金艳、揭薇，2020，《中国英语能力等级量表——口语能力量表研究》，高等教育出版社。

靳玉乐、张铭凯、郑鑫，2018，《核心素养及其培育》，江苏人民出版社。

李翠英、孙倚娜，2014，《国外英语教师能力标准对我国英语教师发展的启示》，《外语界》第 1 期。

李怀奎，2013，《第二语言语用能力研究：理论与实践》，上海交通大学出版社。

李辉，2011，《对英语教育专业建设的思考及其改革策略》，《外语教学》第 6 期。

李洁，2014，《高校非英语专业学生英语语言能力研究：理论框架、模型建构及应用》，南开大学出版社。

李瑞芳，2002，《外语教学与学生创造性和批判性思维的培养》，《外语教学》第 5 期。

李天鹰，2003，《日本英语教育改革的行动计划》，《外国教育研究》第 11 期。

李晓、饶从满，2019，《英语教师需要拥有怎样的一桶水？——英语教师学科知识结构的尝试性建构》，《教师教育研究》第 3 期。

李亚真、潘贤权、连榕，2010，《新手—熟手—专家型教师主观幸福感与教学动机的研究》，《心理科学》第 3 期。

李永婷，2016，《当代中国教师课堂教学评价语研究：1990~2015 年》，《教育理论与实践》第 28 期。

李玉龙、辜向东，2019，《〈中国英语能力等级量表〉研究综述》，《外语与翻译》第 1 期。

李正栓、李迎新，2014，《美国高校批判性思维的培养对中国英语教学的启示》，《中国外语》第 6 期。

林崇德，2005，《培养思维品质是发展智能的突破口》，《国家教育行政学院学报》第 9 期。

林崇德，2016，《21世纪学生发展核心素养研究》，北京师范大学出版社。

林崇德、申继亮、辛涛，1996，《教师素质的构成及其培养途径》，《中国教育学刊》第6期。

刘岗、田静，2010，《课堂教学评价改革中的几个基本问题》，《山西师大学报》（社会科学版）第1期。

刘会英，2016，《深层外语学习法述介：课程论的视角》，《广东外语外贸大学学报》第2期。

刘建达，2017，《中国英语能力等级量表：回归教育本质》，《英语学习》第8期。

刘建达，2017，《中国英语能力等级量表与英语学习》，《中国外语》第6期。

刘建达，2019，《中国英语能力等级量表》，《中国外语》第3期。

刘建达，2019，《中国英语能力等级量表与英语教学》，《外语界》第3期。

刘建达、彭川，2017，《构建科学的中国英语能力等级量表》，《外语界》第2期。

刘建达、吴莎，2019，《中国英语能力等级量表研究》，高等教育出版社。

刘庆昌，2001，《对话教学初论》，《教育研究》第11期。

刘小涛，2018，《语言能力和语言知识》，上海大学出版社。

刘宇、解月光，2014，《大学生深层学习的过程研究及思考》，《中国电化教育》第7期。

刘月霞、郭华，2018，《深度学习：走向核心素养》，教育科学出版社。

刘壮、韩宝成、阎彤，2012，《〈欧洲语言共同参考框架〉的交际语言能力框架和外语教学理念》，《外语教学与研究》第4期。

鲁子问、康淑敏，2008，《英语教学方法与策略》，华东师范大学出版社。

陆谷孙，2003，《英语教师的各种素养》，《外语界》第2期。

吕林海、龚放，2018，《中美研究型大学本科生深层学习及其影响机制的比较研究——基于中美八所大学SERU调查的实证分析》，《教育研究》

第 4 期。

吕婷，2014，《外语课堂提问策略探析》，《教学与管理》第 6 期。

罗清旭，2000，《论大学生批判性思维的培养》，《清华大学教育研究》第 4 期。

罗清旭，2001，《〈加利福尼亚批判性思维倾向问卷〉中文版的初步修订》，《心理发展与教育》第 3 期。

罗晓路，2000，《专家—新手教师教学效能感和教学监控能力研究》，《心理科学》第 6 期。

马毅、刘永兵，2013，《中国英语课堂话语研究——综述与展望》，《外语教学理论与实践》第 2 期。

麦克·格尔森，2019，《如何在课堂上提问：好问题胜过好答案》，谭淑文、刘白玉译，中国青年出版社。

毛清芸、陈旭远，2019，《课堂教学实践场域内师生互动：冲突与重构》，《教育理论与实践》第 4 期。

梅德明、王蔷，2018，《普通高中英语课程标准解读》，高等教育出版社。

蒙岚，2014，《CLB 对我国大学英语语言能力评估的启示》，《广西师范大学学报》（哲学社会科学版）第 6 期。

孟庆涛，2019，《核心素养视域下英语教学改革的反思与推进》，《课程·教材·教法》第 6 期。

孟迎芳、连榕、郭春彦，2004，《专家—熟手—新手型教师教学策略的比较研究》，《心理发展与教育》第 4 期。

穆雷、王巍巍、许艺，2020，《中国英语能力等级量表——口译能力量表研究》，高等教育出版社。

聂成军，2018，《英语学科核心素养的测评与培养》，《教学与管理》第 25 期。

欧洲理事会文化合作教育委员会，2014，《欧洲语言共同参考框架：学习、教学、评估》，刘骏、傅荣主译，外语教学与研究出版社。

潘鸣威、邹申，2020，《中国英语能力等级量表——写作能力量表研究》，高等教育出版社。

潘秋菊，2012，《从图式差异看英语阅读教学》，《教学与管理》第 30 期。

潘晓琳，2010，《英语教师提问模式的调查与分析》，《北京理工大学学报》（社会科学版）第 4 期。

邵朝友，2017，《基于学科素养的表现标准研究》，华东师范大学出版社。

沈玉红、毛杨林，2020，《课堂教学评价的实践策略》，《教学与管理》第 7 期。

施良方、崔允漷，2020，《教学理论：课堂教学的原理、策略与研究》，华东师范大学出版社。

首都师范大学外国语言学及应用语言学研究所，2011，《英语教育与教师教育研究（第 1 辑）》，首都师范大学出版社。

舒白梅、黎敏玲，2008，《高中英语课堂提问的认知思维导向研究》，《山东外语教学》第 2 期。

苏建红，2014，《思维方式、语言分析能力与语言知识——认知视角下的外语学习研究》，江苏大学出版社。

孙德芬，2011，《非正式学习视角下高校教师岗前培训的制度创新》，《江苏高教》第 3 期。

孙二军，2008，《高师院校教师教育模式改革的分类特征及思考》，《国家教育行政学院学报》第 7 期。

孙二军，2020，《大数据时代教师专业发展的思维转向》，西安交通大学出版社。

孙二军，2020，《核心素养视域下中小学英语教师职前培养的综合改革策略》，《西外大学报》第 1 期。

孙国春，2021，《"新师范"愿景下认证专业的建设理路》，《教育发展研究》第 21 期。

孙晓娥，2011，《扎根理论在深度访谈研究中的实例探析》，《西安交通大学学报》（社会科学版）第 6 期。

索格菲、迟若冰，2018，《基于慕课的混合式跨文化外语教学研究》，

《外语界》第 3 期。

唐德根、刘明志，2006，《大学英语中的文化语境教学模式初探》，《东南大学学报》（哲学社会科学版）第 3 期。

唐卫海、韩维莹、仝文，2010，《专家教师与新手教师教学行为的比较》，《天津师大学报》（社会科学版）第 1 期。

王笃勤，2002，《英语教学策略论》，外语教学与研究出版社。

王蔷，2006，《英语教学法教程（第二版）》，高等教育出版社。

王蔷，2018，《〈普通高中英语课程标准（2017 年版）〉六大变化之解析》，《中国外语教育》第 2 期。

王蔷、葛晓培，2022，《英语课标（2022 年版）：突破有"语言"无"文化"的教学窘境》，《中小学管理》第 6 期。

王蔷、田贵森、钱小芳、袁邦株，2008，《外语师范教师：现状与建议——中国高校英语教师教育与发展研究》，外语教学与研究出版社。

王蔷、周密、孙万磊，2022，《重构英语课程内容观，探析内容深层结构——〈义务教育英语课程标准（2022 年版）〉课程内容解读》，《课程·教材·教法》第 8 期。

王守仁，2018，《中国英语能力等级量表在大学英语教学中的应用》，《外语教学》第 4 期。

王同顺、朱晓彤、许莹莹，2018，《促学性评价对中国大学英语学习者学习动机及写作能力的影响研究》，《外语研究》第 3 期。

王巍巍、穆雷，2019，《中国英语口译能力等级量表结构探微》，《外语界》第 4 期。

王晓纹，2004，《高中英语课堂中的提问策略》，《兰州学刊》第 4 期。

王雪梅、康淑敏，2006，《新课程改革下中学英语教师教育的目标与模式研究》，《课程·教材·教法》第 11 期。

魏敏、张伟平，2016，《对话教学的内涵、理论基础及特点》，《教学与管理》第 10 期。

文秋芳，2006，《评述外语专业学生思维能力的发展》，《外语学刊》第

5 期。

文秋芳、刘艳萍、王海妹、王建卿、赵彩然，2010，《我国外语类大学生思辨能力量具的修订与信效度检验研究》，《外语界》第 4 期。

文秋芳、苏静、监艳红，2011，《国家外语能力的理论构建与应用尝试》，《中国外语》第 5 期。

吴刚平、安桂清、周文叶，2022，《新方案·新课标·新征程：〈义务教育课程方案和课程标准（2022 年版）〉研读》，华东师范大学出版社。

吴康宁，1999，《课堂教学社会学》，南京师范大学出版社。

吴少伟，2020，《基于核心素养理念的学校课程评价的深刻转变》，《教学与管理》第 6 期。

吴欣，2021，《论中小学英语教师专业能力：内涵、特征与内容结构》，《课程·教材·教法》第 1 期。

吴雪峰，2022，《基于 CSE 的大学英语写作促学评价实施路径》，《外语界》第 4 期。

武成，2018，《英语教师语言意识》，学林出版社。

武尊民、罗少茜等，2020，《中国英语能力等级量表——组构能力量表研究》，高等教育出版社。

向明友，2020，《顺应新形势，推动大学英语课程体系建设——〈大学英语教学指南〉课程设置评注》，《外语界》第 4 期。

肖云南、张驰，2003，《加拿大英语水平等级测试标准探讨》，《湖南大学学报》（社会科学版）第 3 期。

邢福义，2000，《文化语言学》，湖北教育出版社。

许艺、穆雷，2020，《中国英语口译能力等级量表的研究现状与应用前景》，《中国考试》第 6 期。

薛小梅，2021，《外语教师语言能力标准的国际比较研究》，《西北师大学报》（社会科学版）第 5 期。

鄢家利，2007，《加拿大语言量表与英语口语能力培养》，《西南科技大学学报》（哲学社会科学版）第 6 期。

闫建璋、朱豆豆，2020，《深层学习视域下的大学有效教学策略》，《现代教育管理》第 5 期。

杨帆、吴莎，2018，《测评、教学与学习的衔接——第三届语言测试与评价国际研讨会暨第五届英语语言测评新方向研讨会述评》，《中国考试》第 2 期。

杨桂华、赵智云，2018，《培养跨文化能力的大学英语阅读教学实践研究》，《外语界》第 3 期。

杨惠中、朱正才、方绪军，2017，《中国语言能力等级共同量表研究：理论、方法与实证研究》，上海外语教育出版社。

杨九诠，2017，《学生发展核心素养三十人谈》，华东师范大学出版社。

杨丽娟、杨曼君，2017，《外语课程的原则和原理》，西安交通大学出版社。

杨敏，2004，《英语语言思维的特性》，《外语研究》第 4 期。

杨雪燕，2007，《外语教师课堂提问策略的话语分析》，《中国外语》第 1 期。

姚丽、姚烨，2014，《英汉文化差异下的英语教学探究》，中国书籍出版社。

叶盛楠、郑东辉，2012，《教师缘何需要课堂评价知识》，《当代教育科学》第 2 期。

叶子、庞丽娟，2001，《师生互动的本质与特征》，《教育研究》第 4 期。

于立平，2013，《加拿大中小学课堂评价改革管窥与启示》，《课程·教材·教法》第 5 期。

俞洪亮，2020，《落实〈大学英语教学指南〉，革新教学方法与手段》，《外语界》第 5 期。

曾群芳、杨刚、伍国华，2015，《基于网络的教师非正式学习研究》，《中国电化教育》第 9 期。

曾用强、曹琳琳，2020，《中国英语能力等级量表——阅读能力量表研究》，高等教育出版社。

张蔚磊，2022，《加拿大第二语言测评二十年实践经验及其对我国的启示》，《比较教育学报》第4期。

张文霞、王晓琳，2022，《中国英语能力等级量表在大学英语写作课堂学生自评中的应用研究——动态评价理论视角》，《中国外语》第1期。

张湘，2014，《英语阅读教学中的图式交互可视化研究》，《中国电化教育》第3期。

张湘，2016，《主题英语阅读教学的关键交互事件特征分析》，《电化教育研究》第9期。

张彦心，2018，《文化差异与英语教学》，中国商务出版社。

赵明仁，2017，《教师教育者的身份内涵、困境与建构路径》，《教育研究》第6期。

赵雯、王海啸、余渭深，2014，《大学英语"语言能力"框架的建构》，《外语与外语教学》第1期。

赵晓红，1998，《大学英语阅读课教师话语的调查与分析》，《外语界》第2期。

赵艳芳，2006，《认知语言学概论》，上海外语教育出版社。

赵中建、贾爱武，2002，《走向沟通和理解——美国21世纪外语学习的"5C"共同标准》，《全球教育展望》第6期。

郑秋萍，2017，《全人教育视角下英语学科核心素养的培养》，《教学与管理》第30期。

郑燕、陈雪芬，2017，《跨文化交际视野下的高中英语教材探索》，《教学与管理》第7期。

钟启泉，2002，《"批判性思维"及其教学》，《全球教育展望》第1期。

钟启泉、崔允漷，2018，《核心素养研究》，华东师范大学出版社。

周启加，2014，《基础教育英语教师教学能力及其发展研究》，浙江大学出版社。

周艳琼、张颖，2019，《也论〈中国英语能力等级量表〉的科学性和适切性——兼与蔡基刚教授商榷》，《当代外语研究》第3期。

朱新秤，2006，《大学生批判性思维培养：意义与策略》，《华南师范大学学报》（社会科学版）第 3 期。

朱新秤，2006，《论大学生批判性思维培养》，《高教探索》第 2 期。

朱雪艳，2017，《文化意识与英语教学》，上海交通大学出版社。

朱正才，2015，《关于我国英语能力等级量表描述语库建设的若干问题》，《中国考试》第 4 期。

朱正才，2020，《中国英语能力等级量表公平效度研究》，高等教育出版社。

祝爱华，2021，《基于中国英语能力等级量表的大学英语教师角色分析》，《扬州大学学报（高教研究版）》第 1 期。

邹申、张文星、孔菊芳，2015，《〈欧洲语言共同参考框架〉在中国：研究现状与应用展望》，《中国外语》第 3 期。

邹为诚，2010，《中国基础英语教师教育研究》，华东师范大学出版社。

佐斌，2002，《师生互动论——课堂师生互动的心理学研究》，华中师范大学出版社。

Ahmad A. 2012. "High School Students' Challenges in English Reading Comprehension in Amman Second Directorate of Education." *Journal of Institutional Psychology* 39.

Akkaya N., Demirel M. V. 2012. "Teacher Candidates Use of Questioning Skills in During-reading and Post-reading Strategies." *Procedia-social and Behavioral Sciences* 46.

Albergaria A. P. 2010. "Questioning Patterns and Teaching Strategies in Secondary Education." *Procedia-social and Behavioral Sciences* 2(2).

Allwright R. L. 1984. "The Importance of Interaction in Classroom Language Teaching." *Applied Linguistics* 14(5).

Amidmon E. J., Hough J. B. 1967. *Interaction Analysis: Theory, Research and Application.* Massachusetts: Addison-Wesley Publishing Company.

Australian Council of TESOL Associations. 2006. "Standards for TESOL

Practitioners." http://www.tesol-org.au/ted/std_t.htm.

Baker L., Wigfield A. 1999. "Dimensions of Children's Motivation for Reading and Their Relations to Reading Activity and Reading Achievement." *Reading Research Quarterly* 34(4).

Baldwin R. S., Peleg Bruckner A., McClintock A. H. 1985. "Effects of Topic Interest and Prior Knowledge on Reading Comprehension." *Reading Research Quarterly*.

Barnes D. 1969. *Language in the Secondary Classroom*. Harmondsworth: Penguin.

Biggers M. 2018. "Questioning Questions: Elementary Teachers' Adaptations of Investigation Questions Across the Inquiry Continuum." *Research in Science Education* 48(1).

Black P., Wiliam D. 1998. "Assessment and Classroom Learning." *Assessment in Education* 5(1).

Block D. 2003. *The Social Turn in Second Language Acquisition*. Washing DC: Georgetown University Press.

Bloom B. 1956. *Taxonomy of Educational Objectives: The Classification of Educational Goals*. Handbook I: Cognitive Domain, NY: Longman.

Boyd M. P. 2015. "Dialogic Teaching and Dialogic Stance: Moving Beyond Interactional Form." *Research in the Teaching of English* 49(3).

Boyd M. P. 2016. "Calling for Response-ability in Our Classrooms." *Language Arts* 93(3).

Byram M., Moran C. 1994. "Teaching and Learning English and Culture." *UK Multilingual Matters* 4.

Canale M. 1983. "From Communicative Competence to Communicative Language Pedagogy." in Richards J., Schmidt R. (eds.). *Language and Communication*. Longman, London.

Carrell P. L., Devine J., Eskey D. E. 1988. *Interactive Approaches to Second Language Reading*. NewYork: Cambridge University Press.

Cater K. 1988. "Expert-novice Differences in Perceiving and Processing Visual Classroom Information." *Journal of Teacher Education* 39 (3).

Chaudron C. 1988. *Second Language Classroom: Research on Teaching and Learning*. Cambridge: Cambridge University Press.

Chomsky N. 1957. *Syntactic Structures*. The Hague: Mouton.

Corbin J., Strauss A. 2014. *Basics of Qualitative Research: Techniques and Procedures for Developing Grounded Theory*. Sage Publications.

Council of Europe. 2001. *Common European Framework of Reference for Languages Learning, Teaching, Assessment*. Cambridge: Cambridge University Press.

David H. 2008. *A Teacher's Guide to Classroom Research*. Open University Press.

Deutsch N. 2005. "Reading Comprehension Practice: Online Distance Learning." Retrieved Februrary 20.

Ellis R. 2005. *The Study of Second Language Acquisition*. Oxford University Press.

Ennis R. H. 1996. "A Concept of Critical Thinking." *Harvard Educational Review* 32 (1).

Freire P. 1995. *Pedagogy of the Oppressed*. New York: Continuum International Publishing Group Inc.

Guskey T. R. 1975. *How Classroom Assessments Improve Learning*. Cambridge University Press: Educational Leadership.

Harmer J. 2000. *How to Teach English*. Beijing: Foreign Language Teaching and Research Press.

Hattie J., Timperley H. 2007. "The Power of Feedback." *Review of Educational Research* (77).

Helenrose F., Nicole B. 2020. "Navigating the Complex Cognitive Task of Classroom Assessment." *Teaching and Teacher Education* 92.

Irwin W. J. 1991. *Teaching Reading Comprehension Processes*. New Jercy,

Practice Hall.

Jo Oranje, Lisa F. Smith. 2017. "Language Teacher Cognitions and Intercultural Language Teaching: The New Zealand Perspective." *Language Teaching Research*.

Khandaghi M. A., Pakmehr H. 2012. "Critical Thinking Disposition: A Neglected Loop of Humanities Curriculum in Higher Education." *Cypriot Journal of Education Science* 7(1).

Kramsch C. 1998. *Language and Culture*. Oxford: Oxford University Press.

Mackey A., Gass S., McDonough K. 2000. "How do Learners Perceive Interactional Feedback?" *Studies in Second language Acquisition* 22(4).

Margaret H., John H. 2013. "Teacher Questioning: The Epicenter of Instruction and Assessment." *Applied Measurement in Education* 26(3).

Meeus W., Van Petegem P., Engels N. 2009. "Validity and Reliability of Portfolio Assessment in Pre-service Teacher Education." *Assessment & Evaluation in Higher Education* 34(4).

Ned A. F. 1963. "Intent, Action and Feedback: A Preparation for Teaching." *Journal of Teacher Education* 14 (3).

Nuttall C. 2003. *Teaching Reading Skills in a Foreign Language*. Shanghai Foreign Language Education Press.

Paul R. 2005. "The State of Critical Thinking Today." *New Directions for Community Colleges* 130.

Peter W. Airasian. 2007. *Classroom Assessment: Concepts and Applications*. London: McGraw-Hill Education-Europe.

Richards J. C. 2008. "Second Language Teacher Education Today." *RELC Jourual* 39 (2).

Richards J. C. 2010. "Competence and Performance in Language Teaching." *RELC Journal* 41 (2).

Rivers M. 2000. *Interactive Language Teaching*. Cambridge: Cambridge University

Press.

Spencer E. Harpe, Pharm D. M. 2015. "How to Analyze Likert and Other Rating Scale Data." *Science Direct* 7.

Sunggingwati D., Nguyen H. T. M. 2013. "Teachers' Questioning in Reading Lessons: A Case Study in Indonesia." *Electronic Journal of Foreign Language Teaching* 10(1).

Swain M. 1995. "Three Functions of Output in Second Language Learning." in Cook G., Seidlhofer B. (eds.). *Principle and Practice in Applied Linguistics: Studies in Honour of H. G. Widdowson.* Oxford: Oxford University Press.

Terry B., Wes I., Elizabeth H. 2018. "Evaluating Teacher and Student Spatial Transition from a Traditional Classroom to an Innovative Learning Environment." *Studies in Educational Evaluation* 58.

TESOL. 2010. "TESOL/NCATE Standards for the Recognition of Initial TESOL Programs in P-12 ESL Teacher Education." http://www.tesol.org/.

Tsui Amy B. M. 2003. *Understanding Expertise in Teaching: Case Studies of ESL Teachers.* Cambridge: Cambridge University Press.

Wangqian Fu, Jili Liang, Lihong Wang, Ranxu Fei Xiao. 2020. "Teacher-student Interaction in a Special School for Students with Developmental Disabilities in Chinese Context." *International Journal of Developmental Disabilities*, Retrieved Sep. 3.

Webb M., Jones J. 2009. "Exploring Tensions in Developing Assessment for Learning." *Assessment in Education: Principles, Policy & Practice* (2).

后 记

中小学英语教师的专业发展需要与基础教育英语课程改革同频共振，使英语学科核心素养融入自身专业成长与专业实践，这对于英语教师职前培养和职后培训而言，既是专业挑战，更是发展机遇。中小学英语教师的语言能力发展，需要更好地将文化意识、思维品质和学习能力融入语言学习与教学过程中，实现一般英语学习者、专业英语学习者、英语教学专业者等多重语言身份的转换与突破。学科核心素养视域下中小学英语教师语言能力发展框架的建构，既要参照英语语言能力标准的国际经验与本土实践，也要聚焦教师专业标准和英语课程标准的专业指向。基于英语教师职前与职后阶段语言能力发展现状，本书着力探讨中小学英语教师语言能力发展框架构建、英语语言能力标准设定、英语语言能力测评与语言能力提升策略的内在契合与综合改革。本书对于本科与研究生层面的英语教师教育改革有一定的借鉴价值，对于外语教师教育和英语教师专业发展的相关研究有一定的参考价值，对于中小学英语教师的专业学习也有一定的现实意义。

作为国家社科基金项目"核心素养视域下中小学英语教师语言能力标准及发展研究"（17XYY029）的终结性成果，本书既是课题研究探索的全面总结与专业分享，也是课题组所在的陕西高校青年创新团队（"一带一路"沿线国家教育发展战略研究创新团队）、西安外国语大学国际比较教育研究中心的阶段性成果。孙二军负责本书的整体撰写工作，其中李诗萌具体撰写了第五、六章，杨水娟负责撰写了第四章。本书的撰写工作得到了陕西高校青年创新团队各位成员的支持与配合，出版工作得到了社会科学文献出版社的支持与帮助，在此一并表示感谢！

由于时间和水平有限，本书还存在诸多不足与疏漏之处，敬请各位专家、学者批评指正。

2023 年 11 月

图书在版编目(CIP)数据

学科核心素养视域下中小学英语教师语言能力发展 / 孙二军,李诗萌,杨水娟著. --北京:社会科学文献出版社,2023.12
ISBN 978-7-5228-2684-4

Ⅰ.①学… Ⅱ.①孙… ②李… ③杨… Ⅲ.①中小学-英语-师资培养-研究 Ⅳ.①G633.412

中国国家版本馆 CIP 数据核字(2023)第 198186 号

学科核心素养视域下中小学英语教师语言能力发展

著　　者 / 孙二军　李诗萌　杨水娟

出 版 人 / 冀祥德
责任编辑 / 吴　敏
责任印制 / 王京美

出　　版 / 社会科学文献出版社（010）59367127
　　　　　　地址:北京市北三环中路甲 29 号院华龙大厦　邮编:100029
　　　　　　网址:www.ssap.com.cn

发　　行 / 社会科学文献出版社（010）59367028
印　　装 / 三河市龙林印务有限公司

规　　格 / 开本:787mm×1092mm　1/16
　　　　　　印 张:18.25　字 数:280 千字

版　　次 / 2023 年 12 月第 1 版　2023 年 12 月第 1 次印刷
书　　号 / ISBN 978-7-5228-2684-4
定　　价 / 89.00 元

读者服务电话:4008918866

版权所有 翻印必究